JN418557

2020 국제교류전
Special Exhibition

베트남 옥에오문화

고대 해상 교역의 중심 옥에오

Óc Eo CULTURE OF VIETNAM

국립해양문화재연구소

총괄 이귀영

전시

기획 신종국 유은식 서정민

진행 유은식 서정민 윤정인 고선영 서현주

운송 유은식 박예리 서정민 윤정인 고선영

전시시공 ㈜영인스페이스

전시영상 ㈜다베로아트

홍보 박예리 이나라

도록

편집 신종국 유은식 서정민 윤정인 고선영

원고 서정민

논고 Nguyễn Hữu Giểg 옥에오문화유적관리위원회

권오영 서울대학교

허진아 서울대학교

황순일 동국대학교

강희정 서강대학교

칼럼 이영철 (재)대한문화재연구원

외국어번역 ㈜팬트랜스넷

유물촬영 0100스튜디오 박민구

디자인 그라픽네트 송인혜 원종미

한성백제박물관

총괄 김기섭

전시기획 김영심 김수희

전시진행 김수희 임종문 백길남 송동림 김성미

원고집필 김영심 김수희 신범규 이영선 이정은 장아름 정다움

출품기관

옥에오문화유적관리위원회 Ban Quản lý Di tích Văn hóa Óc Eo

안장성박물관 Bảo tàng An Giang

국립중앙박물관

국립공주박물관

국립광주박물관

자료협조

기관

국립중앙박물관

국립공주박물관

국립광주박물관

복천박물관

옥에오문화유적관리위원회

개인

TRẦN THẾ PHONG

일러두기

1 이 도록은 문화재청 국립해양문화재연구소의 2020년 상반기 국제교류전 〈베트남 옥에오 문화-고대 해상 교역의 중심 옥에오〉의 전시 도록이다.

2 이 전시는 문화재청 국립해양문화재연구소, 한성백제박물관, 옥에오문화유적관리위원회, (재)대한문화재연구원의 공동주최이다.

3 도록에 수록된 유물은 명칭(한국어/베트남어/영어), 출토지, 시대, 재질, 크기(㎝), 소장처 순으로 명기하였다. 출토지와 시대가 미상인 경우 생략하였다.

4 도록에 실린 도판의 저작권은 문화재청 국립해양문화재연구소와 한성백제박물관, 출품기관에 있다.

5 도판번호가 없는 경우 참고도판이다.

6 유적 및 유물명은 쉬운 우리말을 사용했으나, 이로 인해 혼란이 가중될 경우에 한하여 학계에서 통용되는 명칭을 사용하였다.

목차
Contents

인사말

국립해양문화재연구소는 베트남 옥에오문화유적관리위원회와 한성백제박물관, (재)대한문화재연구원과 공동으로 국제교류전 "베트남 옥에오 문화-고대 해상교역의 중심 옥에오"를 개최합니다. 이번 전시는 세계문화유산 등재를 추진 중인 베트남 옥에오 유적의 발굴 성과와 202건의 소중한 문화재를 선보이고, 1~7세기 존재했던 동남아시아 고대국가인 부남국과 한반도의 관계를 국내 최초로 조명하기 위해 마련하였습니다.

우리 연구소는 지난 2016년 중국 광동성박물관과 공동으로 개최한 "명나라 무역선, 난아오 1호"를 시작으로 해상실크로드 상에서 바닷속으로 사라진 난파선과 문화재를 소개하는 전시를 개최하고 있습니다. 2017년 베트남 국립역사박물관과 베트남 해역 5대 난파선을 소개한 "대항해시대, 바닷길에서 만난 도자기", 2018년 싱가포르 아시아문명박물관과 고대 동아시아와 서아시아 간의 교역을 밝힌 "바다의 비밀, 9세기 아랍난파선"을 개최하며, 바다를 무대로 펼쳐진 교역과 문화교류의 역사를 소개하였습니다.

앞선 전시에서는 난파선과 그곳에서 발견된 무역 자기가 중심이었다면, 이번 전시는 국제무역항인 옥에오에서 펼쳐진 교류 · 교역 관계 속에서 고대 교역지 사람들의 삶을 엿볼 수 있는 자료들을 만나볼 수 있습니다. 이번 전시에서 소개하는 옥에오 문화는 베트남 남부지역을 대표하는 고대 문화입니다. 옥에오 문화를 화려하게 꽃 피운 부남국은 유럽과 아시아의 통로에 위치한 지정학적 조건으로 인해 고대 동남아시아의 대표적인 교역국으로 성장하였습니다. 옥에오에서는 인근 동남아시아 지역은 물론 중국, 인도, 로마 등지에서 유래된 외래적인 요소가 강한 문화재들이 다수 출토되었습니다. 따라서 이번 전시에 출품되는 다양한 자료들을 통해 고대 동서의 교류관계를 살펴볼 수 있을 것입니다. 그리고 더 나아가 지금까지 한국, 중국, 일본 등 동북아시아 해상교류에 국한되었던 연구를 동남아시아까지 확장해 발전시킬 수 있는 기회가 될 것입니다.

마지막으로 이번 전시회의 개최는 베트남 옥에오문화유적관리위원회와 대한민국 국립해양문화재연구소, 한성백제박물관, (재)대한문화재연구원 간 상호협력의 결과물입니다. 무엇보다 한국에서 개최되는 데 많은 도움을 주고, 귀중한 옥에오 문화유산을 대여해주신 옥에오문화유적관리위원회 관계자 여러분께 감사드립니다. 이번 전시를 통해 베트남 옥에오 문화에 한 발짝 다가갈 수 있는 좋은 계기가 되기를 희망하며, 대한민국과 베트남 간의 우호를 더욱 돈독하게 하는 가교가 되기를 기대합니다.

2020. 4.

국립해양문화재연구소장

이귀영

Greetings

It is a great honor and privilege for the National Research Institute of Maritime Cultural Heritage to jointly host 'Óc Eo Culture of Vietnam,' an international exchange exhibition, with the Management Board of Óc Eo Cultural Sites of Vietnam, the Seoul Baekje Museum and the Daehan Institute of Cultural Properties. This exhibition shows the excavation results at Óc Eo Cultural Sites which Vietnam is trying to inscribe on the World Heritage List while shedding light on the relationship between Vietnam's ancient Funan Kingdom and the Korean Peninsula for the first time.

Our institute has been holding exhibitions that introduce shipwrecks and cultural assets that have sunk into the sea bottom along the Sea Silk Road, starting with 'the Nanao No. 1, a Trade Ship of the Ming Dynasty' which was jointly hosted with the Guangdong Museum of China in 2016. Our efforts to introduce the history of maritime trade and cultural exchange continued: In 2017, we joined hands with the National Museum of History of Vietnam to introduce the five major shipwrecks in Vietnam's waters at an exhibition entitled 'The Age of Discovery: Asian Ceramics Found Along the Maritime Silk Road.' In 2018, we collaborated with the Asian Civilizations Museum, Singapore, to co-host 'Secrets of the Sea, The Tang Shipwreck' that revealed trade between East Asia and West Asia in ancient times.

While the previous exhibitions focused on shipwrecks and ceramics on them, this exhibition features invaluable items enabling us to take a glimpse of the lifestyles of those who resided in Óc Eo, an international trade port in ancient Vietnam. The ancient Óc Eo culture represented the culture of southern Vietnam. The Funan Kingdom during which the ancient Óc Eo culture prospered grew into a key trading power in ancient Southeast Asia due to its maritime advantage in connecting Europe and Asia. That is why Óc Eo Cultural Sites have produced so many foreign relics that had been shipped Southeast Asia, China, India and Rome. The diverse items to be displayed are critical in understanding the level of exchanges between the East and the West many centuries ago. Furthermore, the exhibition will serve as a turning point for us to expand the horizon of our research from maritime exchanges in Northeast Asia to those in Southeast Asia and beyond.

This exhibition is the result of mutual cooperation between the Management Board of Óc Eo Cultural Sites of Vietnam, the National Research Institute of Maritime Cultural Heritage, the Seoul Baekje Museum and the Daehan Institute of Cultural Properties. I would like to express my special thanks to all the officials of the Management Board of Óc Eo Cultural Sites of Vietnam for offering us great assistance and lending us invaluable Óc Eo cultural heritage. I hope that this exhibition will be a great opportunity for us to come closer to Vietnam's Óc Eo culture while further enhancing friendship between Korea and Vietnam.

April 2020

Lee Gwi-young

Director the National Research Institute of Maritime Cultural Heritage

인사말

한성백제박물관의 2019년 겨울특별전 주제는 「베트남 옥에오 문화-고대 해상교역의 중심 옥에오」입니다. 베트남 옥에오문화유적관리위원회의 소장품 202건 12,715점을 국립해양문화재연구소, (재)대한문화재연구원 등과 함께 국내로 들여와 소개하는 국제 교류전입니다. 베트남 남부 해안지역에 위치한 옥에오 유적은 1~7세기의 부남국 관련 유적으로서, 부남국이 백제와 교류한 것으로 알려진 만큼, 한국 고대문화의 국제성과 다양성을 이해하는 데에도 도움을 줄 수 있습니다.

그동안 베트남 옥에오 유적에서는 베트남 옥에오문화유적관리위원회 주관 하에 여러 차례 발굴조사가 이루어졌는데, 최근에는 (재)대한문화재연구원이 발굴 작업에 참여하였습니다. 그리고 상호신뢰를 바탕으로 그동안 출토된 수많은 유리구슬과 각종 토기, 벽돌, 동전, 인물상, 나무배 등 다양한 출토유물을 대한민국에서 전시 소개할 수 있도록 다리를 놓았고, 한성백제박물관과 국립해양문화재연구소가 차례로 특별전시를 개최하게 되었습니다. 따라서 이번 국제교류전은 공 · 사립의 다양한 기관이 공동 추진한 실로 바람직한 국제 협력 사례라고 할 수 있으며, 한성백제박물관으로서도 매우 뜻깊은 참여라고 생각합니다.

이번 전시가 옥에오 유적의 세계문화유산 등재 추진에 큰 도움이 되길 바라며, 많은 사람들이 고대 동아시아의 문물교류를 잘 이해할 수 있도록 귀한 유물을 대여해주신 베트남 옥에오 문화유적관리위원회 관계자들께 깊이 감사드립니다. 그리고 한성백제박물관 전시기획과 직원들과 함께 지혜와 힘을 모아 노력해주신 대한민국 국립해양문화재연구소, (재)대한 문화재연구원 및 백제학회 관계자들께 존경을 표합니다. 이번 전시를 통해 대한민국과 서울시의 시민들이 고대 베트남 문화 및 고대 동아시아의 우호적 문화교류에 대해 더 깊이 이해할 수 있길 희망합니다. 그리고 대한민국-베트남의 우호가 더욱 증진되기를 소망합니다.

2020. 4.

한성백제박물관장

김기섭

Greetings

The Seoul Baekje Museum is honored and pleased to play host to the exhibition entitled 'Óc Eo Culture of Vietnam' as its 2019 winter special exhibition. In partnership with the National Research Institute of Maritime Cultural Heritage and the Daehan Institute of Cultural Properties, we have organized this international exchange exhibition to introduce 12,715 items of 202 kinds in the collection of the Management Board of Óc Eo Cultural Sites of Vietnam to the public in Korea. Located in the southern coastal area of Vietnam, Óc Eo Cultural Sites are the heritage of the Funan Kingdom that existed from the first to seventh century CE. As Funan is known to have had contact with the Baekje Kingdom, the exhibition will be instrumental in understanding the internationality and diversity of the Korean ancient culture.

At Óc Eo Cultural Sites, a number of excavation surveys have been carried out under the direction of the Management Board of Óc Eo Cultural Sites of Vietnam. The Daehan Institute of Cultural Properties has recently joined the management board for excavations in Vietnam. Based on mutual trust, the Daehan Institute of Cultural Properties has arranged for the board to agree to exhibit various excavated relics such as glass beads, various earthenware, bricks, coins, figures and a wooden boat at the Seoul Baekje Museum and the National Research Institute of Maritime Cultural Heritage in turn.

This international exchange exhibition is a good example of international cooperation jointly promoted by various public and private institutions including the Seoul Baekje Museum, which I believe is quite significant in itself. I am hopeful that this exhibition will be of great help in the inscription of the Óc Eo Cultural Sites on the World Heritage List. I would like to express my deepest appreciation to the officials of the Management Board of Óc Eo Cultural Sites of Vietnam for lending us the country's precious artifacts to help many visitors better grasp cultural exchanges in ancient East Asia. I also owe heartfelt thanks to the officials of the National Research Institute of Maritime Cultural Heritage, the Daehan Institute of Cultural Properties and the Association of Baekje Studies for their wisdom and efforts to prepare for this exhibition together with the staff members of the Exhibitions Department of the Seoul Baekje Museum. I hope that this exhibition will help citizens of the Republic of Korea in general and Seoul City in particular deepen their understanding of ancient Vietnamese culture and friendly cultural exchanges among nations of ancient East Asia while further strengthening friendship between Korea and Vietnam.

April 2020

Kim Ki Seop

Director of the Seoul Baekje Museum

LỜI NGỎ

Mỗi một quốc gia, dân tộc trên thế gian này đều có trên lãnh thổ - đất nước của mình những nền văn hóa vô cùng đặc sắc, tương ứng với những triều đại cổ kim nhất định, được trao truyền bằng những dòng lịch sử mênh mông chảy xuyên suốt từ thế hệ này đến thê hệ khác; trong đó, trường hợp Việt Nam và Hàn Quốc cũng không ngoại lệ.

Được sự thống nhất của các cấp có thẩm quyền, Ban Quản lý Di tích Văn hóa Óc Eo tỉnh An Giang (Việt nam), Bảo tàng Hanseong Baekje; Viện Nghiên cứu Văn hóa Hàng hải quốc gia (Hàn Quốc) và Viện Nghiên cứu Di sản Văn hóa Daehan với vai trò điều phối, đã thống nhất ký thỏa thuận hợp tác, tổ chức Triển lãm quốc tế với chủ đề: "Văn hóa Óc Eo Việt Nam – Vương quốc Phù Nam và Baekje" tại Bảo tàng Hanseong Baekje, Hàn Quốc từ ngày 20/12/2019 đến ngày 30/7/2020.

Cuộc triển lãm quốc tế lần này được huy tựu 12.715 hiện vật để trưng bày, trong đó có 10 hiện vật chuỗi từ Bảo tàng Hanseong Baekje (Hàn Quốc) và 202 danh mục, gồm 12.715 hiện vật văn hóa Óc Eo được mang đến từ đất nước Việt Nam. Toàn bộ chi phí cho cuộc triển lãm do Bảo tàng Hanseong Baekje và Viện nghiên cứu Di sản Văn hóa Hàng hải quốc gia (Hàn Quốc) đồng tài trợ.

Qua thời gian tích cực chuẩn bị của các bên hợp tác Việt Nam và Hàn Quốc, đến nay việc tổ chức đã cơ bản hoàn thành và đủ điều kiện phục vụ cho công chúng tham quan, nghiên cứu tại cuộc triển lãm quốc tế "Văn hóa Óc Eo Việt Nam – Vương quốc Phù Nam và Baekje" hôm nay.

Để cho các bên hợp tác, các nhà khoa học, nhà quản lý nghiên cứu một số khía cạnh về văn hóa Việt Nam, Hàn Quốc và quí du khách có điều kiện thưởng lãm trên sách (Báo giấy). Chúng tôi xin trân trọng giới thiệu tập Kỷ yếu Triển lãm quốc tế với chủ đề: "Văn hóa Óc Eo Việt Nam – Vương quốc Phù Nam và Baekje".

Dù đã hết sức cố gắng để phục vụ, làm hài lòng bạn đọc và các nhà nghiên cứu thuộc hai nước Hàn Quốc, Việt Nam. Tuy nhiên, tập kỷ yếu đầu tiên được giới thiệu một số lĩnh vực văn hóa của hai nước với chủ đề như trên, sẽ không tránh khỏi những thiếu sót nhất định. Rất mong được bạn đọc gần xa lượng thứ.

BAN TỔ CHỨC

인사말

전 세계 모든 국가와 민족은 자국의 영토에 고대 왕조시대의 유산을 간직한 고유의 문화를 보유하고 있습니다. 이런 독특한 문화는 한 세대에서 다음 세대로 흘러가는 거대한 역사적 흐름을 통해 전해져 왔습니다. 이는 한국과 베트남의 경우에도 마찬가지입니다.

관할 당국의 동의 하에 베트남 안장성의 옥에오문화유적관리위원회, 한국의 한성백제박물관, 국립해양문화재연구소, (재)대한문화재연구원은 2019년 12월 20일부터 2020년 7월 30일까지 한성백제박물관과 국립해양문화재연구소에서 "베트남 옥에오 문화-고대 해상교역의 중심 옥에오"라는 주제로 국제 전시회를 개최하기로 합의하고 협력 협정에 서명했습니다.

이번 국제 전시회에서는 한성백제박물관에서 제공하는 10여 점의 유물과, 베트남에서 제공하는 202건 12,715점의 옥에오 유물을 전시할 예정입니다. 모든 전시회 비용은 한성백제박물관과 국립해양문화재연구소가 공동으로 후원합니다.

저희는 이번 전시회를 위해 연구를 진행하는 모든 분들과, 전시회에 관심을 보여주신 모든 분들께 더 정확하고 알찬 정보를 제공해 드리고 싶습니다.

각 조직과 긴밀히 협력하여 연구원 및 담당자들은 한국과 베트남 문화의 일면을 연구하였으며, 방문객들은 도서 및 신문 등을 통해 전시회를 더 가깝게 접할 수 있게 되었습니다. 이번에 저희는 "베트남 옥에오 문화-바닷길로 연결된 부남과 백제"라는 주제로 국제 전시회의 도록을 소개해 드리고자 합니다.

한국과 베트남의 독자 및 연구원 여러분을 만족시켜드리기 위해 부단한 노력을 하였음에도 불구하고, "베트남 옥에오 문화-바닷길로 연결된 부남과 백제"는 양국의 문화를 소개하는 첫 발걸음인지라 자료집으로서 다소 부족한 점이 있으리라 생각됩니다. 독자 여러분의 너그러운 이해를 부탁드리겠습니다.

옥에오문화유적관리위원회

프롤로그

Prologue

베트남은 동남아시아 대륙부의 동쪽 끝에 위치하며, 북쪽은 중국, 서쪽은 라오스, 캄보디아와 접하고 있다. 넓이는 331,689㎢로 한반도의 1.5배에 달하며, 베트남의 동쪽 해안은 북쪽으로부터 내려오면서 통킹만, 남중국해, 보르네오해, 시암만과 접해 있다. 베트남이 오늘날의 영토로 통합된 것은 근대에 들어와서이며, 크게 북부 고원지대, 홍강sông Hồng 삼각주, 안남 산맥, 해안 저지대, 메콩강 삼각주의 다섯 지역으로 구분된다. 남북으로 긴 해안선은 3,000여 ㎞, 해양의 면적은 약 1,000,000㎢이며, 동쪽 바다가 태평양을 바라보는 S자형의 내륙은 예로부터 바닷길을 통한 문화교류의 중심지로서 중요한 역할을 하였다.

베트남에는 구석기시대부터 인류가 살아왔으며, 인도차이나반도에서 인도네시아 제도까지 구석기 문화 유적이 출토되고 있다. 신석기 문화는 12,000년 전 호아빈Hòa Bình 문화로 시작되며, 대표 유적으로 뗀석기류가 발견된 베트남 북부 홍강 하류 호아빈 지역의 동굴 유적을 들 수 있다. 기원전 7000년경부터는 인근의 풍응우옌Phùng Nguyên에서 신석기시대 후기 문화가 발전하였다. 풍응우옌 문화는 농사에 갈돌을 이용하였고 돌림판으로 무늬가 있는 토기를 제작했다.

기원전 2000~1500년경 베트남의 청동기 문화가 시작되었다. 동더우Đồng Đậu 문화는 1962년 빈푹Vĩnh Phúc에서 처음 발견되었다. 소량의 석기와 뼈 도구, 물결 · 동심원 무늬로 장식한 토기, 청동 무기가 출토되었다. 이후 발전한 꺼문Gò Mun 문화는 1961년 푸토Phú Thọ에서 처음 발견되었다. 이때는 석기 생산이 줄고 청동기 생산이 증가하였으며, 고리바늘, 청동 무기, 다양한 무늬를 찍거나 새긴 토기 등이 출토되었다.

기원전 500년에서 기원후 500년 무렵은 철기시대로서, 최초의 국가가 출현하고 해상교역이 발전한 초기 역사시대에 해당한다. 이 시기의 대표적인 문화로는 북부의 동선Đông Sơn 문화, 중부의 사후인Sa Huỳnh 문화, 남부의 동나이 Đồng Nai 문화가 있다.

동선 문화는 베트남 북부를 흐르는 홍강과 마강sông Mã유역 중심에 위치한 베트남 최초의 문명이다. 동선 문화의 청동북銅鼓, 무기, 도구 등의 유물을 만든 청동 주물鑄物 기술은 동남아시아에서 독자적으로 발전한 것이다. 각종 청동기를 통해 정치권력이 지배층에 집중된 성읍城邑 국가가 출현한 것을 알 수 있다. 풍응우옌 문화부터 동선 문화까지 2,000년 이상의 세월이 흐르는 동안 석기를 이용한 원시 경제 사회에서 청동기를 이용한 수경水耕 벼농사로 전환되었다.

사후인 문화는 기원전 500년 전부터 기원후 1세기경 베트남 중부의 해안에 형성되었던 문화이다. 사후인 사람들은 참족의 선조이며 말레이 지역에서 온 이주민으로 추정된다. 고고학적으로는 이 지역의 해안사구海岸砂丘 또는 하안단구河岸段丘 위에서 옹관들이 발견되었는데, 내부에서 장신구, 철기, 청동기, 소형 토기가 확인되었다. 사후인 사람들은 수입한 유리와 연옥 등으로 장신구를 만들었으며, 장신구 중 동물 머리 모양 장식 귀걸이와 3개의 꼭지가 달린 귀걸이는 필리핀, 인도네시아, 캄보디아, 태국, 홍콩, 대만에서도 발견되어 당시의 교류관계를 짐작케 한다. 기원후 2세기경 후한後漢에서 독립한 참족은 참파국Chăm Pa을 세웠는데, 중국 사서에 임읍林邑 · 점파占婆 · 점성占城으로 기록되었다.

동나이 문화는 메콩강 삼각주 남동부 지역의 동나이부터 호치민Hô Chi Min에 이르는 지역에서 발달하였다. 다양한 유형의 석기와 조개 장신구가 발견되었고, 석제 거푸집, 청동 도끼, 화로형 토기, 단지, 병, 그릇 등의 토기가 출토되었다. 동나이 문화의 대표적인 유적인 종까보Giồng CáVồ에서는 옹관을 비롯하여 동물 머리 모양 장식 귀걸이와 3개의 꼭지가 달린 귀걸이가 발견되어 사후인 문화와의 교류가 있었음을 보여준다. 이곳은 무기류나 농 · 공구류의 출토 비율이 매우 낮아 어로 · 채집 · 수렵 생활 중심의 사회였을 것으로 추정된다.

기원후 1세기 말 메콩강 삼각주 남서부 지역에는 동남아시아 최초의 국제적 상업 도시가 발달한 옥에오Óc Eo 문화가 나타났다. 옥에오 문화가 발생한 지역은 본래 캄보디아에 속하였으나, 17세기 이후 비엣족이 메콩강 유역으로 이주하여 정착하면서 차츰 베트남 지역으로 인식되었다.

베트남의 고대문화는 주로 북부를 중심으로 발전하였지만, 중부와 남부 메콩강 삼각주 지역에서 발견된 옥에오 문화(1~7세기)와 참파 문화(2~17세기) 또한 베트남의 고대문화를 잘 보여준다. 특히 이른 시기 남부의 광활한 지대에서 발달한 옥에오 문화는 베트남 남부 지역을 대표하는 중요한 문화권으로 인식되고 있다. 이곳은 유럽과 아시아의 통로에 위치하여 고대 동남아시아의 대표적인 교역지로 성장하였다. 따라서 옥에오 유적에서 발견되는 유물에는 인근 동남아시아는 물론 중국과 인도, 지중해까지 포함하는 외래 문화요소가 다수 포함되어 있다. 최근까지도 많은 고고학자들의 연구와 발굴조사를 통해 옥에오 문화에 대한 실체가 밝혀지고 있으며, 베트남 남부 고대 역사의 실마리를 찾아가고 있다.

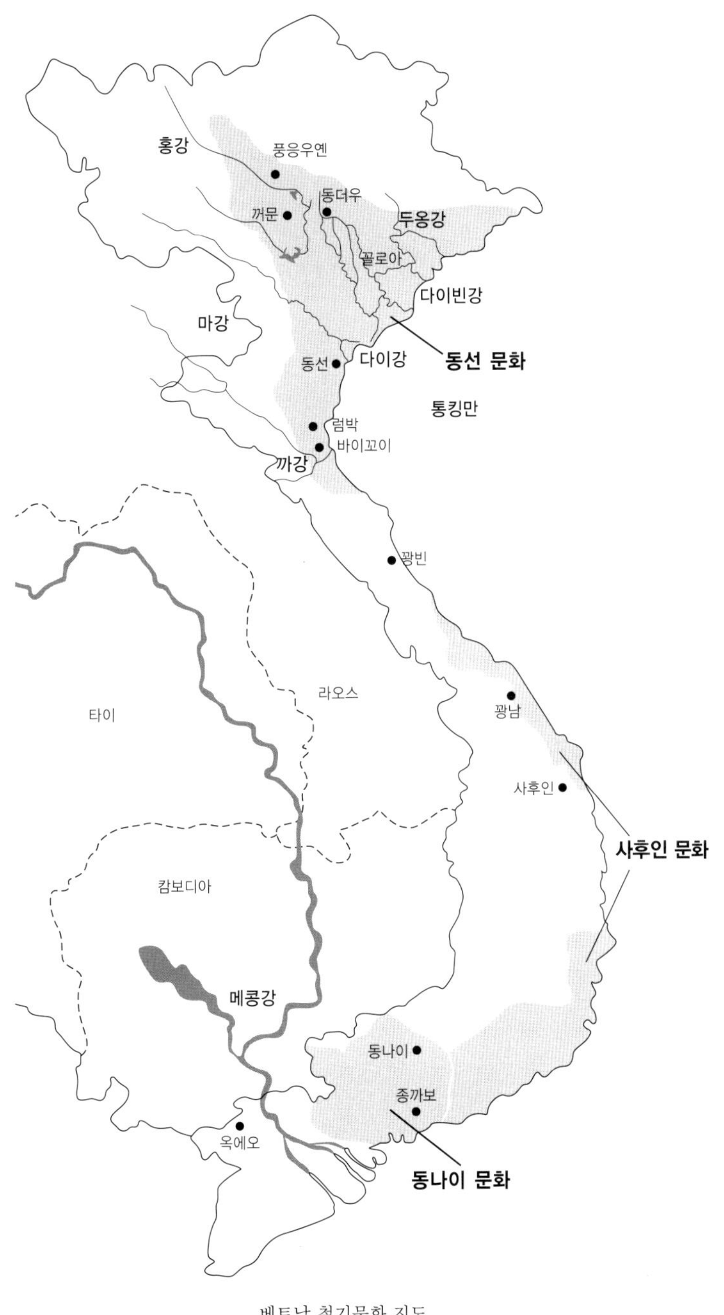

베트남 철기문화 지도

Vietnam is located at the eastern end of Mainland Southeast Asia and bordered with China in the north and Laos and Cambodia in the west. The country is 331,689km^2 in area, 1.5 times larger than the Korean Peninsula, with the eastern coast adjoining to the Gulf of Tonkin, South China Sea, Borneo Sea and the Gulf of Siam. The country has a long strip of S-shaped land with the coastline of about 3,000 kilometers, seas of 1,000,000km^2 in area with the eastern part open to the Pacific Ocean, a geographic condition which helped the country to function as a regional cultural hub based on sea routes since ancient times.

The existence of humans in what is now Vietnam dates back to the Paleolithic age which left traces of human cultures from the Indochinese Peninsula to the Indonesian Archipelago. The Neolithic cultures in Vietnam started with the Hòa Bình culture represented by the chipped stone artifacts discovered at the cave site in Hòa Bình on the lower reaches of the Red River in north Vietnam. Another important Neolithic site dating back to about 7000 BCE was found in Phùng Nguyên nearby Hòa Bình. The Phùng Nguyên culture is characterized by the use of mano and metate as part of agricultural activities and the production of decorated pottery made by using the pottery wheel.

The bronze culture in Vietnam dates back to about 2000 BCE, starting with the Đồng Đậu culture represented by stone and bone implements, pottery with wave and concentric circle patterns and bronze weapons discovered at Vĩnh Phúc in 1962. It was followed by the Gò Mun culture represented by the artifacts including hooked needle, bronze weapon and pottery impressed or carved with a variety of motifs, discovered at Phú Thọ in 1961. The artifacts show that by this period the production of stone tools decreased significantly while that of bronze implements increased noticeably.

The iron culture arrived in Vietnam between 500 BCE and 500 CE, resulting in the creation of the Đông Sơn culture in the north, Sa Huỳnh culture in the middle and Đồng Nai culture in the south.

The Đông Sơn culture formed on the middle reaches of the Red River and the Mã river in the north is generally regarded as the beginning of the history of Vietnam. The artifacts such as bronze weapon, tools and drum representing this culture show that they were made by the bronze casting techniques developed autonomously in Southeast Asia. These bronze artifacts are also regarded as tangible evidences to show the formation of tribal states in which the political power was concentrated in the hands of a few elite groups. It took almost 2,000 years for Vietnam to develope its economy from that based on stone tools to bronze tools for wet-rice cultivation which characterized the Đông Sơn culture.

The Sa Huỳnh culture was a culture formed on the middle coastal area of Vietnam from 500 BCE to the 1st century CE. The founders of the Sa Huỳnh culture are believed to have been the predecessors of the Cham people who were immigrated from the Malay region. Archaeologists discovered jar coffins at the coastal sand dunes and river terraces in the area which contained personal ornaments, iron and bronze objects and small pottery. The Sa Huỳnh people made a variety of ornamental items by using glass and jade imported from neighboring areas, of which the bicephalous ear pendants with two animal heads and the ear pendants with three protruding conical lugs show the cultural exchange between the Sa Huỳnh people and people in the Philippines, Indonesia, Cambodia, Thailand, Hong Kong and Taiwan. It was after the 2nd century CE that these people were freed from the control of Later Han and establish their own state, Chăm Pa, which was recorded by several different names in Chinese history books including Linyi, Zhanpo and Zhancheng.

The Đồng Nai culture prospered in the area from Đồng Nai in the southeastern part of the Mekong Delta to Hô Chi Min. Archaeologists discovered at the sites of the culture a variety of stone implements, shell ornaments, stone molds, bronze axes, brazier-shaped pottery, and earthenware jars and bottles. At the Giồng Cá Vồ site, one of the most important archaeological sites of the Đồng Nai culture, they unearthed jar coffins and ear pendants in the shape of animal heads or three lugs which show the cultural exchange between the Đồng Nai culture and the Sa Huỳnh culture. Historians believe from a lack of weaponry and tools among the discoveries made at the site that the people of the Đồng Nai culture were largely depended on fishing, gathering and hunting for their survival.

In the late 1st century CE, there appeared on southwestern part of the Mekong Delta the Óc Eo culture which would create the first international commercial city in Southeast Asia. The area where the culture prospered had been part of Cambodia until the 17th century but gradually came to be recognized as the Vietnamese land following the inflow of the Viet people to the Mekong Delta.

The ancient Vietnamese culture prospered more in the north but the Chăm Pa culture (2nd to 17th c.) developed in central Vietnam and the Óc Eo culture (1st to 7th c.) based on the Mekong Delta in the south also formed key parts of the ancient Vietnamese culture. The Óc Eo culture developed in the wide open plain of the south is particularly highly regarded for the crucial role it had for the cultural development achieved in the southern part of Vietnam. The location of the area at the strategic point effectively linking Europe and Asia helped it grow into a regional trading center. That is how the discoveries made at the Óc Eo site include a lot of foreign cultural elements originated from China, India and even the Mediterranean as well as the neighboring Southeastern countries. The Óc Eo site has attracted wider attention from archaeologists, resulting in the discovery of important clues that help increase our knowledge of the ancient history and culture of the southern part of Vietnam.

베트남 남부의 옥에오 문화

Óc Eo Culture in Southern Vietnam

I

옥에오 문화는 1~7세기 사이에 베트남과 캄보디아 남부 메콩강 삼각주의 광활한 지대에서 발달했던 고대 문화를 말한다. 옥에오는 주요 항구 및 수도와 운하로 연결된 중요한 국제 상업 도시이자 물류의 집산지로 중국 사료에 기록된 부남국의 항구도시로 추정하고 있다. 옥에오 사람들은 지중해 · 인도 · 동남아시아 등지에서 수입한 원료를 가공한 제조품을 수출하며 활발한 교역활동을 했던 것으로 보고 있다.

옥에오 유적은 1943~1944년 프랑스 고고학자 루이 말레헤Louis Malleret의 안장성 옥에오 유적지 발견을 시작으로 현재까지 메콩강 삼각주 일대에서 발굴이 진행되고 있다. 유적지는 150여 곳에 달하며 크게 주거지와 제의시설로 분류된다. 이곳에서는 힌두교 사원과 간다라 · 아마라바티 양식의 조각, 초기 인도 문자 및 힌두교의 도상을 새긴 금판과 인장, 산스크리트어로 쓴 주석판과 비문, 인도 · 태평양 지역에서 만든 유리구슬 등이 발견되었다.

The Óc Eo Culture is an ancient culture that developed in the vast Mekong Delta region of south Vietnam and Cambodia between the first and seventh centuries. Óc Eo, which was a major international trade city and the hub of distribution connected with major ports and the capital by a network of canals, is presumed to have been a port city in the Kingdom of Funan judging by ancient Chinese historical records. The people of Óc Eo were believed to have imported raw materials from the Mediterranean region, India, and other Southeast Asian countries and processed them into products for export as part of their vigorous trade activities.

The first relics of Óc Eo were discovered at an archaeology site in Óc Eo, An Giang Province between 1943 and 1944 by the French archaeologist Louis Malleret, and excavation work is still ongoing around the Mekong Delta. There are some 150 archaeological sites, which have been categorized into residences and ritual facilities. The artifacts discovered at this site include fragments of a Hindu temple, Gandhara and Amaravati style buildings, gold leaves and seals inscribed with early Indian script and engraved with Hindu icons, tin plates and epitaphs inscribed in Sanskrit, and glass beads made in India and the Pacific area.

1
옥에오 문화
Óc Eo Culture

옥에오 문화는 오늘날 인도차이나반도의 메콩강 지류인 허우강과 태국만 사이에 있는 충적평야 지대의 낮은 언덕에서 발달했던 1~7세기 사이의 문화를 말한다. 현재 옥에오는 해안으로부터 25km쯤 떨어진 바테산(높이 226m) 남쪽 기슭에 위치하고 있다. 고대에는 북동쪽으로 약 70km 떨어진 캄보디아의 앙코르보레이អង្គរបុរី, 남서쪽으로 태국만 연안 넨쭈어Nền Chùa 유적과 각각 운하로 연결되어 있던 항구도시로 물류의 집산지였다. 현존 유적의 너비는 1.5km, 길이는 3km 정도로 전체 면적은 약 4.5km²에 달하는데, 성채 같은 것은 없고 35개의 낮은 언덕에 산재해 있다. 메콩강 삼각주에서 발견된 옥에오 문화 유적지들은 150여 개에 달한다. 이에 연구자들은 이곳을 중국 사료에 기록된 고대 국가 부남扶南·Funan의 무역도시로 추정하게 되었다.

옥에오 유적의 발굴은 1943년 프랑스 국립극동학원École Française d'Extrême-Orient의 고고학자 루이 말레헤Louis Malleret가 지역 주민들의 도움과 항공사진을 통해, 안장성Tinh An Giang 토아이선현Thoại Sơn Huyện 옥에오군Thị Trấn Óc Eo에 위치한 바테산Núi Ba Thê 남동쪽 기슭에서 돌과 벽돌로 된 고대 건축물의 흔적을 발견하면서 시작되었다. 이때부터 발견된 장소의 이름을 따서 옥에오 유적이라 명명하게 되었다. 말레헤는 옥에오의 약 4.5km² 면적에 흩어져 있는 여러 언덕(베트남어로 '꺼Gò')들을 조사하기 시작하였다. 그는 1944년 3개월에 걸쳐 이 일대에서 엄청난 양의 구슬과 보석 장신구, 이러한 물건을 만드는 공구, 건축물의 흔적과 종교 신상神像, 판금板金 봉헌물, 브라흐미Brāhmi로 알려진 초기 인도 문자가 새겨진 인장과 부적, 토기 파편, 동물 뼈 등을 발굴하였다. 말레헤가 계획한 2차 발굴은 인도차이나 전쟁(1946~1954년)과 베트남 전쟁(1964~1975년) 때문에 취소되었다. 그러나 그는 1959~1963년 사이에 네 권으로 구성된 『메콩강 삼각주의 고고학L'archéologie du Delta du Mékong』이라는 책을 발간함으로써 큰 업적을 남겼다.

베트남사회주의공화국의 성립 3년 후인 1979년부터 베트남 사회과학원The Institute of Social Sciences은 남부 지역의 박물관들과 연계하여 럼동Lâm Đồng 산맥에서 우밍U Minh 국립공원에 이르는 메콩강 삼각주의 옥에오 문화권 유적들을 발굴·조사하였다. 뒷받침할 인력이 거의 없고 현장의 조건도 가혹한, 남북통일 직후의 극히 어려운 시기였다. 도굴꾼을 비롯하여 금을 찾아 나선 사람들로 유적은 심하게 훼손되어 있었다. 게다가 수 세기에 걸쳐 버려졌던 범람원이 쌀 곡창지대로 변하며, 습지의 표면에 조금이나마 남아 있던 유적의 흔적마저 지워버리고 있었다. 현재까지 베트남 고고학자들의 주도 아래 다양한 국적의 고고학자들이 합류하여 발굴을 이행하고 있으나, 아직까지도 많은 모습이 베일에 싸여 있다.

1982년 발굴된 기엔장성Kiên Giang의 넨쭈어 유적에서는 최초로 옥에오 문화의 성소聖所들이 발견되었다. 1983년에는 안장성 꺼캐이쫌Gò Cây Trôm 유적이 발굴되었는데, 메콩강 삼각주에서 발견된 가장 큰 유물 중 하나인 1.73m의 석조 링가男根像·Linga가 확인되었다. 동탑성Đồng Tháp 동탑므어이Đồng Tháp Mười의 최초 옥에오 유적인 꺼탑Gò Tháp은 1984년과 1993년에 발굴되었으며, 구나바르만Guṇavarman 왕자에 대한 이야기를 기록한 6세기 초의 비석이 발견되었다. 이 비문은 동남아시아에서 가장 오래된 산스크리트어 비문 중 하나로 구나바르만의 힌두교 비슈누파에 대한 지원과 메콩강 유역의 배수 사업에 대한 업적이 새겨져 있다. 1985년에는 옥에오 문화의 중요한 벽돌 건물 7기와 317점의 금판들이 안장성 다노이Đá Nổi에서 발견되었다. 이후 1986년 기엔장성의 깡덴Canh Den과 롱안성Long An 꺼록장Gò Rộc Chanh, 1987~1989년 롱안성의 빙따Bình Tả유적, 1987년 동나이성Đồng Nai의 캐이가오Cây Gáo와 동보Đồng Bơ, 짜빙성Trà Vinh의 루우꾸Lưu Cừ , 그리고 롱안성의 꺼쏘아이Gò Xoài, 1988년 티엔장성Tiền Giang의 꺼탕Gò Thành, 1991년 기엔장성의 께못Kè Mot과 호치민시의 꺼쭈어Gò Chùa, 1993~1996년 럼동성Lâm Đồng 캇띠엔Cát Tiên, 1999년 안장성 꺼캐이티Gò Cây Thị 와 남링선南靈山 · Nam Linh Sơn 유적이 차례로 발굴되었다. 이밖에 삼각주 유역에 널리 분포된 수백 개의 옥에오 유적도 함께 확인되었는데, 동탑므어이의 저지대와 메콩강의 지류인 허우강sông Hậu 및 우밍숲 서쪽의 저지대에 가장 많이 집중되어 있었다.

발굴된 유적지는 크게 주거지와 제의시설로 나뉜다. 대표적인 주거 유적으로는 꺼옥에오Gò Óc Eo, 넨쭈어, 꺼탑 등이 있으며, 주로 수로 인근 둔덕에 수상가옥의 형태로 자리 잡았던 것으로 보인다. 건축용 목재와 생활용품, 구슬 장신구, 탄화미 등이 발견되었다. 제의 유적으로는 꺼옥에오, 넨쭈어, 루우꾸, 꺼쏘아이, 꺼캐이티 등이 있으며, 특히 옥에오와 넨쭈어에서 발견된 큰 사원 유적이 손꼽힌다. 거대한 벽돌 건물의 기단과 함께 불교 및 힌두교 신상들, 정방형의 굴뚝 모양 벽돌시설과 다양한 무늬의 금판이 발견되었다. 이밖에 화장한 뼈 조각을 매장하고 항아리 등의 껴묻거리를 넣은 매장 유적이 일부 발견되었다.

옥에오에서 발굴된 유적과 유물들을 토대로 옥에오 문화의 특징을 살펴볼 수 있다. 옥에오에 거주한 토착 거주민 집단에 대해서는 정확히 알 수 없다. 캄보디아와 베트남 남부에 현존하는 7세기 이전의 비문은 네 개뿐이며, 모두 동남아시아 토착 언어가 아니라 인도어인 산스크리트어로 되어 있다. 유력한 가설은 사후인 문화를 일구었던 오스트로네시아 계통의 참족 혹은 현재의 옥에오 지역에 살고 있는 크메르족이었다는 것이다. 최근에는 언어학적 관련성과 동전의 유사성 등을 근거로 하여 한때 인도차이나에 광범위하게 퍼져있던 몬족이 옥에오에도 정착했을 가능성이 높다고 보고 있다.

옥에오는 규칙적인 구획 배치를 한 계획도시로서 주요 항구 및 수도와 거대한 운하로 연결된 상업 중심지였다. 또한 메콩강 삼각주 사이의 유적지들에서 발견되는 증거로 미루어볼 때, 옥에오 문화는 사후인, 동선, 그리고 더 멀리 인도, 중국, 지중해의 고대 문화와도 연결되어 있었다. 옥에오는 인구 밀집도가 높은 정착지로서, 주민들은 지중해 · 인도 · 동남아시아 등지에서 수입된 원료를 가공하여 만든 제품을 수출하였던 것으로 보고 있다. 비록 공예에 특화된 특정 구역이 있었다는 증거는 발견되지 않았지만, 이곳에서 확인된 다양한 종류의 광물들과 가공도구 등은 이 유적의 성격을 명확히 밝혀준다. 즉 옥에오는 가까운 항구에서 운송되는 물품의 집산지이자 가공지로 기능했던 도시였다.

옥에오에는 인도, 중국, 지중해 물품을 포함하여 다양한 장소의 물건들이 모여들었다. 특히 인도의 영향이 강해 토착문화와 인도의 문화가 결합된 독특한 형태로 발전하게 되었다. 이는 유리구슬의 제작법, 힌두교 사원과 간다라Gandhāra 및 아마라바티Amarāvatī 양식의 조각상, 초기 인도 문자 및 힌두교의 도상들이 새겨진 금판과 인장, 산스크리트어가 새겨진 주석판과 비문, 인도식 명칭의 사용 등을 통해 알 수 있다. 옥에오에는 인도의 물건뿐만 아니라 종교사상과 통치방식도 유입되었으며, 토착 지배계층은 이를 수용하고 활용하여 정치 · 행정적 진보를 이루어낸 것으로 보인다. 옥에오의 지배자들은 교역을 통해 획득한 부를 재분배하는 방식으로 정치 동맹을 맺고 사회를 통합 · 확장하였으며, 정교한 힌두교 의례에 의해 권위를 정당화하였다. 이런 방식으로 현지에서 생산되는 원료가 전혀 없는 늪지대에 불과했던 옥에오가 동남아시아 최초의 국제적인 경제 중심지로 성장한 것이다. 그러나 5세기 즈음부터 동남아시아 해상 무역의 중심은 더 먼 남쪽의 말라카Malacca 해협과 자바Java해 인근으로 이동하면서 교역로의 변화가 생겼다. 여기에 내란까지 겹치면서 결국 600~650년경 상업 중심지로서의 역할이 쇠퇴하게 되었다.

현재 유적 및 유물의 보존과 활용을 위해 베트남 문화체육관광부는 안장성 일대의 유적을 옥에오-바테 유적군Oc Eo-Ba The Relic이라고 이름 짓고 유네스코 세계문화유산으로 등재하기 위해 노력하고 있다. 지정학적 이유로 외국 고고학자들의 현장 조사가 금지된 캄보디아의 메콩강 삼각주 지역에서도 1996년부터 조사가 재개되었다. 옥에오 문화는 앞으로 베트남과 캄보디아 양국의 지속적인 발굴과 연구를 통해 더욱 많은 부분이 드러날 것으로 기대되고 있다.

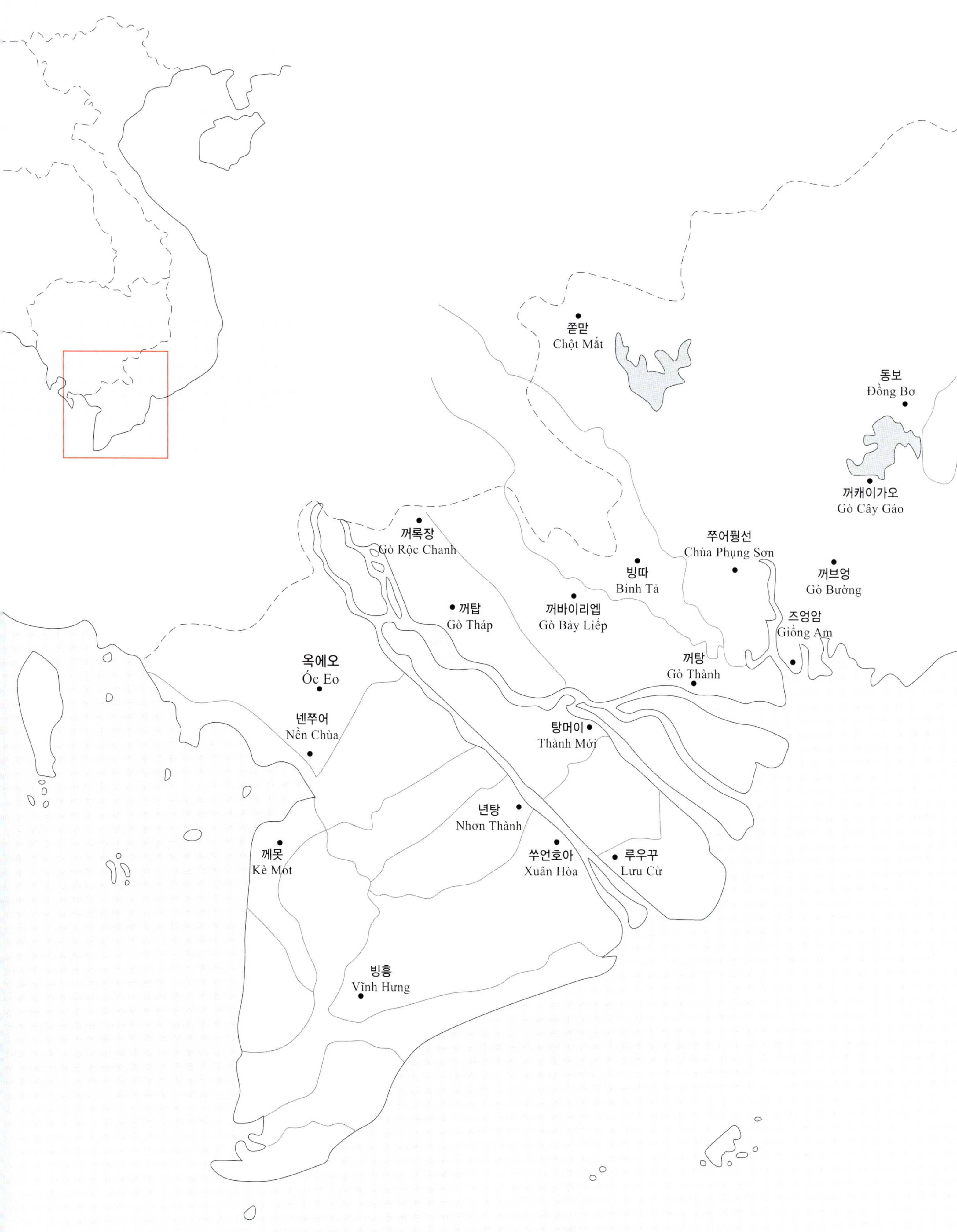

베트남 남부 옥에오 유적들

※ 발굴된 여러 옥에오 유적지들 (안장성 중심)

성Tinh	유적	시기	출토유물
안장성 An Giang	꺼옥에오 Gò Óc Eo	기원전 2세기 ~ 기원후 7세기	벽돌유구, 목제 기둥, 토기, 가랑, 구슬, 동물 뼈 등
	꺼캐이쫌 Gò Cây Trôm	5~7세기	벽돌유구, 링가 등
	다노이 Đá Nổi	2~7세기	벽돌유구, 금판(300여 개), 구슬, 동전, 펜던트, 산스크리트어 비석 등
	꺼캐이티 Gò Cây Thị	1~5세기	벽돌유구, 청동 불상 등
	쭈어링선 Chùa Linh Sơn	5~7세기	벽돌유구, 석제 문설주, 산스크리트어 비석(2기), 비슈누 신상 등
	남링선 Nam Linh Sơn	1~12세기	벽돌유구, 토기, 옹관, 금구슬 등
	짭다 Tráp Đá	2~7세기	벽돌유구, 석조 건물, 연마기, 토기, 구슬, 동전, 산스크리트어 비석 등
	꺼캐이둥 Gò Cây Tung	기원전 4세기 ~ 기원후 10세기	벽돌유구, 돌도끼, 토기, 도기, 도가니, 동물 뼈, 신상 등
	꺼데무 Gò Để Mu	7~9세기	벽돌유구, 석조 건물, 대좌, 링가, 요니 등
	품꽈오 Phum Quao	기원전 5세기 ~ 기원후 10세기	토기, 가랑, 구슬, 링가 등
동탑성 Đồng Tháp	꺼탑 Gò Tháp	4~8세기	벽돌유구, 금판(300여 개), 목조 불상, 비슈누상, 산스크리트어 비석 등
기엔장성 Kiên Giang	넨쭈어 Nền Chùa	3~6세기	벽돌유구, 금판(30여 개) 등
	께못 Kè Mot	6~7세기	벽돌유구, 금판(25여 개), 청동 여신상 등
롱안성 Long An	꺼록장 Gò Rộc Chanh	5~8세기	벽돌유구, 링가, 신상, 청동 반지, 토기 등
	꺼쏘아이 Gò Xoài	6~7세기	벽돌유구, 금판, 장신구 등
동나이성 Đồng Nai	캐이가오 Cây Gáo	3세기	벽돌유구, 링가, 요니 등
티엔장성 Tiền Giang	꺼탕 Gò Thành	4~9세기	벽돌유구, 금판(100여 개) 등

이 표는 다음의 두 자료에서 발췌

① Võ Sĩ Khải, "The Kingdom of Fu Nan and the Culture of Oc Eo" in *Arts & Archaeology of Fu Nan: Pre-Khmer Kingdom of the Lower Mekong Valley*, ed. by J. C. C. Khoo, Bangkok: Orchid Press, 2003, pp. 35-86.

② Ban quản lý Di tích Văn hóa Óc Eo tỉnh An Giang, *Một Số Di Tích Lịch Văn hóa Óc Eo Tiêu Biểu ở An Giang*, An Giang: Nhà Trưng bày Văn hóa Óc Eo, 2017.

2

동남아시아 고대 해상왕국 부남

Funan, An Ancient Maritime Kingdom of Southeast Asia

일반적으로 옥에오 문화는 중국 사서史書 속에 등장하는 동남아시아 고대 국가인 부남국의 문화로 추정된다. 『삼국지三國志』·『송서宋書』·『남제서南齊書』·『양서梁書』·『진서晉書』·『수서隋書』·『통전通典』·『태평환우기太平寰宇記』·『태평어람太平御覽』·『흠정월사통감강목欽定越史通鑑綱目』등 여러 중국 사서에는 옥에오 문화를 향유했던 고대 왕국인 부남국과 관련된 기록들이 남아있다. 특히 중국 위·진·남북조 시대에 오왕吳王 손권孫權(재위 225~252년)이 보낸 사절단인 강태康泰와 주응朱應은 부남국을 거쳐 말레이반도의 몇 개 국가들을 방문하고 그들의 전통과 풍습에 대해 자세한 기록을 남겼다. 현재 원전은 사라졌지만 이 기록들은 후대에 많은 문서에 인용되어 부남국을 비롯한 고대 동남아시아 국가들에 대한 정보를 제공하고 있다.

19세기부터 서양 학자들은 중국 사서를 번역하는 한편, 유적 조사를 통해 동남아시아의 고대사 연구에 큰 진전을 보였다. 특히 1948년 프랑스의 사학자 조르주 세데스George Coedès는 중국 기록 및 산스크리트어 유물과 고고학적 발견을 통해 부남의 역사에 대해 체계적으로 정리하였다. 세데스는 '부남'이라는 이름이 '언덕'이라는 뜻을 지닌 크메르어 '프놈phnom·브남bnam'에서 파생된 것이라고 보았다. 이때부터 옥에오의 역사는 곧 부남국의 역사와 동일시되었다. 그러나 현재 일부 베트남 고고학자들은 옥에오 유적을 바로 부남국의 유적으로 단정 짓지 않고 있다. 옥에오가 중국 사서에 기록된 부남국의 일부였다는 점을 증명할 수 있는 명확한 증거가 아직까지 발견되지 않았기 때문이다. 대신 이들은 부남이 중국 사료에 언급되었던 시기에 옥에오와 인근 지역에서 꽃피웠던 문명을 통틀어 '옥에오 문화'라고 부르고 있다.

옥에오 문화를 부남국의 역사로 보아야 하는 지에 대해서는 아직 연구해야 할 부분이 많다. 다만, 부남국의 문물과 지리에 대한 중국의 기록은 옥에오 문화가 번성했던 시대 및 장소와 일치하는 부분이 있다. 따라서 부남국에 대한 기록은 옥에오 문화를 이해하는데 큰 도움이 된다.

부남국의 건국은 인도 브라만인 카운딘야Kaundinya·혼전混塡와 토착세력인 소마Soma·유엽柳葉의 결합으로 시작한다. 『양서』는 이들이 혼인하여 1세기경 일남日南 남쪽, 임읍 서쪽의 풍요로운 메콩강 삼각주에 자리하였다는 이야기를 싣고 있다. 설화 속에서는 카운딘야가 꿈 속 신의 계시로 신궁神弓을 얻은 후 무리를 이끌고 동쪽으로 항해하여 신궁으로 소마의 배를 쏘아 항복시켰다. 그리하여 카운딘야는 소마를 아내로 맞이하고 왕이 되어 나라를 다스렸다. 또한 소마가 옷을 입지 않고 신체를 다 드러내고 있어, 카운딘야가 옷 입는 법을 가르쳤다고도 한다.

이 전설은 토착 지배세력과 인도로부터 온 세력의 결합을 상징하며, 인도가 동남아시아 사회에 미친 영향력을 보여준다. 전설 속의 카운딘야라고 하는 브라만, 신궁, 그들이 타고 온 배, 옷 등은 힌두교라는 고급 신앙과 수준 높은 물질문화의 전래를 의미한다. 동시에 이는 일방적인 점령이나 인도화가 아니라 토착 요소와 외래 요소를 융합한 부남국의 보편적인 문화양상을 나타낸다. 힌두 문명이나 그 뒤를 이은 불교의 전래, 이슬람교의 전파 등은 늘 토착적인 것과 외래적인 것이 융합되면서 발전하였기 때문이다.

부남국은 2~3세기 카운딘야 계통의 왕위계승 문제를 두고 내부적으로 정치적 혼란기를 겪었지만, 대외적으로는 중국과 인도를 연결해주는 중계무역국으로 서서히 부상하고 있었다. 발전된 선박 제조술과 항해술을 바탕으로 인도, 중국과 해상무역을 통해 외교관계를 확고히 하며, 2~6세기 동안 강력한 해상왕국으로 성장하였다. 특히 중국에 파견한 조공특사나 교역사절단은 중국 측에서는 황제에게 공물을 바치는 속국의 사신들이었지만, 부남국 측에서는 중국에서 교역할 기회를 얻을 뿐만 아니라 자국에서 권위를 내세울 수 있는 수단이 되었다. 『양서』에는 장군 범사만范師蔓이 왕위에 올라 이웃 국가를 정복하여 '부남대왕'의 호칭을 획득하고, 대규모 선박을 건조하여 바다를 건너 10개가 넘는 왕국을 공격한 끝에 5~6천리까지 영토를 확장하였다는 기록이 있다. 이처럼 이 시기 비약적으로 팽창된 지배영역은 동쪽으로는 오늘날 베트남 남부의 거의 모든 지역, 서쪽으로는 오늘날의 캄보디아, 태국, 말레이반도, 미얀마에 이르기까지 동남아시아 본토 대부분에 해당되었다.

그러나 부남국이 로마나 진대秦代 이래 중국처럼 대제국을 건설한 것은 아니었다. 지배 영역은 부남의 왕에게 복종하는 종속국들로 연결되는 범위였고, 중앙에서 관리가 파견되는 것도 아니었다. 부남국의 권력을 중심으로 기존 토착 세력의 지배권을 인정하는 일종의 연맹왕국 형태였다.

이 시기에 부남국은 본격적으로 인도의 사상 및 정치제도를 받아들이고 산스크리트어를 사용하기 시작하였다. 『양서』와 『진서』 등에는 4~5세기 인도 계통으로 알려진 축전단竺旃檀과 교진여憍陳如, 사야발마闍邪跋摩 등이 부남의 왕위에 오른 기록이 나타나는데, 이들은 "인도 관습에 따라 모든 규칙을 바꾸었다[復改制度, 用天竺法。]"고 한다. 인도의 영향은 이후 벼농사, 관개농법, 종교의례, 법률, 왕권의 개념, 산스크리트어와 문자, 미술양식, 무기 등으로 광범위하게 확산되었다.

부남국은 6세기경부터 쇠퇴하기 시작하였다. 4세기 후반 중국의 진晉 왕조가 불안정한 육로를 포기하고 해로 개발에 착수하면서, 말레이반도 남쪽의 기항지들이 성장하고 순다Sunda 해협에서 남중국해를 가로지르는 직선로가 개통되었다. 이들은 부남의 중개항을 우회하여 중국과 직접 교역할 수 있는 기회를 잡았다. 이로 인해 5세기까지 동남아시아에서 주요 상업 중심지로 기능하였던 옥에오의 역할이 심각하게 위태로워졌다. 이어 6세기 중엽에 메콩강 상류에 위치했던 부남국의 속국이었던 진랍眞臘이 점차 성장하면서 새로운 권력의 중심부가 되었다. 또한 부남국의 동북쪽에 위치했던 임읍이 강성해지면서 부남국은 점점 쇠퇴하게 되었다. 결국 해로의 상실, 외부와의 충돌, 내부의 혼란 등에 의해 7세기 초 앙코르 시대를 연 진랍국의 공격으로 부남국은 멸망하였다.

해상교역의 중심, 옥에오

Óc Eo, The Heart of Maritime Trade

II

옥에오는 인도 칸치푸람에서 중국 광동성까지 연결한 동 · 서 교역로의 중간 기항지였다. 서쪽으로는 지중해, 동쪽으로는 동북아시아까지 연결된 해상 실크로드 상에 위치하여 중국, 페르시아, 인도, 로마 등지로 오고가는 온갖 종류의 물건들이 모여들었다. 이곳에서는 당시에 사용했던 배의 일부와 교역활동의 증거인 동전, 인도 문자가 새겨진 화물표, 중국 한나라의 청동거울과 로마 황제의 금화, 현지에서 세공하거나 외국에서 수입한 다양한 종류의 장신구와 구슬들이 발견되어 당시 활발했던 해상 교역지의 모습을 보여준다.

옥에오에서 발견된 유리구슬은 고대 한반도와의 교류 가능성에 힘을 실어주었다. 고대 한반도에서 출토되는 유리구슬들은 인도나 동남아시아에서 제작된 후 바닷길을 통해 한반도로 유입되었을 것으로 보고 있다. 이는 유리구슬의 형태나 제작기술, 색조, 화학적 조성이 인도, 동남아시아의 그것과 유사하기 때문이다. 실제로 옥에오에서 발견된 유리구슬의 성분 및 형태, 색상 등이 고대 한반도 특히 마한-백제 권역에서 발견되는 유리구슬과 매우 유사하여 고대 한반도와 동남아시아의 직 · 간접적인 교류 양상을 파악할 수 있게 되었다.

The Óc Eo's sea route served as a maritime silk road that connected the Mediterranean to the west and Northeast Asia to the east, thus enabling Óc Eo to obtain all kinds of products that passed between China, Persia, India, and Rome. Among the excavated artifacts are parts of ships, coins, and shipping tags inscribed with Indian letters, bronze mirrors from Han China, gold coins of the Roman Empire, and diverse kinds of locally crafted or imported ornaments and beads, attesting to vigorous trading activities.

The glass beads found at Óc Eo lend weight to the theory that the Vietnamese kingdom engaged in exchanges with the Korean Peninsula in ancient times. Glass beads excavated in the Korean Peninsula are believed to have been introduced to Korea by sea after being produced in India or Southeast Asia, because their style, production technique, colors, and chemical composition are very similar to those found in the archaeology sites of the Mahan Confederacy and the Baekje Kingdom in Korea, implying direct and indirect exchanges between the Korean Peninsula and Southeast Asian countries.

1 옥에오의 교역품 **Trade Goods in Óc Eo**

역사적으로 바닷길을 통한 동 · 서 교역로는 중국 광동성廣東省 광주廣州에서 베트남 하노이Hà Nội로, 다시 말레이반도 방면으로 연안을 따라 항해하여 수마트라Sumatra에서 싱가포르 인근 말라카 해협을 지난다. 그리고 서북 방향으로 항로를 잡아 미얀마 남단에 이르고, 거기서 인도 동해안을 따라 남하 하여 칸치푸람Kāñcīpuram에 이른 것으로 보고 있다. 이 해로는 서쪽으로는 중동과 지중해까지, 동쪽으로는 동북아시아까지 연결되었다.

이처럼 고대 해상 실크로드는 동아시아에서 인도차이나반도의 바닷길을 지나 인도와 아라비아 반도, 지중해까지 펼쳐졌다. 이때 남중국 해역과 말레이 반도의 북부를 통과하기 위해서는 반드시 베트남의 해안을 통과해야만 했다. 특히

당시에는 연안 항로를 택할 수밖에 없었다. 왜냐하면 선박이 약해서 대양의 거센 바람과 파도를 견뎌낼 수 없고, 오랜 항해를 할 수 없어 연안을 따라 가다가 항구에 들러 배를 수리하거나 바꿔 타야만 했기 때문이다. 그러므로 해안을 따라 항해하다가 때때로 배를 정박하여 음식과 물을 보충 하고 다시 항해하기를 되풀이해야 하는 어려움이 있었다. 이러한 지리적 환경 때문에 베트남의 해안에는 항만과 포구 등이 형성되어 중국 · 인도 · 중동을 비롯한 각국의 선박들이 닻을 내리고 상품을 중계하는 거래가 이루어졌다. 그곳에서는 중국, 페르시아, 인도, 로마 등지로 오고가는 귀한 물건을 거래하고, 동남아시아 사람들과 물품을 서로 교환하기도 하였다.

옥에오는 초기 국제무역항 중 하나로 동 · 서를 잇는 교통로 상에 위치하고 있어 새로운 문물이 들어오고 나가는 데 유리하였다. 특히 인도차이나반도의 굽은 곳에 자리한 전략적 요충지로 내륙 깊숙이 들어가 있었기 때문에 피난 항구의 역할을 하였다. 이곳은 선원들과 외국 상인들에게 음식, 물, 숙박뿐만 아니라 창고와 시장을 제공하는 중요한 기항지, 즉 항시港市였다.

베트남은 긴 해안선과 많은 강으로 연결되어 있어 예로부터 어로활동과 화물운송 등에 다양한 종류의 선박이 널리 사용되었다. 수로에서 이용한 중 · 소 목선은 편평한 바닥에 조타장치 없이 노로 이동하며, 때로는 돛대를 설치하고 바람의 힘을 빌어 빠른 속도로 달릴 수 있도록 제작하였다. 대형 목선은 한쪽 뱃머리는 편평하고 다른 한쪽은 위로 구부러지게 하여 뱃사공들이 노를 저어 바다를 건너거나 전투 또는 화물운송을 할 때에 용이하도록 만들어졌다.

이러한 사실은 중국 사료에서도 확인할 수 있다. 『남제서』는 부남국의 배가 물고기와 유사하게 생겼으며, 길이가 약 26~30m, 폭이 약 1.8~2m라고 기록하고 있다. 반면 『남주이물지南州異物志』에는 대형 선박이 길이 약 61m 이상, 높이 약 6~9m이며, 600~700명의 사람들과 1만호 이상의 화물을 수용할 수 있다고 기록되어 있다. 후자는 원거리 항해용 선박으로, 배의 크기에 따라 선수에서 선미까지 일렬로 돛을 비스듬하게 4개까지 다는데, 풍압이 돛을 뒤에서 하나씩 차례로 부풀리는 덕분에 바람의 힘으로 고속 항해할 수 있다고 한다. 이는 현대의 기준으로도 큰 선박이다. 이 두 기록은 서로 다른 형태의 배에 대해서 묘사하고 있지만 이를 통해 부남국 사람들이 우수한 선박 제조술과 기술자를 가진 항해민족이었다는 사실을 짐작할 수 있다. 옥에오에서 발견된 선박은 비록 일부분이지만 『남제서』에서 언급한 것과 같이 빠른 속도로 나아갈 수 있는 날렵한 형태적 특징을 보인다.

배를 비롯하여 옥에오 유적에서 발견되는 다양한 종류의 유물들은 당시 해상교역의 중심 도시였던 옥에오의 모습을 보여준다. 인근 동남아시아에서 생산된 물품을 비롯하여 힌두교 및 불교 미술품, 중국, 로마, 페르시아로부터 유래된 물건 등 다양한 국적과 소재의 유물들이 대거 발굴되었기 때문이다. 특히 여러 지역으로 수입 · 수출되었던 장신구 및 보석류와 화폐, 그리고 로마와 중국 한나라의 문물이 이곳에서 만나 교류된 사실을 증명해 주는 유물들은 국제무역항으로서의 면모를 보여준다.

화폐
Currencies

옥에오는 동 · 서에서 운송된 상품들의 집산지이자 가공지였고, 물물교환이나 매매가 이루어지는 시장이 존재했을 것으로 보고 있다. 중국 고대 사료에도 부남국이 교역활동에 금 · 은 등을 사용하고 이를 세금으로 바쳤다는 기록이 있어 이를 증명해준다. 이러한 교역활동, 즉 거래의 흔적을 보여주는 대표적인 것이 화폐이다.

현재까지 넨쭈어, 다노이, 께못 등지에서 12종의 옥에오 동전이 발견되었다. 동전은 동남아시아에서 흔하게 구할 수 있는 청동, 납-주석, 납-철, 은 등으로 만들어졌다. 옥에오의 동전이 현지에서 직접 주조되었는지 아니면 수입되었는지 등 유통에 관하여는 명확하게 밝혀진 것이 없다. 다만 동남아시아에서 연대가 알려진 가장 오래된 동전은 454~476년 사이 주조된 미얀마 서부 아라칸의 은화이며, 옥에오 유적에서 발견되는 동전들은 미얀마 이라와디강 하류 지역의 표驃 왕국에서 발행한 것을 수입했거나 현지에서 제작한 것으로 보고 있다. 한편 예전에는 옥에오의 동전을 곧 부남국의 동전으로 여겼으나 최근의 연구 동향은 8세기 이후의 것이라고 추정하고 있다.

옥에오에서 발견된 동전의 한 쪽 또는 양쪽에는 여러 가지 상징이 나타나 있다. 여기에는 떠오르는 태양, 슈리바차śrīvatsa, 상카saṅkha, 바드라피타bhadrapīṭha, 만卍자, 다마루Damaru, 함사haṃsa 등이 있다. 떠오르는 태양의 경우, 원형의 테두리 안에 중앙선을 바탕으로 6줄의 선들을 긋고, 그 사이사이에 점들을 채워 넣었다. 슈리바차는 기하학적인 선으로 표현된 왕관을 쓴 사람을 방패형 테두리가 감싸고 있는 형태로, 동남아시아의 모든 초기 동전에 공통적으로 나타난다. 이 문양은 풍요와 부를 보장하는 인도 왕권의 상징이며 불교와 힌두교에서도 상서로움, 길상해운吉祥海雲으로 사용된다. 상카는 소라고둥으로, 본래 풍요를 의미하는 물의 상징이었으며 왕실 재계 의식에 사용되던 것이다. 비슈누Viṣṇu 신이 들고 있는 지물이자 불교의 법회에서 사용되는 악기의 일종이기도 하다. 바드라피타는 왕좌 혹은 팔각대좌를 의미하며, 시바Śiva 신 혹은 부처가 올라 앉아 있는 받침대를 뜻한다. 만자는 불교, 브라만교, 자이나교, 힌두교 등에서 길상적인 상징으로 쓰이는 문양이다. 힌두교에서는 비슈누 신의 가슴에 있는 선모旋毛에서 발하는 서광瑞光에 그 기원을 두고 있다. 모래시계 형태의 다마루 문양은 인도의 오래된 타악기 요고腰鼓를 상징한다. 힌두교에서는 시바 신이 이 소형 다마루를 사용하여 우주를 창조하고 규제하는 영적인 소리를 내었다는 내용이 있다. 함사는 거위 혹은 백조로 번역되며, 힌두교 신화에서 브라흐마Brahmā가 타고 다니는 신성한 새를 뜻한다.

이러한 모티프들은 대체로 인도의 상징을 차용했으나 배치 방식은 독자적이다. 예컨대 위쪽에 해 · 달 등의 천체 상징들이 있고 아래쪽에 흐르는 물의 상징이 병치竝置되어 있는 슈리바차 모티프는 인도에서는 발견된 적 없는 동남아시아 특유의 것으로, 신성한 왕권, 종교적 왕권의 개념을 잘 보여주고 있다.

동전의 정확한 쓰임새에 관하여는 현재 연구 중에 있다. 일부 학자들은 이것이 화폐가 아니라 종교적 상징성이 있는 메달이었을 것이라고 주장하는데, 그 이유는 다음과 같다. 첫째, 다양한 형태의 초기 동전을 담고 있는 항아리가 사원 근처에서 발견되었으므로, 이는 사원을 축성하기 위한 정초 매장물定礎埋藏物로 추정된다. 둘째, 부남국과 드바라바티Dvāravatī의 멸망 이후 동남아시아 본토 어느 지역에서도 현지에서 주조한 동전이 발견되지 않았다. 화폐 대신 물물교환을 하거나 조개껍질, 금속막대 등을 사용하였으며, 동전은 13세기 이후에야 이슬람 및 유럽 상인들의 영향으로 말레이반도에서 사용되었다는 것이다.

그러나 많은 학자들은 이 동전을 화폐라고 본다. 동남아시아 전역에 널리 확산된 비슷한 동전의 존재, 유적지에서 발견되는 광범위한 상업 활동의 흔적, 그리고 화폐 없이 운영하기에 어려운 전문 직업 체계 등을 종합하여 고려해보면 동전이 화폐였을 가능성이 매우 높다는 것이다. 특히 옥에오의 동전들은 종종 여러 조각으로 쪼개어진 상태로 발견되는데, 이는 당시 액면가보다 더 작은 단위로 사용하기 위해 쪼개었던 것으로 보고 있다. 즉, 옥에오는 상당한 수준의 화폐 경제 사회였다고 볼 수 있다. 옥에오 유적에서 주로 출토되는 동전들은 현재 캄보디아, 태국, 미얀마 등 동남아시아 본토의 각지에서도 발견되고 있어 동남아시아 지역 내에서 통용되었을 것으로 보고 있다.

인도 · 로마 · 중국의 물품

Goods from India, Rome, and China

초기 동남아시아 해상교역 국가인 부남국은 높은 수준의 선박 제조술과 항해술을 바탕으로 중국은 물론 인도에까지 사신단을 파견하였다. 『양서』, 『진서』, 『남제서』 등에는 부남국이 오랜 기간 동안 중국 남부 지역 및 인도와 교역하였다는 사실을 보여주는 기록들이 남아 있다. 이 기록들에 따르면, 부남국은 초기부터 오나라와 국교를 맺고, 활발한 상호 인적 · 물적 교류를 맺었다. 당시 오나라에서 파견된 주응과 강태가 남긴 관찰 기록이 중국 사료 곳곳에 남아 있어 부남국의 대외교류에 관한 중요한 정보를 제공해 준다.

옥에오에서 발견된 로마와 한나라의 유물들은 교역지인 옥에오를 기점으로 상인들에 의해 남인도에서 남베트남으로 물건이 이동한 경로를 추정케 하여 동 · 서 간의 간접 교역 형태를 보여주고 있다.

옥에오에서는 화초 · 금강저金剛杵 · 조개 등의 문양, 혹은 'dhanikam귀중품', 'dhanapati소유주', 'apramadam주의' 등의 인도 브라흐미 글자가 새겨져 있는 네모난 주석판이 발견되었다. 글자의 내용으로 보아 귀중한 화물에 붙이던 화물표로 보이며, 이는 당시 옥에오를 드나들었던 브라흐미 언어를 아는 인도계 상인들에 의해 부착되었던 것으로 보고 있다.

옥에오에서 발견된 대표적인 로마의 유물로는 손잡이가 달린 마가라磨伽羅 · Makara 모양 램프와 황제의 이름과 초상이 새겨진 금화가 있다. 금화 중 하나는 '안토니누스 피우스Antoninus Pius' 황제의 이름과 초상, 그리고 즉위

15년(152)이란 글자가 새겨진 것이고, 다른 하나는 '마르쿠스 아우렐리우스 Marcus Aurelius' 황제 시기(161~180)의 금화이다. 보석 세공품 중에는 인도식이나 로마식의 인물 흉상을 음각한 것, 유리질의 둥그런 광석에 이란식 인물상을 새긴 유물들이 발견되기도 하였다.

한편 중국의 유물로는 후한대의 것으로 추정되는 청동거울 파편과 2점의 거울 파편 등이 출토되었다. 이 청동거울은 뒷면에 봉황이 날개를 펴고 있는 것처럼 보이는 용무늬를 붙였다 하여 기봉무늬거울夔鳳鏡이라 부르기도 한다. 또한 화초무늬 그릇이 발견되었는데, 그 유사품이 아프가니스탄의 베그람Begram 유적에서 발견되기도 하였다.

이러한 유물들은 기원 전후 인도차이나반도에서 중국 문화와 인도 문화가 접촉한 사실을 보여 주며, 인도를 매개로 로마 문화가 옥에오에서 중국 문화와 만나 교류하였음을 증명해 준다.

옥에오의 세공품

Craftworks in Óc Eo

옥에오에서는 형태와 크기, 색깔과 재료가 다양한 수많은 종류의 장신구들이 출토되어, 옥에오 문화를 일컬어 '장신구의 황금시대'라고도 한다. 여기에서 발견된 금이나 보석으로 만든 세공품, 유리, 수정, 홍옥수紅玉髓, 마노, 석류석 등과 같은 광석으로 만든 구슬 목걸이 및 팔찌 등은 당시 장신구에 대한 다양한 수요와 유통 상황을 짐작케 한다.

말레헤가 정리한 옥에오 출토 금속 세공품 목록에는 1.2㎏이 넘는 918개의 구슬과 주로 동전의 형태로 되어 있는 60개의 은 조각들을 포함하여, 수준 높은 세공기술을 보여주는 반지, 귀걸이, 팔찌, 목걸이, 음각세공물Intaglio, 금판 등 모두 1,312점에 달하는 세공품이 실려 있다. 이 중 한쪽이 트인 타원형의 귀걸이나, 안쪽으로 배배 꼬여 나선형으로 늘어진 귀걸이, D모양의 귀걸이 등은 필리핀, 인도네시아, 자바 등지에서도 발견된다. 12면체 금구슬 세공품은 그중에서도 특이한 것으로서, 동일한 형태의 구슬이 그리스의 미케네Mycenae와 바피오Vaphio, 북부 파키스탄 탁실라Taxila의 시르캅Sirkap 등에서 발견된 바 있다. 하지만 베트남에서는 금 산지가 발견되지 않는다. 따라서 옥에오에서 유통된 금은 필리핀, 보르네오, 수마트라, 말레이반도 등 동남아시아의 다른 곳에서 수입되었을 것으로 보여, 동남아시아의 지역 간 교역 상황을 보여준다.

또한 옥에오는 인도의 아리카메두Arikamedu와 카라이카두Karaikadu, 스리랑카의 만타이Mantai, 태국의 크롱톰Khlong Thom과 타쿠아파Takua Pa, 말레이시아의 쿠알라셀린싱Kuala Selinsing 및 숭아이마스Sungai Mas 등과 함께 인도·태평양 유리구슬의 중요 산지 중 하나로 거론되고 있을 만큼 많은 수량의 구슬이 현재까지도 출토되고 있다. 구슬의 재질은 돌, 보석, 유리, 뼈 등 다양하지만 대개는 마노와 수정, 유리가 중심을 이룬다. 많은 수량의 유리구슬들은 옥에오 사람들의 구슬에 대한 수요를 보여준다. 『양서』에는 부남국과 유사한 풍속을 지닌 임읍에 대하여 "왕은 법복을 입고 구슬목걸이를 하는데, 마치 불상의 장식과 같다[其王著法服、加瓔珞、如佛像之飾。]"라고 기록하였는데, 이를 근거로 부남국에서도 유사한 풍습이 존재했을 것을 짐작할 수 있다.

특히 유리구슬은 그 분포밀도가 매우 높은 지역들에서 한꺼번에 채집되고 있는데, 이는 주거지나 무덤보다는 공방과 관련된 시설에서 나왔으리라는 것을 추정케 한다. 비록 직접적으로 유리 제작과 관련된 흔적은 아직 발견되지 않았지만, 옥에오 지역에서 유리구슬 장신구가 대량으로 생산되어 유통되었을 가능성이 상당히 높다.

이 유리구슬은 고대 한반도와 동남아시아의 교역 가능성을 보여주는 중요한 자료이기도 하다. 한반도에서 출토되는 고대 유리구슬의 수량은 동북아시아에 유례가 없을 정도로 많다. 자체 생산이 본격화되기 이전, 다수의 유리구슬은 인도나 동남아시아에서 제작된 후 바닷길을 통하여 한반도로 유입되었을 가능성이 높다. 한반도 고대 유적에서 발견되는 유리구슬의 형태와 제작기술, 색조, 화학적 조성 등이 인도, 동남아시아의 유리구슬과 유사하기 때문이다. 이는 옥에오를 거쳐 한반도로 유리구슬이 유입되었을 가능성을 보여주어 바닷길을 통한 교류가 옥에오에서 중국 동남부-한반도-일본열도까지 연결되었을 것이라는 가설에 힘을 실어준다.

001

통나무배
Thuyền độc mộc
Dugout Canoe

2~6세기
나무, 길이 215.0
옥에오문화유적관리위원회

다노이에서 출토된 동전이다. 앞면에는 왕관을 쓴 사람을 방패로 감싼 형태를 기하학적으로 표현한 슈리바차 무늬가 있다. 위쪽에는 해와 달이, 양 옆에는 만자와 다마루가 새겨져 있다. 아래쪽에는 흐르는 물을 간략하게 표현하였다. 뒷면에는 떠오르는 태양을 표현하였다. 이 문양들은 풍요와 부를 보장하는 신성한 왕권을 상징한다. 동전들은 종종 1/2, 1/4, 1/8 등으로 쪼개어 액면가보다 더 작은 단위로 사용하였던 것으로 추정된다.

002

부남 동전
Tiền Phù nam
Funan Coins

다노이
5~6세기
금속, 지름 3.0
옥에오문화유적관리위원회

003

부남 동전 조각

Mảnh tiền Phù nam

Piece of Funan Coin

금속, 길이 1.5

옥에오문화유적관리위원회

004

로마 동전 (복제)

Tiền La Mã

Roman Coin Ⓡ

금, 지름 2.0
옥에오문화유적관리위원회

앞면에 성인 남성의 초상과 이름이 새겨져 있으나, 희미하여 분간할 수 없다. 형태와 시기로 보아 안토니누스 피우스 혹은 마르쿠스 아우렐리우스 황제의 금메달로 추정된다. 뒷면은 박락되어 남아 있는 것이 없다.

005

옥에오 동전

Đồng tiền Óc Eo

Oc Eo Coins

12~13세기
금속, 지름 1.3~1.6
옥에오문화유적관리위원회

신성한 새 함사가 새겨져 있다. 함사는 거위 혹은 백조를 뜻하며, 힌두교 신화에서 브라흐마가 타고 다니는 신성한 새를 가리킨다. 새의 위쪽에 '回', '回' 등의 문양이 새겨져 있다.

006

음각세공품
Mặt nhẫn
Intaglios

유리, 원석, 지름 1.8~2.5
옥에오문화유적관리위원회

반지 장신구로 추정되는 음각세공품이다. 끌로 안쪽을 깎아서 형상을 표현하였다. 앉아서 한쪽 다리를 곧추 세운 윤왕좌輪王坐의 자세, 혹은 서 있는 자세의 인물은 신으로 추정된다. 다리를 접은 채 앉아 있는 황소의 형상은 시바가 타고 다니는 황소 난디이다. 이러한 음각세공품들은 로마와 인도의 카메오에서 영향을 받아 만들어진 것으로 보이며, 인도의 인장 반지와 카메오, 로마의 메달과 더불어 옥에오의 국제적 성격을 잘 나타낸다.

007

구슬
Hạt chuỗi
Beads

2~5세기
원석, 길이 1.2~1.8
옥에오문화유적관리위원회

옥에오는 인도 · 태평양 유리구슬의 중요 산지 중의 하나로 추정된다. 구슬의 재질은 돌, 보석, 유리, 뼈 등 다양하지만 대개 홍옥 · 마노 · 수정과 유리로 만들어졌다. 특히 옥에오 출토 유리구슬은 대체로 고알루미나 소다유리이며, 남아시아와 동아시아에서 집중적으로 발견되어 구슬의 교류 양상을 짐작케 한다.

008

구슬
Hạt chuỗi
Beads

2~5세기
유리, 원석, 길이 1.5~2.0
옥에오문화유적관리위원회

009

구슬
Hạt chuỗi
Beads

2~5세기
유리, 원석, 길이 0.2~1.0
옥에오문화유적관리위원회

010

구슬

Hạt chuỗi

Beads

2~5세기

원석, 길이 1.0~1.8

옥에오문화유적관리위원회

011

구슬
Hạt chuỗi
Beads

2~6세기
유리, 마노, 길이 0.2~1.4
옥에오문화유적관리위원회

012

마노구슬

Hạt chuỗi đá Agate

Agate Beads

2~5세기

마노, 길이 1.5

옥에오문화유적관리위원회

013

유리구슬
Hạt chuỗi thủy tinh
Glass Beads

2~6세기
유리, 지름 0.3~0.5
옥에오문화유적관리위원회

여러 가지 색이 섞여 줄무늬처럼 나타나는 구슬은 인도에서 제작된 것이다. 옥에오와 인도와의 교류를 증명해주는 귀중한 증거로 볼 수 있다.

014

유리구슬
Hạt chuỗi thủy tinh
Glass Beads

2~5세기
유리, 지름 0.7
옥에오문화유적관리위원회

015

유리구슬

Hạt chuỗi thủy tinh

Glass Beads

2~5세기

유리, 지름 0.2~0.4

옥에오문화유적관리위원회

016

유리구슬
Hạt chuỗi thủy tinh
Glass Beads

2~5세기
유리, 지름 0.2~0.4
옥에오문화유적관리위원회

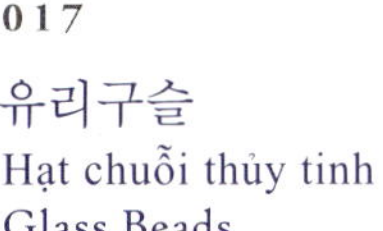

017

유리구슬
Hạt chuỗi thủy tinh
Glass Beads

2~5세기
유리, 지름 0.3~0.5
옥에오문화유적관리위원회

018

유리구슬
Hạt chuỗi thủy tinh
Glass Beads

2~6세기
유리, 지름 0.2~0.5
옥에오문화유적관리위원회

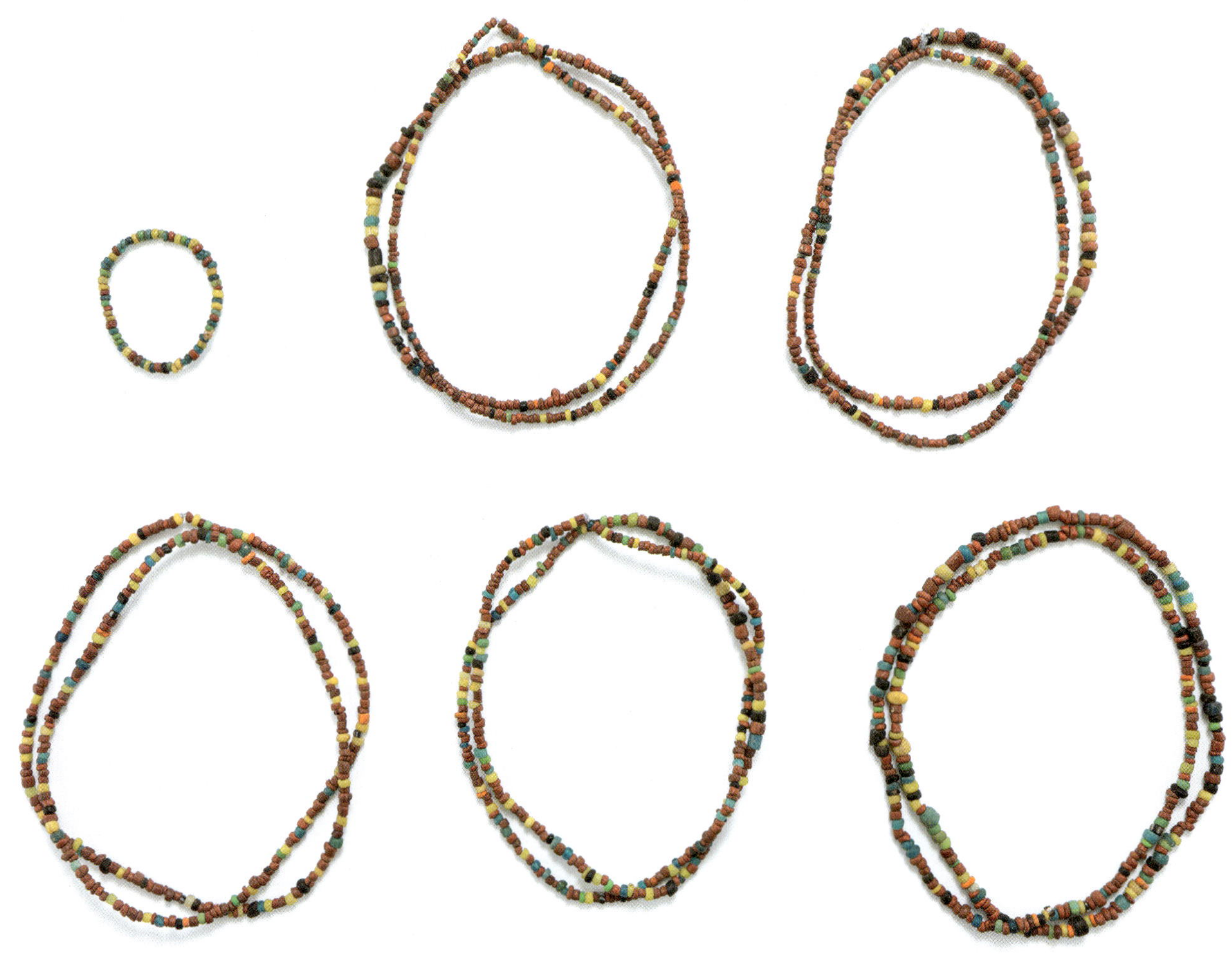

019

유리구슬
Hạt chuỗi thủy tinh
Glass Beads

2~6세기
유리, 지름 0.2~0.6
옥에오문화유적관리위원회

020

유리구슬
Hạt chuỗi thủy tinh
Glass Beads

2~5세기
유리, 지름 0.2~0.5
옥에오문화유적관리위원회

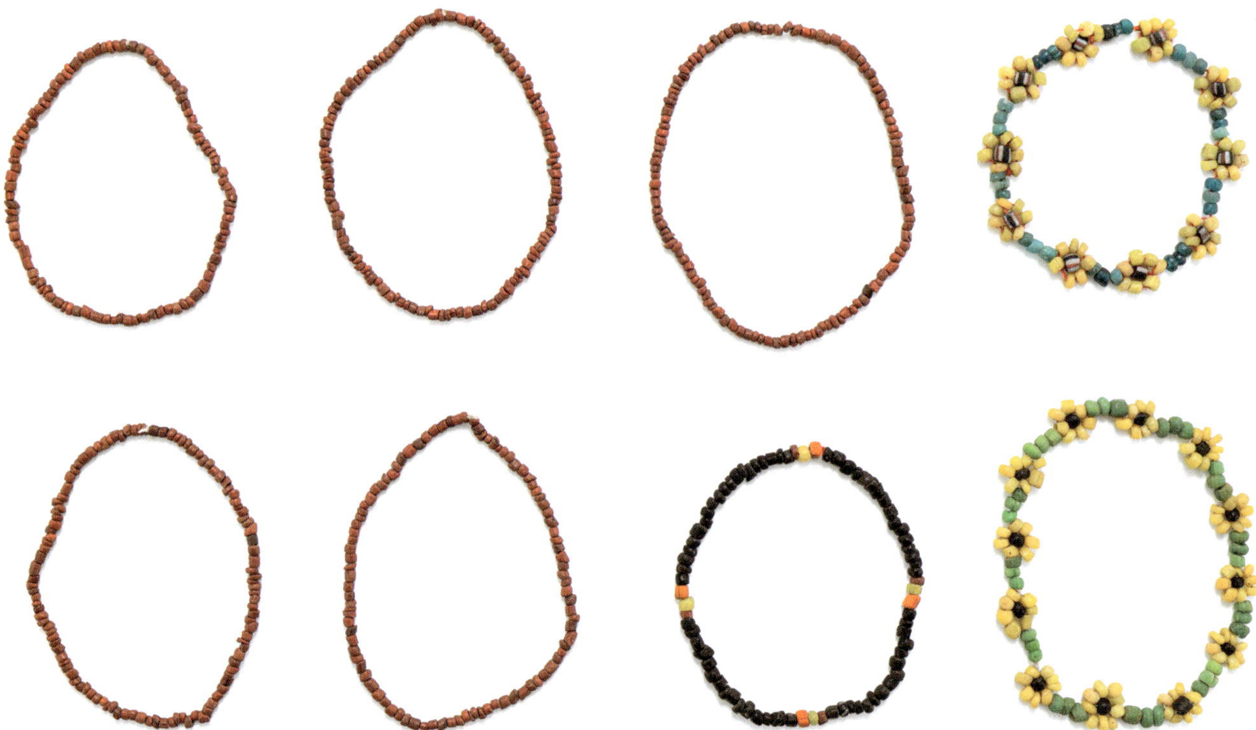

021

유리구슬
Hạt chuỗi thủy tinh
Glass Beads

2~5세기
유리, 지름 0.2
옥에오문화유적관리위원회

022

유리구슬
Hạt chuỗi thủy tinh
Glass Beads

2~5세기
유리, 지름 0.7
옥에오문화유적관리위원회

2

고대 한반도와 동남아시아의 교역

Trade between the Korean Peninsula and Southeast Asia in Ancient Times

동남아시아의 초기국가 부남국이 교류를 통해 성장하고 쇠퇴하던 1~7세기에 한반도에서도 여러 국가들이 주변 국가와 끊임없는 관계를 가지면서 성장하고 있었다. 고구려, 백제, 신라 그리고 가야가 내부적으로 교류 협력과 상호 충돌을 거듭하면서, 또 밖으로는 중국이나 일본과 관계를 맺으며 문물의 교류도 활발하게 이루어졌다.

특히 백제는 그 지리적 위치 때문에 삼국 중 가장 활발한 대외 교류를 해나갔고, 교류의 범위도 상당히 넓었다. 중국이나 일본과 같은 동북아시아에 국한된 것이 아니라 동남아시아와 인도, 중앙아시아까지 미치고 있었음을 보여주는 자료들이 나오고 있다.

백제가 존속할 당시 가장 강력한 동남아시아 국가는 부남국이었다. 그러나 백제와 부남국의 직접적인 교류 사실을 전하는 문헌기록은 없다. 다만 서진西晉 태강太康 7년(286) "부남 등 21국, 마한 등 11국이 사신을 보내와 헌상하였다[是歲、扶南等二十一國·馬韓等十一國遣使來獻。(『진서』 무제기武帝紀 태강 7년조)]"라는 기록이 있어 중국 외교무대에서 백제국을 중심으로 한 마한과 부남국이 만났을 가능성은 있다. 부남국과 마한의 사절단이 직접 만나지 못했더라도 간접적으로나마 교섭이 시도되었을 것이다. 이 과정에서 부남국의 토산물이나 부남국 혹은 서진을 경유한 인도-동남아시아 물품이 마한 지역에 전해졌을 것으로 보인다.

더욱 주목되는 기사는 『일본서기日本書紀』 흠명欽明 4년(543)의 기록이다.

> 백제 성명왕이 전부 나솔 진모귀문, 호덕 기주지루, 물부 시덕 마가모 등을 보내어 부남의 재물과 노예 2구를 바쳤다.
>
> [百濟聖明王遣前部奈率眞牟貴文。護德己州己婁與物部施德麻奇牟等，來獻扶南財物與奴二口。(『일본서기』 권19 흠명 4년 가을 9월조)]

위의 기록처럼 543년 백제의 성왕이 일본에 부남국의 재물을 보냈다는 기록이 있다. 이는 백제가 뱃길을 따라 동남아시아에 직접 가서 물건을 확보했을 가능성과 중국을 매개로 확보했을 가능성이 있다. 현재의 상황에서 전자의 가능성을 확실히 뒷받침할 근거는 없다. 후자의 가능성에 대한 판단을 하기 위해서는 5~6세기 백제와 중국의 교류, 부남국과 중국의 교류를 짚어볼 필요가 있다.

부남국은 229년부터 539년까지 빈번하게 중국에 사신을 파견하며 우호관계를 맺고 있었으며, 백제 또한 지속적으로 중국에 사신을 파견하였다. 『양서』 무제武帝 천감天監 11년(512) 4월조를 보면 "백제, 부남, 임읍국이 함께 사신을 보내어 방물을 바쳤다[四月戊子，百濟，扶南，林邑國竝遣使獻方物。]"는 기록이 나온다. 『양서』 권54 열전 제48 제이전諸夷傳에는 임읍국·부남국을 필두로 고구려, 백제, 신라, 왜 등 총 32국이 언급되어 있다. 〈양직공도梁職貢圖〉의 모사도 중 하나인 대만 고궁박물원 소장 〈남당南唐 고덕겸顧德謙모양원제번객입조도摹梁元帝蕃客入朝圖〉에도 백제, 고구려, 신라의 사신과 부남국의 사신이 모사되어 있다. 양 주변의 여러 나라들이 양나라에 사신을 보내 조공을 하였기 때문에 고대 삼국의 사신들이 부남국의 사신과 접하면서 부남국에 대한 정보도 입수하게 되었을 가능성이 있다. 부남국뿐 아니라 임읍국, 낭아수국狼牙脩國 등 동남아시아의 문물에 대한 정보도 얻었을 것이다.

더욱이 중국 남조에서는 각국에서 내방한 사절들을 위해 처소인 객관客館을 특별히 두었다. 고구려, 백제, 토번, 유연, 연타, 북방제국의 사절을 위한 6국관이 대표적인 객관이었다. 양나라 때에는 백제의 사절이 기거했던 객관인 집아관集雅館을 비롯한 6국관 외에 점운관占雲館과 부남관扶南館을 설치하여 이들 국가에서 온 승려들을 초치招致하여 불경 번역을 할 수 있도록 하였다. 양 무제 때 부남국의 승려 가파라伽婆羅 · Samghapāla가 불경 번역을 하기 위해 머물렀던 곳도 부남관이었다.

따라서 양나라를 매개로 하여 각 국의 사신들은 서로 만났을 가능성이 높으며, 승려나 상인들도 활동하면서, 부남국 등의 동남아시아 문물에 대한 정보를 얻고 물품을 확보했을 가능성은 충분하다. 양자 간의 직접적인 교류의 증거는 여전히 확실하지 않지만, 최근 실물 자료를 통해 백제와 부남국, 더 나아가 고대 한반도와 동남아시아 국가의 교류관계를 살펴보려는 시도가 행해지고 있다. 백제가 왜에 보냈다고 하는 부남국의 재물과 관련하여 『양서』 제이전에 부남국의 왕 유타발마留陁跋摩가 천감 18년(519) 양나라에 보낸 물품인 화제주火齊珠에 주목하기도 한다. 붉은 구슬이 부남국의 특산품으로 나오고 있어 유리가 포함되었을 가능성이 제기되었다. 〈남당고덕겸모양원제번객입조도〉에 부남국을 비롯한 동남아 국가와 중천축中天竺의 사신은 모두 유리구슬 장신구를 하고 있는 모습으로 묘사되어 있다.

최근에는 기록물뿐만 아니라 유물을 통해서 고대 한반도와 동남아시아의 교류 관계를 연구하고 확장하려는 시도가 이루어지고 있다. 한반도에서 발견되는 고대 유리구슬들은 동남아시아와의 교류관계를 보여주는 중요한 자료이다. 원삼국기 분묘에서 많이 출토되는 홍갈색의 작은 유리구슬과 금(은)박 유리구슬은 마한권역에서 출토되는 빈도가 높은데 인도, 동남아시아가 그 산지로 추정되고 있다. 즉 유리구슬은 인도-동남아시아-중국-한반도-일본열도로 이어지는 바닷길을 통해 유입되었을 것으로 보고 있다. 이 유리구슬들은 기원전 1세기 이후 동남아시아와 동북아시아에 새롭게 등장한 인도-태평양계 유리구슬로 형태와 제작기술, 색조가 인도, 동남아시아의 그것과 유사할 뿐만 아니라 화학적 조성도 유사하기 때문이다.

옥에오 유적에서 나온 유리구슬을 과학적으로 분석한 연구에 따르면 소수의 이집트산, 사산제국산을 제외한 대다수가 인도, 동남아시아산 고알루미나 소다유리로, 화학적 조성이 한반도에서 발견된 것과 유사함이 밝혀졌다. 3세기에 오나라와 부남국의 통교가 이루어지면서 중국, 한반도, 일본열도 등 동북아시아에 고알루미나 소다유리가 대량 유입되었던 것으로 보고 있다.

백제 무령왕릉에서는 태국을 중심으로 한 동남아시아산의 적색 유리구슬과 금(은)박구슬이 확인되었는데, 특히 금박구슬은 대부분 마한권역에서 발견되어 베트남 동부 해안과 중국 동부해안을 거쳐 한반도로 반입되었을 가능성을 엿볼 수 있다.

최근 캄보디아 남부 캄퐁참ក្រុងកំពង់ចាមជ에서 발굴된 보살상을 백제의 조각으로 추정하는 주장도 나오고 있다. 삼국시대 금동상에 주로 쓰인 통주식通鑄式 주물로 되어 있는 점과, 6세기 전반 동위東魏 양식 조각에서 기원하여 백제의 금동보살상에 자주 보이는 양 옆으로 옷자락이 지느러미처럼 펼쳐진 양식을 띠고 있다는 점을 근거로 들고 있다. 아직 면밀히 검토해야 할 부분은 많다. 다만 북조에 의해 서역과의 육로 교역이 차단당하자 중국 남조, 특히 양나라가 동남아시아 국가들과의 해상무역으로 관심을 돌렸으며, 조선술의 발달로 선박이 대형화되고, 항해술의 발달로 해로가 부단히 확장되어갔음을 고려하면 바닷길을 통한 한반도와 동남아시아의 연결 가능성을 완전히 배제할 수 없다. 중국과 동남아시아 및 인도 사이의 해상교통로를 통한 교역관계가 백제로까지 직 · 간접적으로 이어졌을 가능성을 열어두어야 한다.

한국 · 베트남
고대 문화 연표

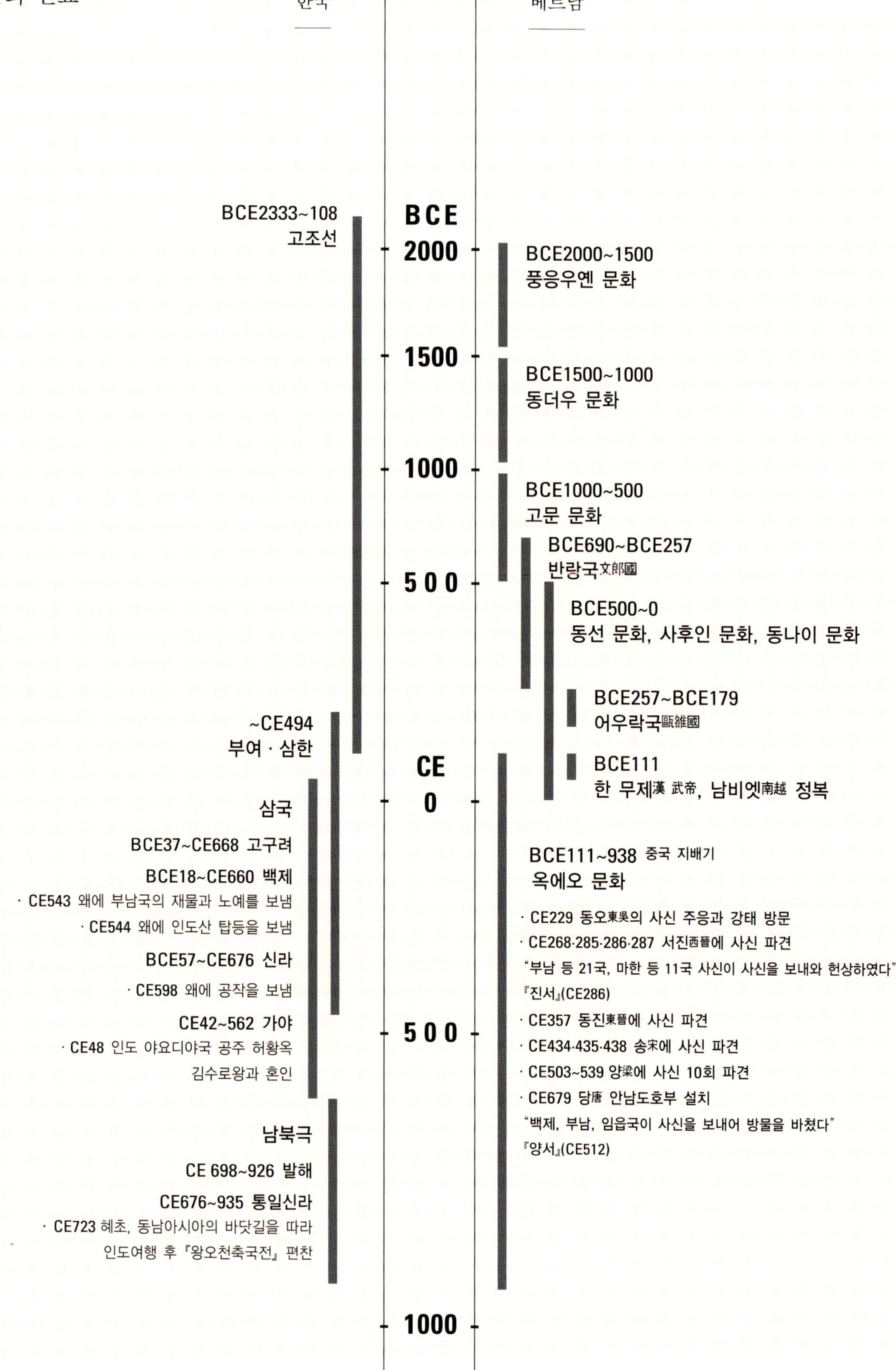

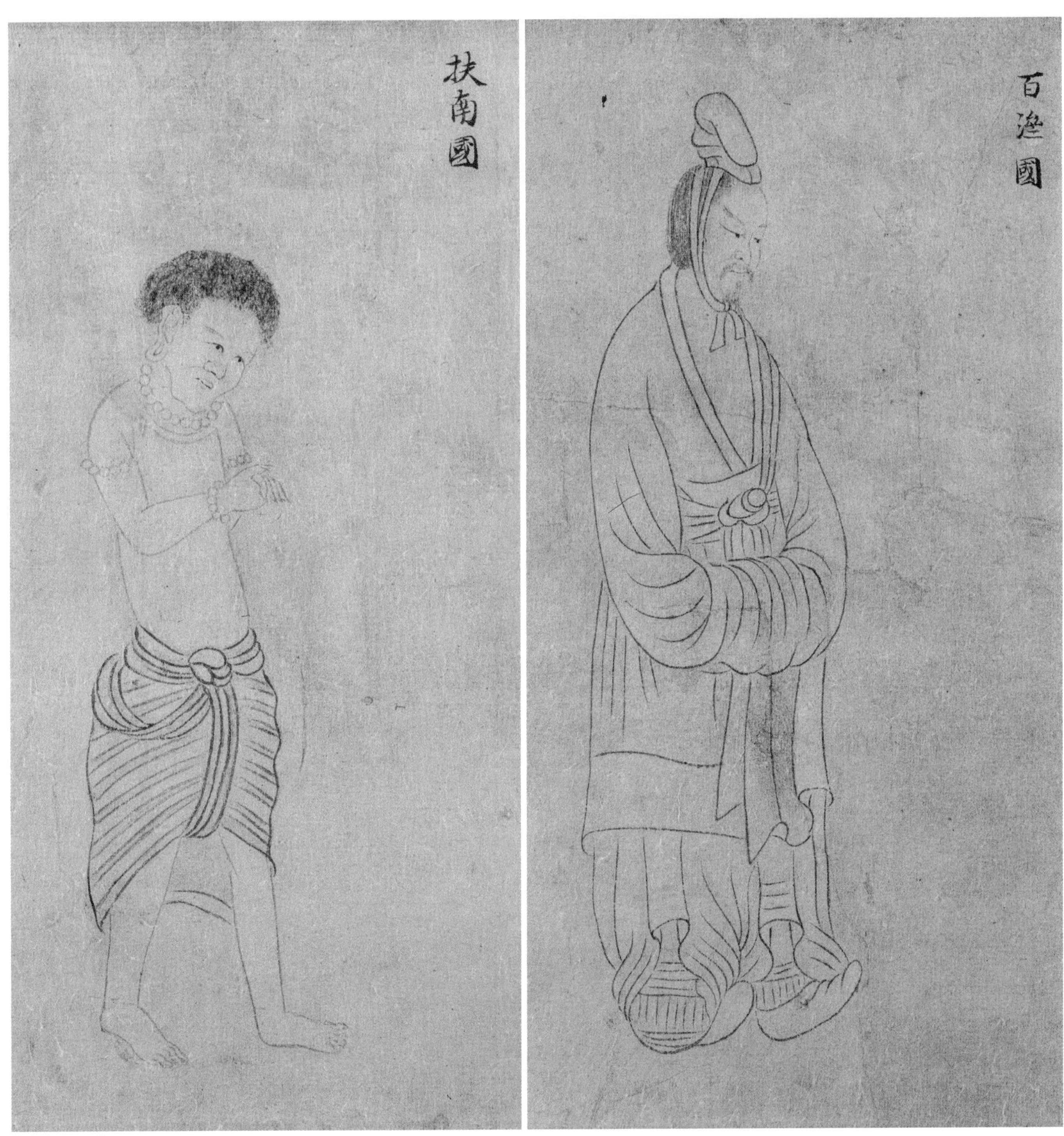

〈남당고덕겸모양원제번객입조도〉의 부남국 사신과 백제국 사신

고대에는 바닷길을 통해 다양한 산지의 유리구슬이 유입되었다. 한반도에서 발견되는 고대 유리구슬은 납유리lead glass, 포타쉬유리potash glass, 소다유리soda glass로 나누어진다. 기원전 3세기경부터 한반도와 일본열도 일부지역에서 중국계 납-바륨유리가 출토되었고, 기원전 1세기 이후 새로운 포타쉬계 유리가, 다시 기원후 2세기 이후에는 소다유리가 주류를 이루며 변화를 겪어왔다. 이 중 포타쉬유리와 소다유리는 대륙을 통하지 않은 교역루트, 즉 동남아시아에서 해로를 통해 유입된 것으로 보고 있다.

원삼국기 이후 한반도 중부 이남에서는 특히 짙은 홍갈색의 작은 유리구슬들이 다수 출토되었다. 오산 수청동, 안성 도기동 등 경기 남부, 천안 청당동, 청원 송대리 등 충청지역, 고창 만동, 영광 옥야리 등 호남지역에서 많이 출토되어 마한-백제권역의 출토비율이 높다. 마한지역을 무대로 크게 유행한 홍갈색 유리구슬과 유사한 색조와 형태의 것이 옥에오 유적에서도 발견되어 바닷길의 확장에 따른 교류 관계를 엿 볼 수 있다.

024
구슬
Hạt chuỗi
Beads

마한
서산 예천동
유리, 지름 0.3~0.8
국립공주박물관

025
구슬
Hạt chuỗi
Beads

백제
안성 도기동
유리, 지름 0.3~1.5
국립중앙박물관

026

구슬
Hạt chuỗi
Beads

백제
연천 삼곶리
유리, 지름 0.4~1.4
국립중앙박물관

027

구슬
Hạt chuỗi
Beads

백제
연천 삼곶리
유리, 지름 0.4~1.5
국립중앙박물관

공주 무령왕릉에서는 납유리, 소다유리, 포타쉬유리는 물론이고, 원삼국기 주류였던 홍갈색의 유리구슬이 재등장 하였고, 다양한 색상, 기술의 유리구슬들이 발견되었다. 이 구슬에 대한 과학적 분석 결과 원료에 포함된 납이 태국산으로 밝혀지기도 하였다. 이와 관련하여서는 태국산 유리구슬이 완제품으로 수입되었을 가능성, 납이 원료로 수입된 후 백제에서 제작되었을 가능성, 태국과 백제 이외의 제3의 장소에서 제작되었을 가능성 등이 있다. 이는 어떠한 과정을 거치더라도 이 시기 고대 한반도와 동남아시아의 교류를 보여준다는 측면에서 중요한 자료이다.

028

구슬
Hạt chuỗi
Beads

백제
공주 무령왕릉
유리, 지름 0.6
국립공주박물관

029

금박 구슬
Hạt chuỗi
Beads

백제
공주 무령왕릉
유리, 지름 0.2~0.6
국립공주박물관

금박유리구슬은 투명한 유리구슬의 표면에 금박을 입힌 것이다. 이것은 기원전 서아시아와 이집트 알렉산드리아를 중심으로 만들어지기 시작하여 메소포타미아, 이집트, 흑해 연안의 남러시아, 중앙아시아, 헝가리, 스칸디나비아 등 유럽 각지, 자바 등지의 동남아시아, 한반도, 일본 등 광범위한 지역에서 제작되고 유통되었다. 한반도에서는 삼한시대 이후 여러 유적 특히, 마한권역에서 대부분 발견되었다. 이는 2세기 이후 동남아시아 태국 지역의 금박유리구슬과 관련이 있는 것으로 추정되어 해상 실크로드를 통해 베트남 동부 해안과 중국 동부 해안을 거쳐 한반도로 유입되었던 것으로 보고 있다.

030

금박 구슬
Hạt chuỗi
Beads

마한
아산 명암리
유리, 지름 0.3~0.8
국립공주박물관

031

금박 구슬
Hạt chuỗi
Beads

백제
함평 신덕 1호분
유리, 지름 0.2
국립광주박물관

032

금박 구슬
Hạt chuỗi
Beads

백제
공주 무령왕릉
유리, 지름 0.3
국립공주박물관

연리문 구슬은 여러가지 색의 유리띠를 감아 다양한 배색 효과를 내는 유리구슬로, 고대 이집트에서는 이러한 형태의 구슬이 기원전에 나타난다. 우리나라에는 삼국시대 들어 새로이 유입되었는데, 경주 황남대총 북분, 함평 신덕고분 등에서 발견되었다. 연리문 유리구슬의 생산과 유통도 동남아시아와 관련이 있다. 이와 같은 모양의 구슬이 베트남 옥에오 유적과 일본에서도 발견되어 인도와 동남아시아의 바닷길을 거쳐 한반도 그리고 일본으로 유입된 것으로 보고 있다.

033
연리문 구슬
Hạt chuỗi
Beads

백제
함평 신덕 1호분
유리, 지름 0.45~0.8
국립광주박물관

옥에오 유적 출토 연리문구슬

옥에오 사람들의 삶

The Life of the Óc Eo People

III

옥에오 사람들은 냐산Nhà Sàn이라고 불린 그들의 환경에 맞는 고상가옥을 지었고, 뛰어난 수공예 제작 기술을 가졌으며, 수준 높은 종교문화를 영위하며 평안한 사후의 삶을 기원하였다. 옥에오는 '장신구의 황금기'라고 불릴 만큼 수공업이 비약적으로 발전하였다. 여러 유적에서 토기 제작과 금속 · 유리 가공, 보석 세공 등의 흔적이 발견되었다. 금판과 귀걸이, 반지, 구슬 등을 통해 옥에오 사람들의 수준 높은 공예기술을 확인할 수 있다. 힌두교와 불교는 옥에오 사람들의 정신세계를 풍요롭게 해주었다. 힌두교에서는 시바와 비슈누가 큰 지지를 받았으며, 불교의 대승불교적 교리가 많은 사람들의 사상에 영향을 주었다.

옥에오 문화의 매장지는 주민들의 영적인 삶을 반영하는 신앙과 전통, 관습을 보여준다. 특히 꺼캐이짬Gò Cây Trâm 매장 유적에서 발견된 항아리 바닥에는 구멍이 뚫려 있는데, 옥에오 사람들은 이 구멍을 통해 영혼이 드나든다고 믿었다. 이는 '사후의 삶'이 영원하다고 생각한 옥에오 사람들의 사후 세계 관념을 엿 보게 한다.

The Óc Eo people built special houses raised on stilts, called 'Nhà sàn', according to their surroundings, boasted excellent handicraft skills, and established a flourishing religious culture in which prayers were made for a peaceful life after death. They developed remarkable handicrafts, with ornaments in particular reaching their zenith during the period. Traces of pottery production have been discovered in various ruins, along with evidence of metalworking and glass and jewelry craftwork. The Óc Eo people's outstanding level of craftsmanship has been confirmed through gold leaves, earrings, rings, beads and so forth. Meanwhile, their spiritual world was enriched with Hinduist and Buddhist beliefs. In Hinduism, Shiva and Vishnu were widely worshipped. Mahayana Buddhism also influenced the ideas and beliefs of many people.

The burial sites of the Óc Eo culture represent the beliefs, traditions and customs related to the spiritual life of its people. Notably, the Gò Cây Trâm burial site yielded a jar made with a hole in its bottom, and it seems that the Óc Eo people believed that a spirit came and went through this hole. They believed in eternal life after death.

1 주거생활 Housing

동남아시아의 주거 양식들은 여러 형태를 띠고 있지만 고상가옥高床家屋이라는 점, 그리고 배를 상징하고 있다는 점에서 유사성을 보인다. 이러한 두 가지 공통점은 같은 문화에서 기원한 것으로 동남아시아 건축의 특징으로서 오랫동안 이어졌다. 옥에오의 고대 주거지 역시 고상가옥의 형태로, 수로 인근의 둔덕 기슭에 형성된 것들이 다수 확인된다. 특히 대부분의 옥에오 유적지들은 저지대와 늪지대에 둘러싸여 있는데, 이러한 환경으로 인해 늪지대와 저지대에 많은 수상가옥이 조성되었다.

옥에오가 동 · 서 교역로의 중심지로 발전하면서, 안장의 바테산, 기엔장의 넨쭈어와 깡덴, 롱안의 꺼항Gò Hàng, 티엔장의 꺼탕, 동탑의 동탑므어이와 같은 많은 도시들을 중심으로 주거지가 형성되었다. 중국 문헌에는 부남국의 주거 문화와 관련한 다음의 기록이 남아 있다.

> 나무를 베어 집을 짓는다. 국왕은 이중성벽으로 된 궁궐에서 기거하는데, 목책을 성으로 삼았다. 해변에는 커다란 약엽이 자라는데, 길이가 8~9척이며, 그 잎을 엮어서 지붕을 덮었다. 백성들도 집을 짓고 살았다.
>
> [伐木起屋、國王居重閣、以木柵爲城、海邊生大箬葉、長八九尺、編其葉以覆屋。
>
> (『남제서』 권 제58 열전 제39 부남국)]

이에 따르면 옥에오 사람들은 기본적으로 나무를 이용하여 집을 지었음을 알 수 있다. 이런 모습을 보여주는 대표적인 유적으로 넨쭈어 유적이 있다. 넨쭈어의 거주민들은 500여 년 동안 메콩강 범람원의 질척한 늪지대에 터를 잡고 땅을 경작하며, 이러한 환경에 적응하고 이를 통제하려고 노력했다. 이들이 지은 고상가옥 혹은 수상가옥과 같은 주거 형태는 넨쭈어와 같은 늪지대 및 낮은 범람지대에 터를 잡은 사회에서 전반적으로 확인된다. 이와 같은 가옥을 냐산이라고 하는데, 냐산은 베트남 소수민족들의 주요 가옥 형태로 나무기둥을 땅에 박고, 땅 위 1.5m 정도의 높이에 나무로 지은 고상가옥이다. 일반적으로 벽과 바닥은 대나무나 판자 등으로 만들고, 지붕은 잎이 크고 질긴 야자수나무 잎 종류로 엮는다. 이는 우기의 범람지대에 완벽히 적응한 양식으로, 연안의 낮은 삼각주 지대라는 특정한 지형 조건 속에서 홍수로 파괴되는 것을 방지하기 위한 그 시대의 가장 효율적인 방식이었다. 옥에오 문화권에서는 모두 이와 같은 방식의 가옥을 축조하였다.

이처럼 옥에오 문화의 고대 주거지 유적들은 상당수가 메콩강 삼각주 유역에 자리한다. 발굴 조사 결과 대부분의 유적 주거층에서 냐산의 나무기둥과 바닥, 목재더미, 동물 뼈, 쌀을 포함한 식물 잔해, 다양한 종류의 장신구 등이 발견되었다. 이외에도 주둥이가 달린 항아리, 촛대, 병, 냄비, 주전자, 그릇, 잔 등 다양한 생활용품들이 확인되었다. 이 지역에서 확인되는 전형적인 유물로는 흙으로 만든 이동식 화로인 가랑Cà Ràng을 꼽을 수 있다. 가랑은 사용과 운반이 쉬우며 특히 배로 옮길 때 용이한 화로이다. 따라서 해변이나 강변에 사는 어민들이 수상가옥이나 배에서 사용하는 필수 도구이다. 초기에는 냄비 모양으로 제법 넓고 납작한 바닥을 하고, 바닥 중심부에는 3개의 날카로운 원통형 점이 있었는데, 후기에 들어서서 가운데에 매듭이 생겨 8자 모양의 형태로 바뀌었다. 밤꼬강sông Vàm Cỏ 하류, 동나이의 선사시대 주거지 및 매장지에서 주로 발굴되며, 오늘날까지도 베트남 남부에서 사용되고 있다.

한편 간단한 제작도구 및 생활용구 역시 확인되는데, 갈판, 갈돌, 그물추, 가락바퀴 등이 메콩강 삼각주 지역에서 발굴되었다. 이 유물들은 일상생활을 영유할 수 있도록 해주는 생활 제작도구들로서 한국의 그것들과 그 용도가 유사하다. 특히 갈판과 갈돌은 곡식 등을 빻거나 껍질을 벗기기 위해서 사용하기 때문에 베트남 남부의 농경사회 모습을 보여주는 도구 중 하나이다. 옥에오 문화에 속하는 주거지역들은 농업이 크게 발달하였다. 이는 대규모 수리시설의 발전을 통해 이루어졌는데, 수리시설의 발전은 운하와 수로의 발전으로 이어졌다. 옥에오, 삽산Núi Sập, 짭다, 넨쭈어 등 옥에오 문화에 속하는 지역들은 고대 운하가 서로 교차하며 바퀴살 같은 체계를 형성하였다. 이러한 대규모 운하 체계는 옥에오 사회에서 관개가 매우 중요했음을 보여준다. 농업의 발달은 생산물의 축적을 가져왔고, 농업 잉여 생산물의 도출은 식량 생산에 직접 종사하지 않는 사람들, 예컨대 세공 장인이나 항구에 들르는 선원과 상인들에게 식량이 공급될 수 있는 여건을 만들어 주었다. 따라서 농업 발달은 옥에오가 중요한 기항지로 성장하는 데 도움을 주었고, 국제 교역 중심지로서 옥에오의 성장은 다시 농업 기반의 확대를 촉진하였다.

옥에오 유적 운하

034

가랑편
Mảnh cà ràng
Stove Fragment

6세기
토도, 길이 20.0
옥에오문화유적관리위원회

가랑은 흙으로 만든 조리용 화로로서 난로로도 사용되며, 해변이나 강변에 사는 어민들이 수상가옥이나 배에서 사용하는 필수 도구이다. 선사시대부터 주거지에서 확인되며, 일상 생활도구인 만큼 죽은 후 매장할 때 껴묻거리로 함께 묻는 경우가 많다. 초기에는 냄비 모양으로 제법 넓고 납작한 바닥을 하고 있으며, 바닥 중심부에는 3개의 날카로운 원통형 점이 있다. 후기에 들어서면서 가운데에 매듭이 생겨 8자 모양을 형성한다. 가랑은 지금도 동남아시아의 많은 지역에서 계속 사용되고 있다.

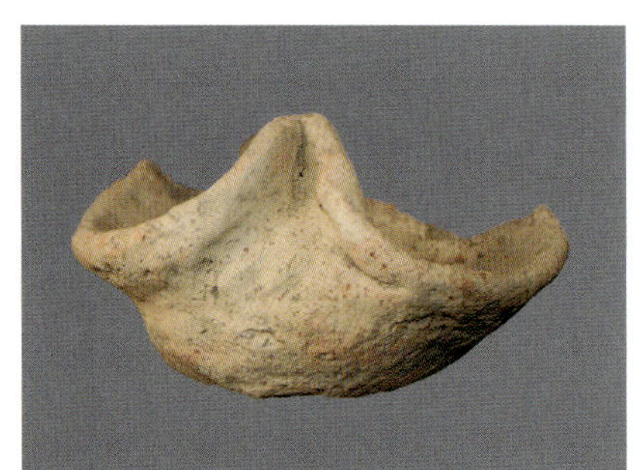

가랑 완형

035

사발
Thố
Bowl

5세기
토도, 높이 15.3
옥에오문화유적관리위원회

뚜껑은 대부분의 옥에오 유적에서 발견되는 유물로서 다양한 형태를 하고 있다. 구조적 특징과 모양에 따라 손잡이가 있는 오목한 뚜껑, 종 모양 뚜껑, 탑 모양 뚜껑, 원통형 몸통이 달린 종 모양 뚜껑, 버섯 모양 뚜껑 등으로 분류된다. 대체로 둥근 형태를 가지며, 중심부에는 손잡이가 붙어 있거나 구멍이 뚫려 있다. 회전판으로 만들어졌기 때문에 균형이 잘 잡혀 있으며, 어떤 것들은 무늬가 있는 거푸집으로 만들어지기도 한다.

036

뚜껑
Nắp đậy
Lid

1~3세기
토도, 지름 15.5
옥에오문화유적관리위원회

037

뚜껑
Nắp đậy
Lid

4~5세기
토도, 지름 16.3
옥에오문화유적관리위원회

—

038

뚜껑
Nắp đậy
Lid

터안Tô An
4~5세기
토도, 지름 17.5
옥에오문화유적관리위원회

—

039

뚜껑
Nắp đậy
Lid

5~6세기
토도, 높이 9.5
안장성박물관

040

그릇받침
Bát bồng
Pottery Stand

2~7세기
토도, 높이 9.5
옥에오문화유적관리위원회

041

작은항아리
Hũ nhỏ
Small Jar

3~5세기
토도, 높이 4.3
옥에오문화유적관리위원회

042

항아리
Hū
Jars

3~5세기
토도, 높이 4.7~6.3
옥에오문화유적관리위원회

043

항아리
Hū
Jar

3~5세기
토도, 높이 23.7
옥에오문화유적관리위원회

044

항아리
Hū
Jar

3~5세기
토도, 높이 16.0
옥에오문화유적관리위원회

045

항아리

Hū

Jar

1~3세기
토도, 높이 15.5
옥에오문화유적관리위원회

046

항아리
Hū
Jar

3~4세기
토도, 높이 13.2
옥에오문화유적관리위원회

047

작은냄비
Nồi nhỏ
Small Pots

3~5세기
토도, 높이 5.5~7.5
옥에오문화유적관리위원회

048

작은냄비
Nồi nhỏ
Small Pots

3~5세기
토도, 높이 4.7~8.2
옥에오문화유적관리위원회

049

냄비
Nồi
Pot

1~3세기
토도, 높이 11.3
옥에오문화유적관리위원회

050

냄비
Nồi
Pots

2~3세기
토도, 높이 4.5~5.5
옥에오문화유적관리위원회

051

냄비
Nồi
Pot

4~5세기
토도, 높이 8.0
옥에오문화유적관리위원회

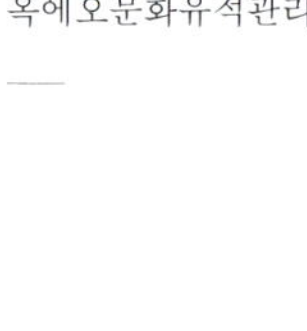

052

냄비
Nồi
Pot

5세기
토도, 높이 7.7
옥에오문화유적관리위원회

053

냄비
Nồi
Pot

4~6세기
토도, 높이 12.0
안장성박물관

054

병목
Cổ bình
Vase Neck

터안
1~2세기
토도, 높이 16.3
옥에오문화유적관리위원회

055

토기편
Mảnh gốm
Potsherds

꺼캐이둥Gò Cây Tung
2~6세기
토도, 지름 3.2~7.1
옥에오문화유적관리위원회

056

돌도끼
Rìu đá
Stone Axes

1~2세기
돌, 길이 4.8~6.5
옥에오문화유적관리위원회

갈판은 열매나 씨앗의 껍질을 벗기거나 가루를 만들기 위해 곡식 등을 놓고 갈돌로 밀면서 사용한 석기이다. 옥에오 유적들에서 출토되는 갈판은 대체로 편평한 부분과 다리가 함께 확인된다.

057

갈판
Bàn nghiền
Quern

5세기
돌, 길이 41.0
옥에오문화유적관리위원회

058

갈판
Bàn nghiền
Quern

5세기
돌, 길이 29.5
옥에오문화유적관리위원회

059

갈판
Bàn nghiền
Quern

5세기
돌, 길이 35.5
옥에오문화유적관리위원회

갈돌은 갈판과 함께 곡식 또는 열매, 씨앗 등을 빻는 데 쓰는 도구이다. 갈판에 곡식을 놓고 갈돌을 이용해 상하 또는 좌우로 움직여서 식량재료를 얻는 원시적인 방아연장이다. 갈돌의 길이는 보통 갈판의 너비보다 길며, 계속적인 사용에 의하여 갈판과 맞닿는 부분에 비해 갈판과 닿지 않는 양쪽 끝이 불룩하게 튀어나온 것이 많다.

060

갈돌
Chày nghiền(Pesani)
Muller

3~5세기
돌, 길이 22.0
옥에오문화유적관리위원회

061

갈돌
Chày nghiền(Pesani)
Muller

4~5세기
돌, 길이 19.2
옥에오문화유적관리위원회

062

갈돌
Chày nghiền(Pesani)
Muller

4~5세기
돌, 길이 18.0
옥에오문화유적관리위원회

063

갈판과 갈돌
Bàn nghiền và Chày nghiền
Quern · Muller

3~5세기
돌, 갈판 길이 47.0 갈돌 길이 22.5
옥에오문화유적관리위원회

064

악기
Đạo cụ múa
Musical Instruments

2~5세기
토도, 높이 2.5~8.2
옥에오문화유적관리위원회

텅 빈 내부에 무언가를 넣고 흔들어 소리를 내는 악기이다.

065

놀이용 구슬
Bi gốm
Marbles

2~4세기
토도, 지름 1.8~2.6
옥에오문화유적관리위원회

작은 진흙 수제 구슬들로 낮은 온도에서 소성되었다. 어린이의 장난감으로 추정된다.

TK15
TK15
TK15

066

통발
Đó
Fish Trap

2~3세기
토도, 높이 28.0
옥에오문화유적관리위원회

067

그물추
Chì lưới
Fishing Net Sinkers

2~4세기
토도, 길이 4.2~5.0
옥에오문화유적관리위원회

모래흙이 덜 섞인 순도 높은 진흙으로 만들어졌다. 그물추는 원형 또는 타원형에 가까운 다각형 모양이며, 오목한 가운데에는 수평으로 홈을 내거나 구멍을 뚫었다.

068

가락바퀴
Dọi xe chỉ
Spindle Whorls

3~5세기
토도, 지름 2.4~3.5
옥에오문화유적관리위원회

방적과 직조에 사용되는 도구이다. 이중 원뿔 모양, 혹은 원뿔형 물체를 합친 반구형 원뿔 모양의 형태를 띄고있다. 어떤 것들은 표면에 동심원을 그리며 원을 음각하여 장식하기도 한다.

069

동물 모양 벽걸이
Giá treo đầu thú
Animal-shaped Hanging

3~4세기
금속, 길이 5.5
옥에오문화유적관리위원회

070

나무 기둥(편)

Cọc gỗ nhà sàn
Wooden Column

2~6세기
나무, 길이 182.5
옥에오문화유적관리위원회

냐산은 베트남 소수민족들의 주요 가옥 형태로 나무기둥을 땅에 박고, 땅 위 1.5m 정도의 높이에 나무로 지은 고상 가옥이다. 일반적으로 벽과 바닥은 대나무나 판자 등으로 만들고, 지붕은 잎이 크고 질긴 야자수나무 잎 종류에 속하는 꼬co로 엮는다. 이것은 소수민족들이 주로 고원지대나 산간 지역에 살았기 때문에 빗물과 습기 그리고 해충을 피하고자 하는 의도에서 설계되었다.

2
생산과 기술
Production and Skills

옥에오 사람들은 메콩강 삼각주 유역의 성공적인 치수사업을 통하여 농업 생산력을 높였으며, 이를 토대로 상업과 무역뿐 아니라 수공업의 발전을 이루었다. 『진서』에서는 부남국 사람들이 "기둥과 그릇에 문양을 새겨 넣는 것을 좋아하고 식기는 대부분 은으로 만든 것을 사용하였다[好雕文刻鏤、食器多以銀爲之。(『진서』 권97 열전 제67 사이四夷 부남국)]"고 하였다. 또한 장신구의 황금기라고 불릴 만큼 화려하고 정교한 귀걸이와 팔찌, 목걸이 등이 많이 출토되기도 하였다. 유적이 심하게 훼손되어 특정 공예에 특화된 구역을 지정하기는 어렵지만, 롱안성의 꺼항, 기엔장성의 깡덴과 넨쭈어, 안장성의 꺼장상Gò Danh Sang과 빙동Vĩnh Đong 유적 등에는 제작 흔적이 남아 있는 토기 파편이나 유리 및 금속 가공 도가니, 수천 점의 원석 등이 지표면에 흩어져 있었다. 이는 당시의 사람들이 토기 제작과 금속 · 유리 가공, 보석 세공 등에 종사하였음을 시사하는 것이다.

토기는 거주지, 공방터, 종교시설, 매장시설 등 다양한 유구에서 출토되었다. 토기의 생산과 관련해서는 기형을 만드는 돌림판과 가마 받침대가 출토되었으며, 롱안성과 동탑성, 캄보디아 국경선 인근의 갈대평야 지역, 기엔장성의 우밍숲 언덕들, 호치민시 연안의 언덕 유적지 등에서는 가마터爐址가 확인되었다. 또한 토기의 표면을 다듬거나 장식에 사용한 문지르개와 나무주걱 등과 같은 도구도 발견되었다.

옥에오 유적에서는 청동이나 철, 금 · 은 등을 이용한 금속 제품, 금속에 열을 가하고 주조하는 데 쓰이던 도가니와 거푸집도 확인되었다. 활발한 해상교역을 통한 금속 재료의 수입과 선진기술의 유입 또한 옥에오의 금속 공예 발전에 큰 역할을 미쳤을 것이다. 주석 일부는 말레이 반도에서, 철광석은 남중국해 너머의 필리핀 또는 보르네오에서 수입된 것으로 추정되고 있다. 고온다습한 환경에서 빠르게 부식되는 철제품은 복원되는 유물이 거의 없지만 다수의 옥에오 유적에서 철 찌꺼기가 발견되어 제련시설이 있었던 것으로 추정된다.

『남제서』와 『진서』의 기록에 따르면 금과 은은 부남국의 주요 교역품 중 하나로, 구슬 및 향과 함께 세금으로 이용되기도 하였다. 특히 금은 연성延性이 좋아 무기에는 적합하지 않았으나 장신구 제작에 용이하여 위세품으로서의 중요성을 지닌다. 안장성의 옥에오와 동탑성의 꺼탑 유적에서 금을 가공한 흔적이 확인되었으며, 수천 점에 이르는 많은 금제품들이 발견되었다. 메콩강 삼각주의 충적토에서 충분한 양의 금이 채취되었을 가능성은 높지 않으며, 동남아시아의 다른 지역, 즉 필리핀, 보르네오, 수마트라와 말레이 반도 등에서 수입되었던 것으로 생각된다. 금 세공품은 크게 금제 장신구와 금판으로 나눌 수 있다. 장신구로는 선사시대부터 동남아지역에서 성행하던 C자 모양 귀걸이, 성스러운 소 난디Nandi를 장식한 금제 반지, 다면체 금 구슬 등 정교하게 세공된 것이 많이 포함되어 있으며, 연속된 주름무늬, 즉 새김눈 장식이나 누금세공, 타출기법 등도 확인할 수 있다. 옥에오의 높은 금세공 기술을 보여주는 것으로는 금판을 빼놓을 수 없다. 금판은 단조鍛造, 절단, 양각, 인장 및 인각 등과 같은 여러 가지 공정을 통해 완성된다. 공정에 필요한 뾰족한 공구나 작은 망치, 석제 직사각형 판 등이 꺼탑뿐만 아니라 껀터성Tinh Cần Thơ 의 년응히아Nhân Nghĩa에서도 확인되었다. 300여 개가 넘는 금판에는 사람, 동물, 식물, 기하학적 무늬와 고대 글씨, 종교적 모티프에 이르기까지 다양한 소재가 단순하지만 섬세한 형상으로 표현되었다.

유리나 원석原石으로 만든 수천 점의 구슬들도 옥에오 유적에서 발견되었다. 구슬은 작은 크기로 인해 휴대가 편리하고 아름다움과 희소성 덕분에 여러 지역에서 거래되는 품목 중 하나였다. 옥에오 문화에서 구슬은 매장지보다는 주로 주거지에서 발견되었으며, 재료는 물론 형태와 크기, 색깔이 매우 다양하다. 유리는 최고의 구슬 재료 중 하나이며, 쉽게 깨진다는 단점에도 불구하고 다양한 형태와 색상, 투명도를 나타낼 수 있다. 이산화규소SiO_2(실리카)가 주성분이며, 보통 납이나 소다, 탄산칼슘 등의 알칼리, 석회 등의 원료가 더해져 1,000℃ 이상의 가마에서 용융鎔融되고 냉각되어 유리가 생성된다. 첨가된 금속산화물에 따라 여러 색깔을 나타내는데, 예를 들어 철은 녹색을, 망간은 분홍색에서 검은색을 낼 수 있다. 성분분석 결과 옥에오 문화의 유리는 다른 지역에 비해 많은 양의 소다가 사용되었고 서양에 비해 산화알루미늄Al_2O_3이 풍부한 특징을 지니고 있다. 옥에오 유적에서 발견되는 수많은 유리 구슬들, 그리고 유리 생산과 관련된 파편과 찌꺼기, 세공용 도가니 등은 이곳이 고대 유리의 대표적인 생산지였거나 가공처였음을 말해주는 것이라고 할 수 있다.

옥에오, 넨쭈어, 꺼탑 등에서는 아름다운 빛깔과 광택을 지닌 다양한 원석의 구슬들도 발견되었다. 대부분이 석영과 자수정이지만, 소량의 마노나 홍옥, 가닛 등도 포함되어 있다. 형태는 육각형, 튜브형, 다이아몬드형, 원통형, 단추형에 이르기까지 다양하며, 미완성이거나 구멍이 뚫리지 않은 구슬들, 구멍을 뚫는 과정에서 나온 파편들도 확인되었다. 원석 중 일부가 외부로부터 수입되거나, 인도의 장인들에 의해 세공기술이 들어왔을 가능성도 있다. 원석으로 만든 구슬들은 여러 재질과 다양한 형태로, 때로는 유리구슬과 함께 꿰어져 팔찌나 목걸이 등으로 애용되었던 것으로 보인다.

1,400~2,000년이라는 오랜 시간이 흘렀음에도 옥에오 사람들이 남긴 유물들은 수준 높은 공예 기술을 보여준다. 그들이 남긴 장신구의 화려함과 다양성은 미를 향한 그들의 높은 열망과 인간과 신에 대한 풍부한 사상 · 관념 등을 표출한 것이며, 경제적 · 문화적인 발전상을 보여주는 하나의 단적인 예라고 할 수 있다.

071

석제공구
Công cụ đá
Stone Tool

꺼캐이짬Gò Cây Trâm
2~4세기
돌, 길이 6.5
옥에오문화유적관리위원회

072

석제공구
Dụng cụ nghề kim hoàn
Stone Tool

꺼캐이짬
2~4세기
돌, 길이 6.0
옥에오문화유적관리위원회

토기 제작에 사용되던 도구이다. 튀어나온 손잡이를 쥐고 바닥면을 이용하여 토기의 표면을 편평하고 매끄럽게 하거나, 커다란 항아리나 단지의 몸통을 단단하면서도 얇게 만드는 데 사용하였다. 재질과 모양 등에서 조금씩 차이가 있으나 전통적인 방식으로 토기를 만드는 베트남 마을에서는 오늘날에도 여전히 사용되고 있다.

073

문지르개
Bàn xoa
Rubbing Tool

1~3세기
토도, 높이 16.0
옥에오문화유적관리위원회

074

문지르개
Bàn xoa
Rubbing Tool

4~5세기
토도, 지름 11.2
옥에오문화유적관리위원회

075

문지르개
Bàn xoa
Rubbing Tool

4~5세기
돌, 높이 11.5
옥에오문화유적관리위원회

076

누르개
Bàn dập
Pressing Tools

2~5세기
토도, 지름 6.8~7.8
옥에오문화유적관리위원회

불 위에 올려 철이나 청동과 같은 금속이나 유리를 녹이고 거푸집에 붓는 데 사용하는 용기이다. 옥에오 유적에서도 상당수 발견되어 금속 광물을 이용한 작업이 활발히 이루어졌음을 알 수 있다. 대체로 단지 형태를 하고 있으며, 크기에 비해 바닥을 비롯한 기벽이 매우 두껍다. 모래 함량이 높은 진흙으로 만들어졌다.

077

도가니
Nồi nấu kim loại
Crucible

3~5세기
토도, 높이 4.0
옥에오문화유적관리위원회

078

도가니
Nồi nấu kim loại
Crucibles

4~5세기
토도, 높이 1.8~2.0
옥에오문화유적관리위원회

079

금편
Mảnh vàng
Gold Fragments

2~7세기
금, 길이 0.4~10.1
옥에오문화유적관리위원회

080

납덩이
Chì lưới
Leads

2~5세기
금속, 너비 2.5, 2.7
옥에오문화유적관리위원회

081

원석이 있는 금속 조각
Mảnh kim loại có đính đá
Piece of Metal with Gemstone

꺼캐이짬
2~4세기
금속, 너비 0.6
옥에오문화유적관리위원회

철이나 청동, 납, 주석 등을 원하는 형태로 제작하는 데 사용하는 주조틀이다. 고온으로 녹인 금속을 맞붙여진 2개의 형틀 주입구에 부어 모양을 만들었다. 돌로 만든 거푸집에는 C자 모양의 귀걸이, 메달, 팔찌, 원형 반지 등이 음각으로 새겨졌다.

082

거푸집
Dụng cụ nghề kim hoàn
Mould

2~5세기
돌, 길이 9.5
옥에오문화유적관리위원회

083

거푸집
Khuôn đúc trang sức
Mould

돌, 길이 5.0
옥에오문화유적관리위원회

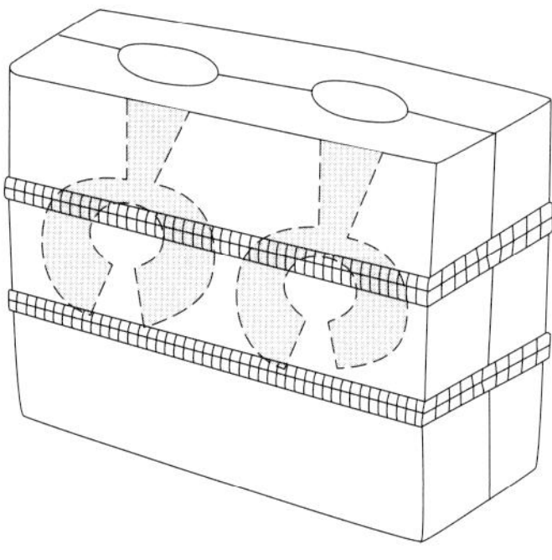

옥에오 문화에서는 선사시대부터 동남아 지역에서 유행하던 C자 모양 귀걸이가 지속적으로 만들어졌다. 돌을 깎아 굵은고리 귀걸이를 만들던 동더우 문화나 연옥軟玉으로 귀걸이를 만들던 초기 사후인 문화권과 달리 청동이나 금, 또는 청동에 금박을 입히는 등 금속재료가 많이 사용되었다. 또한 뛰어난 세공기술로 표면에 가늘게 요철凹凸을 새겨 주름진 형태의 새김눈 장식을 하거나 표면에 무늬를 새기고 톱니모양 장식을 붙이는 등 다양한 형태와 크기로 변화를 주었다.

084
귀걸이
Bông tai
Earrings

2~5세기
금속, 너비 2.5~3.6
옥에오문화유적관리위원회

085
귀걸이
Bông tai
Earring

3~5세기
금속, 너비 2.5
옥에오문화유적관리위원회

086

금속장신구
Bông tai · Vòng tay
Metal Accessories

2~6세기
금속, 길이 2.0~4.8
옥에오문화유적관리위원회

087

금속구슬
Hạt chuỗi
Metal Beads

2~6세기
금속, 길이 1.1~2.2
옥에오문화유적관리위원회

088

토제구슬
Hạt chuỗi
Earthen Bead

2~6세기
토도, 지름 1.2
옥에오문화유적관리위원회

089

유리구슬
Hạt chuỗi thủy tinh
Glass Beads

2~6세기
유리, 길이 0.9~1.8
옥에오문화유적관리위원회

090

유리구슬
Hạt chuỗi thủy tinh
Glass Beads

2~6세기
유리, 지름 0.5~1.8
옥에오문화유적관리위원회

091

유리 · 돌

Thủy tinh · Đá quý
Glass · Stones

2~6세기
유리 · 원석, 길이 0.4~1.7
옥에오문화유적관리위원회

092

유리구슬
Hạt chuỗi thủy tinh
Glass Beads

2~5세기
유리, 지름 1.6~2.0
옥에오문화유적관리위원회

093

구슬
Hạt chuỗi
Beads

2~6세기
원석, 길이 2.2~2.5
옥에오문화유적관리위원회

094

구슬
Hạt chuỗi
Beads

2~6세기
원석, 길이 0.9~5.7
옥에오문화유적관리위원회

095

구슬
Hạt chuỗi
Beads

2~6세기
원석, 길이 0.6~2.4
옥에오문화유적관리위원회

096

수정
Nguyên liệu đá quý
Crystals

2~6세기
수정, 지름 1.0~1.3
옥에오문화유적관리위원회

097

수정구슬

Hạt chuỗi đá Crystal
Crystal Bead

2~6세기
수정, 길이 4.7
옥에오문화유적관리위원회

098

자수정구슬

Hạt chuỗi đá thạch anh tím Amethyst
Amethyst Bead

2~6세기
자수정, 길이 2.4
옥에오문화유적관리위원회

099

연옥구슬
Hạt chuỗi đá ngọc Nephrite
Nephrite Bead

2~6세기
연옥, 지름 1.8
옥에오문화유적관리위원회

100

홍옥구슬
Hạt chuỗi đá Cornaline
Carnelian Beads

2~6세기
홍옥, 지름 0.8~1.5
옥에오문화유적관리위원회

101

마노구슬
Hạt chuỗi đá Agate
Agate Beads

2~6세기
마노, 길이 1.0~5.0
옥에오문화유적관리위원회

102

수정구슬
Hạt chuỗi đá Crystal
Crystal Beads

2~5세기
수정, 길이 1.2~2.3
옥에오문화유적관리위원회

103

구슬
Hạt chuỗi
Beads

2~5세기
원석, 길이 0.8~0.9
옥에오문화유적관리위원회

104

구슬
Hạt chuỗi
Beads

2~5세기
유리 · 원석, 지름 0.2~1.0
옥에오문화유적관리위원회

105

구슬

Hạt chuỗi

Beads

2~5세기

유리 · 원석, 지름 0.4~1.5

옥에오문화유적관리위원회

3

종교와 신앙

Religion and Belief

고대 동남아시아의 종교는 인도에서 전해진 힌두교와 불교가 중심이었다. 이로 인해 두 종교와 관련한 사원과 종교 예술이 생겨났으며, 언어가 발달하였고, 왕과 신을 동일시하는 신왕神王사상이 그들 문화의 일부가 되었다. 이는 옥에오 사람들도 마찬가지였다.

『남제서』에 천축국 승려 나가선那伽仙 · Nāgasena이 말하길 "그 나라 풍속에서 마혜수라천신摩醯首羅天神을 신봉하는데…교화가 온 세상에 두루하게 되니, 모두 구제되고 발탁되지 않은 자가 없게 되었습니다[那伽仙詣京師、言其國俗事摩醯首羅天神…佛化遍十方、無不蒙濟擢。(『남제서』 권58 열전 제39)]"고 한다. 구법승 의정義淨은 『남해기귀내법전南海寄歸內法傳』에 "옛날에 부남국이라고 불렀던 나라가 있는데 이곳 사람들은 천신天神을 모셨으며 뒤에 불교가 왕성해졌다[舊云扶南、先是裸國、人多事天、後乃佛法盛流。(『남해기귀내법전』 권 제1)]"고 한다. 여기에서의 천신은 힌두신을 나타낸 것으로, 메콩강 남부 지역에 힌두교와 불교가 함께 존재했음을 알 수 있는 자료들이다.

또 옥에오 문화의 지배층은 종교를 지원하고 정치 · 외교적으로 활용했던 것으로 보인다. 이와 관련하여, 『남제서』에는 부남국 왕인 사야발마闍耶跋摩가 484년에 제齊의 황제에게 금바라金婆羅, 금루용왕좌상金鏤龍王坐像, 백단상白檀像, 상아탑牙塔 2구, 고패古貝, 유리소립琉璃蘇鉝, 대모玳瑁로 장식한 빈랑檳榔, 쟁반 등을 바치며 자신을 배신한 구수라鳩酬羅를 벌할 것을 요청하는 내용이 전한다.

옥에오 문화와 관련한 발굴조사는 그들의 종교생활을 알려주는 중요한 자료이다. 주변에서 구할 수 있는 재료를 이용해 사원을 짓고, 여러 신과 부처를 조각하여 숭배하였으며, 정병이나 향로, 그릇, 잔 등을 사용해 의례를 올렸던 모습을 상상할 수 있다.

힌두교
Hinduism

힌두교는 아리안 계통의 브라만교가 인도 토착신앙과 불교의 영향을 받으면서 발전하였으며, 3세기 무렵부터 종교의 모습을 갖추기 시작했다. 특정 교조敎祖와 체계 없이 오랜 기간 동안 전해졌으며, 다양한 신화와 의례, 관습 등을 포함하는 것이 특징이다. 동남아시아에서는 인도의 영향을 받은 1세기부터 힌두교의 존재가 확인되고 있으며, 5세기에 이르면 지배계층의 권위 확립이라는 정치적인 이유로 힌두교를 적극적으로 이용한 모습이 보인다.

옥에오 문화는 왕을 힌두교 신인 시바 · 비슈누와 동일시하고, 지원을 아끼지 않았다. 파괴의 신 시바와 유지의 신 비슈누는 창조의 신 브라흐마와 함께 힌두교 최고의 삼주신三主神 · Trimūrti으로, 인도에서 가장 영향력 있는 신들이다. 옥에오 문화의 지배층에서는 5세기 중반 무렵에 비슈누 신을 지지하는 종파가 우세하였다. 이는 태자 구나바르만이 행한, 비슈누를 상징하는 '신의 발자국'을 사원에 놓는 제례의식을 언급한 꺼탑 출토 6세기 비문을 통해 알 수 있다. 비슈누파는 7세기가 지나면 시바를 추종하는 세력에게 밀리는 모습을 보여, 시기별로 선호하는 신과 종파가 있었던 것으로 보인다.

힌두사원은 다양한 신을 숭배하는 장소였다. 비슈누 신상과 시바를 상징하는 링가의 비중이 많아 두 신을 섬기는 사원이 다수를 차지했을 것으로 보인다. 힌두사원은 꺼옥에오, 꺼캐이티, 꺼쫑갓Gò Giồng Cát, 꺼캐이쫌, 다노이, 넨쭈어 등을 포함해 여러 곳에서 확인되었다. 대부분 바닥 시설만 남아있어 건물의 상부가 어떠한 모습을 하였는지는 명확하게 알기 어렵지만, 대나무나 야자수의 잎을 지붕으로 삼은 개방형 사원의 존재가 알려진 바 있다. 또 힌두사원의 쉐마Sheima 기둥도 사원 건축으로 보는 추세이다.

옥에오 사람들은 신과 그들의 상징물을 돌, 청동, 나무 등으로 만들거나 금판, 인장 등에 표현하였다. 힌두교의 여러 신들 중에서도 시바, 비슈누, 두 신이 결합한 모습의 하리하라Harihara의 비중이 높았다. 오랜 기간 전 계층으로부터 숭배 받은 비슈누는 신상으로 가장 많이 만들어졌으며, 그의 화신과 상징은 금판에 표현되어 쉐마 기둥에 놓여졌다. 7세기 이후 지배층의 적극적인 지지를 받은 시바는 신상과 함께 링가라는 독특한 상징물로 숭배되었다. 링가는 일종의 남근상으로, 시바의 힘을 나타낸 것이다. 초기의 링가는 자연스러운 모습이 강하며 점차 도식화된 모습으로 변하였다. 일부는 사람 얼굴을 함께 표현한 무카링가Mukhaliṅga로도 제작되었다. 링가는 시바의 부인 샥티Śakti를 상징하는 여음상女陰像 요니Yoni와 세트를 이루는 경우가 많다. 링가와 요니의 결합은 두 신이 만나 보다 강력한 힘을 발산한다는 의미를 갖는다. 비슈누와 마찬가지로 시바도 금판으로 제작되었는데, 주로 그를 상징하는 삼지창과 난디로 표현되었다. 하리하라는 대체로 비슈누와 시바를 함께 표현한 모습으로 나타난다. 인도에서는 시바와 비슈누를 믿는 종파 간의 갈등을 해결하는 데에 이용되기도 하였다. 『양서』에 "…동으로 천신상을 만드는데…얼굴이 둘이면 손이 넷이고 얼굴이 넷이면 손이 여덟이다[… 俗事天神、天神以銅為像 … 二面者四手、四面者八手、手各有所持、或小兒、或鳥獸 或日月。(『양서』 권50 열전 제48)]"라고 하여, 부남국의 하리하라를 언급하기도 했다.

꺼탑안러이Gò Tháp An Lợi 유적의 힌두사원

다노이 유적의 쉐마 기둥

안장성 일대의 힌두사원

현재의 안장성 토아이선현 일대에서는 옥에오 문화의 힌두사원과 내부에 모셨던 조각상 등이 다수 확인되었다. 힌두사원은 벽돌로 만든 건물과 연못을 두었고, 그 주변에 숭배하는 신의 조각상과 표식을 모셨을 것으로 짐작된다. 지금까지의 연구를 통해 이 지역의 힌두사원은 2세기 이전부터 조성되었음이 밝혀졌다. 또 시기에 따라 외형과 숭배 대상에 대한 변화가 있음도 확인되었다.

안장성 일대 힌두사원의 변천

구분	2세기 이전	3-6세기	7세기 이후
사원 모습	-붉은색으로 칠한 원통형 벽돌로 건축함 -만卍자 모양으로 벽돌을 쌓음 -바닥에 신의 형상을 새기거나 금제품을 놓는 기둥을 설치함 -계단식 연못	-기존의 건물을 보수함 -붉은색의 큰 벽돌로 새로 건축함 -계단식 연못	-높은 언덕에 위치함 -옛 사원을 노란색의 작은 벽돌로 개량함 -신성한 우물을 계속하여 사용
숭배 대상	-신을 상징하는 도상이나 물건, 금제품	-신상(수르야Sūrya, 비슈누, 링가, 링가와 요니, 하리하라 등)	-신상(수르야, 비슈누, 비슈누와 시바를 표현한 링가, 링가와 요니 등)

이 표는 다음의 자료를 따름. Đặng Văn Thắng, Võ Văn Sen, "Recognition of Oc Eo Culture Relic in Thoai Son District, An Giang Province, Vietnam," *American Scientific Research Journal for Engineering, Technology, and Sciences* Vol. 36, No. 1, 2017.

최근 연구에 따르면 기존에 묘지석으로 알려졌던 쉐마 기둥도 힌두사원과 관련한 시설로 보고 있다. 쉐마 기둥은 발굴조사 당시에 장례와 관련한 시설로 보고되었다. 이후 학자들의 지속적인 연구에 의해 장례 시설이라기보다 종교적 성격이 강함이 밝혀져 힌두사원의 하나로 보는 추세이다. 마치 굴뚝과 같은 모습의 쉐마 기둥은 벽돌을 5개에서 12개 층으로 쌓아 만든다. 각 층은 4개의 벽돌을 만卍자로 배치하여 속을 비웠고, 안에 보석이 박힌 물품, 작은 금판들과 흰 모래를 채웠다. 기둥 주변은 점성이 높은 회색 모래 또는 진흙으로 채웠거나 돌, 부서진 벽돌, 회반죽으로 만든 덩어리로 메웠고, 그 위에 다양한 크기의 돌로 마무리하였다.

안장성의 다노이 유적에는 이러한 쉐마 기둥이 잘 남아 있다. 85ĐN-M2유구는 내부에서 시바의 상징인 황소 난디, 비슈누의 아내 락슈미를 표현한 연꽃잎 모양 금판 등이 출토되어 시바와 비슈누를 함께 모신 곳으로 추정되고 있다. 85ĐN-M4유구에서는 물고기, 거북이, 멧돼지, 발, 소라고둥, 수레바퀴 등을 나타낸 금판, 보석, 동전 등이 출토되었으므로 비슈누 관련 사원으로 보인다.

안장성 꺼웃짱Gò Út Trạnh 유적의 힌두사원

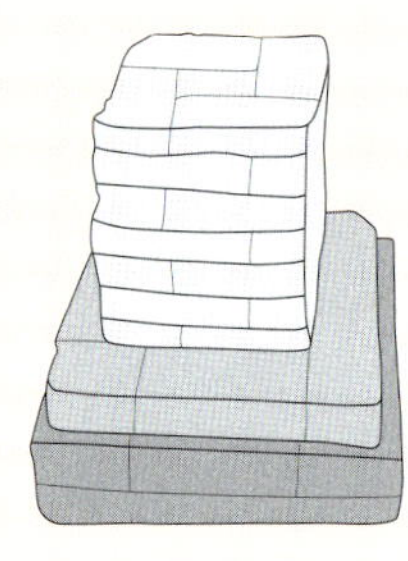

쉐마 기둥의 모습

금판을 매장한 모습의 쉐마 기둥

불교
Buddhism

베트남 남부 지역은 인도와 중국을 오가는 승려들이 머물거나 거쳐 가는 곳이었으므로 수준 높은 불교 문화가 일찍부터 자리하였다. 언제부터 이곳에서 불교 문화가 시작되었는지는 알 수 없지만, 적어도 3세기에는 불교를 알고 있었던 것으로 추정하고 있다. 당시 인도에서는 중생衆生의 구원을 가장 큰 목적으로 삼는 대승불교大乘佛教가 유행하였다.

인도와 교류가 잦았던 부남국도 이와 다르지 않았던 것으로 보인다. 실제로 보깡Võ Cạnh 출토 비문은 3세기에 활동한 슈리마라Sri Mara라는 왕이 불교도임을 암시하고 있고, 대승불교에 바탕을 둔 글귀들을 기록하고 있다. 『남제서』, 『양서』 등 중국 기록에 의하면, 5세기 중반에 부남에서 향로, 금과 백단향白檀香으로 만들어진 불상, 상아로 만든 사리탑, 의례용 유리그릇 등을 공물로 바쳤다고 한다. 5세기 무렵에는 벽돌로 사원을 조성하였음이 발굴조사를 통해 밝혀졌다. 6세기의 부남국 역경승譯經僧 진제眞諦 · Paramārtha는 대승불교의 종파인 유가행유식학파瑜伽行唯識學派와 관련이 깊다. 따라서 옥에오 사람들은 대승불교적 관념이 강했고, 불교 문화를 깊게 이해했던 것으로 보인다.

옥에오의 불교 문화는 중국에도 소개되었으며 활발한 교류가 이루어졌다. 484년에 부남국 왕이 바쳤다는 금바라, 백단상, 상아탑과 503년에 보낸 산호불상과 보리수잎婆羅樹葉 등은 불교 관련 물품들이다. 506년 이후에는 부남국 승려 가파라와 만다라선曼陀羅仙 · Mandrasena이 양나라 황실을 위해 경전을 번역했다. 519년에는 천축국(인도)에서 만든 전단서상旃檀瑞像을 보냈으며, 546년에는 승려 진제와 경전을 보냈다. 또 양 무제가 부처의 진신사리眞身舍利인 부처의 머리카락佛髮을 요청하여 이를 보냈다는 기록도 전한다.

불교 문화는 다른 문명과 마찬가지로 사원을 중심으로 이루어졌을 것이다. 옥에오의 불교사원은 힌두사원과 마찬가지로 돌과 벽돌로 만들었다. 안장성 꺼캐이티 유적의 B지구는 주변에서 청동불상이 출토된 바 있어 불교사원일 가능성이 높다. 낮은 타원형 언덕 위에 돌과 벽돌로 직사각형의 건물을 세워 종교시설로 이용하였다. 건물 안에는 서로 다른 흙을 압축하여 바닥을 정비하였고, 외부에는 동쪽을 제외한 곳에 벽돌로 만든 복도를 두었다.

옥에오 사람들은 불상을 만들고, 이를 숭배했다. 처음에는 진흙이나 나무와 같이 다루기 쉬운 재료로 만들다가 점차 비용과 시간이 오래 걸리는 금속, 돌을 사용하였다. 안장성과 기엔장성 등 메콩강 삼각주 일대에서 불상이 다수 발견되었다. 가장 오래된 것은 안장성 출토 목조불상이며, 꺼탑 유적 출토 목조불상은 5세기의 것으로 추정되고 있다. 대체로 호리호리한 몸매에 길게 늘어진 귀를 가지며, 달라붙는 법의를 입고 대좌 위에 서 있는 모습이다. 높이는 30㎝~3m 정도로 다양하다. 또 『남제서』에 나오는 백단상白檀像을 통해 흰 박달나무로도 불상을 만들었음을 알 수 있다. 옥에오 불교조각은 인도 아마라바티, 사르나트Sarnātha, 태국 드바라바티의 불교조각과 유사한 점이 많으며, 사료를 통해 천축국의 단향목제 불상을 알고 있었음이 확인되었다. 또 쭈어링선 유적의 〈청동불입상〉과 같이 중국적 색채가 짙은 불상이 전해지기도 한다. 이처럼 불교조각은 옥에오 사람들의 신앙생활과 종교적 교류를 보여주는 귀한 자료이다.

넨쭈어 유적 출토 목조불상

꺼캐이티 유적 출토 청동불상

꺼캐이티 유적 B지구의 불교사원

106

남신상
Tượng Nam thần
Statue of God Statue

6세기
돌, 높이 130.0
안장성박물관

힌두교의 신들은 여러 얼굴과 팔을 가진 모습이지만, 인간의 모습을 취할 때에는 보통의 사람처럼 표현하였다. 두 다리를 벌리고 서 있는 이 남신상은 머리에 높은 보관을 썼다. 긴 사롱sarong을 두른 허리는 가늘며, 허리띠 위로 배가 약간 나왔다. 팔과 다리는 단단하면서도 둥근 원통형이며, 일부가 훼손되었다.

신상 받침대

107

하리하라 신상
Tượng Hari Hara
Hari Hara Statue

돌, 높이 53.0
옥에오문화유적관리위원회

하리하라는 시바와 비슈누 혹은 시바와 샥띠의 모습을 하나의 상에 좌우로 묘사하는 것이 특징이다. 이 상은 팔과 다리 일부가 결실되었으나, 본래 4개의 팔에 각각의 신을 상징하는 상징물을 지니고 있었을 것으로 보인다.

108

무카링가
Mukhalinga
Linga with Face

돌, 길이 26.0
옥에오문화유적관리위원회

링가는 남근을 형상화한 것이다. 브라흐마를 상징하는 정사각형 아랫부분과 비슈누를 상징하는 팔각형 중간부분 그리고 시바를 상징하는 둥근 윗부분으로 이루어진다. 링가에 시바의 얼굴을 표현한 무카링가도 있다.

109

링가

Đầu linga
Linga

4~5세기
돌, 높이 14.5
옥에오문화유적관리위원회

링가는 대체로 여성의 생식기를 묘사한 요니 위에 놓여 있다. 내부에 물길이 있어 링가 위에 물을 부으면 세정식용 정수淨水가 흘러들어가도록 설계되어 있다. 링가는 시바의 창조적 에너지를, 요니는 여신(샥띠)의 힘을 뜻한다. 따라서 링가와 요니의 조합은 남성과 여성이 하나가 되며, 그로 인해 생겨난 힘을 의미한다.

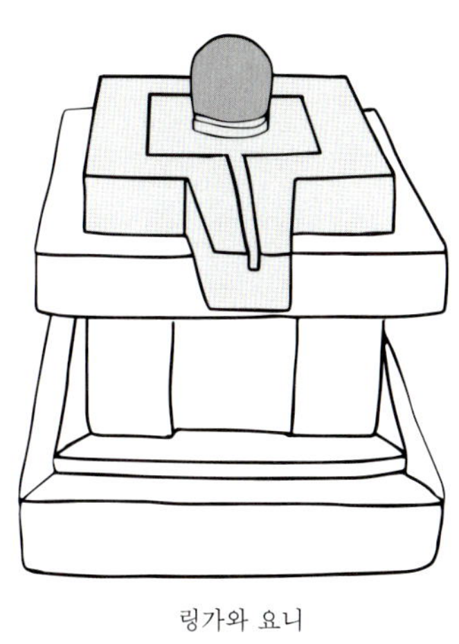

링가와 요니

110

남신상 머리
Đầu tượng nam thần
God Head Statue

6~7세기
토도, 높이 9.5
안장성박물관

111

여신상 머리
Đầu tượng nữ nam thần
Goddess Head Statue

4~5세기
토도, 높이 12.8
옥에오문화유적관리위원회

힌두교 여신은 모든 남신들의 에너지가 응집되어 탄생한 존재이며, 만물의 어머니로서 잉태와 양육, 모성을 나타낸다. 부정적으로 묘사될 때는 악신을 퇴치한다는 두르가Durgā, 검은 지모신 짜문다Cāmuṇḍā와 깔리Kālī로, 온화한 모습일 때는 영적인 힘과 사랑을 상징하는 파르바띠Pārvatī, 우마Umā 등으로 표현되었다. 이 상은 곱슬거리는 머리카락과 밝은 표정이 돋보이는 여신의 모습을 나타내고 있다.

112

하누만 신상 머리
Đầu tượng thần Hanuman
Head Statue of Hanuman

4~5세기
토도, 높이 16.0
옥에오문화유적관리위원회

하누만은 하누마트Hanumat라고도 부르며, 원숭이의 모습을 하고 있는 것이 특징이다. 힌두교의 대표 신인 시바, 비슈뉴에 비해 지위가 낮지만, '라마 왕의 일대기'라는 뜻의 인도 서사시 『라마야나』에 등장하여 큰 사랑을 받게 되었다.

113

신상 머리
Đầu tượng
God Head Statues

12세기(우)
토도(좌) 돌(우), 높이 10.8~12.0
옥에오문화유적관리위원회

신상의 머리부분으로 추정하지만 세부표현과 존명尊名을 명확하게 알 수 없다. 우측상은 미완성된 것으로, 둥근 얼굴과 이목구비, 표정을 통해 현지화가 이루어졌음을 알 수 있다.

114

불상머리
Tượng phật
Buddha Head

5~6세기
돌, 높이 24.8
안장성박물관

115

불상편
Tượng phật
Buddha Fragment

다노이
5~6세기
돌, 높이 12.5
옥에오문화유적관리위원회

힌두교와 불교는 그들의 숭배대상에게 각종 공양물을 바쳤다. 향 공양은 향을 피워서 불쾌한 냄새를 제거하고 씻어낸다는 의미를 갖는다. 향을 피우는 도구인 향로는 용도에 따라 여러 재질과 형태로 제작되었다. 출품된 향로 뚜껑은 제단에 올려놓는 향로의 일부로 추정된다. 뚜껑은 여러 단을 마련하여 위로 갈수록 좁아지는 모습이다. 좌측 향로 뚜껑 무늬를 새기거나 보주형 장식물을 부착하여 꾸몄다. 또 곳곳에 구멍을 내어 향의 연기가 빠져나가도록 하였다.

116

향로 뚜껑
Nắp bình hương
Lids of incense

4~5세기
토도, 높이 9.0~14.0
안장성박물관 · 옥에오문화유적관리위원회

그릇받침은 옥에오 문화를 대표하는 유물로서 종교 의례에서 사용된다. 얕은 바닥과 커다란 주둥이를 가진 깔때기 모양의 사발, 원통형의 단단한 기둥, 밖으로 퍼져 끝이 편평한 다리가 있다. 그릇받침은 긴 그릇받침과 짧은 그릇받침으로 구분된다. 높은 받침이 있는 그릇받침은 양질의 토기로 만들며, 좁은 바닥과 큰 주둥이를 가진 깔때기 모양의 바리가 달려 있다. 받침은 단단하고 원통형이며, 굽은 밖으로 휘어지다가 가장자리가 편평한 형태이다.

117

그릇받침편

Bát bồng

Pottery Stand Fragment

1~3세기

토도, 입지름 20.5

옥에오문화유적관리위원회

118

그릇받침편

Bát bồng

Pottery Stand Fragment

1~3세기

토도, 입지름 13.4

옥에오문화유적관리위원회

액체류를 마실 때 사용한 것으로 추정되는 잔이다. 나팔모양의 굽을 갖추고 있는데, 이러한 형태의 그릇은 의례용품으로 보는 것이 일반적이다. 표면에 문양이 장식되어 있다.

119

잔
Ly
Cup

1~3세기
토도, 높이 7.0
옥에오문화유적관리위원회

120

잔
Ly
Cup

2~4세기
토도, 높이 8.5
옥에오문화유적관리위원회

121

잔받침편
Đế ly cốc
Stem Cup Fragment

3~4세기
토도 , 지름 6.3
안장성박물관

122

잔
Ly
Cup

4~6세기
토도, 높이 5.5
옥에오문화유적관리위원회

123

부적
Bùa đeo
Amulet

2~7세기
금속, 길이 4.0
옥에오문화유적관리위원회

정병은 깨끗한 물을 담는 병이다. 승려들이 여행을 다닐 때 지녀야 하는 필수품 중 하나였으나 점차 깨끗한 물을 공양하는 데에 쓰이는 등 사용범위가 넓어졌다. 토기, 도자기, 금속 등 다양한 재료를 이용해 만들었다. 126, 127번과 같이 주둥이를 달거나 124, 125번처럼 병 형태로 만들었다. 124, 125번은 병을 뒤집어놓은 모습으로 사용했다.

124
정병
Kundika
Ritual Ewer(Kundika)

3~5세기
토도, 높이 11.5
옥에오문화유적관리위원회

125
정병
Kundika
Ritual Ewer(Kundika)

3~5세기
토도 , 높이 13.3
옥에오문화유적관리위원회

126

정병

Kendi

Ritual Ewer(Kendi)

7~12세기

토도, 높이 16.0

옥에오문화유적관리위원회

127

정병

Kendi

Ritual Ewer(Kendi)

4~7세기

토도, 높이 27.0

옥에오문화유적관리위원회

사원 건물의 부재이다. 여러 유적에 출토된 부재들을 통해 난간에 원통형으로 만든 기둥을 세우고 화려하게 장식한 벽돌로 장엄莊嚴한 것으로 추정된다. 또 처마에는 보리수잎 등을 표현한 기와를, 용마루에는 연꽃봉오리 모양의 기와를 얹어 사원의 위엄을 드러냈을 것이다.

128

난간 기둥
Cột lan can
Railing Column

4~6세기
토도, 높이 11.5
옥에오문화유적관리위원회

129

장식용 벽돌
Bệ hoa sen
Decorative Brick

토도, 길이 22.0
옥에오문화유적관리위원회

130

기와편
Mảnh ngói
Tile Fragment

2~7세기
토도, 길이 15.3
옥에오문화유적관리위원회

131

기와편
Mảnh ngói
Tile Fragment

꺼탕
4~7세기
토도, 길이 13.0
옥에오문화유적관리위원회

132

기와편
Mảnh ngói
Tile Fragment

3~6세기
토도, 길이 15.0
옥에오문화유적관리위원회

133

처마기와

Mảnh diềm ngói

Eave Tile

7세기
토도, 길이 10.0
옥에오문화유적관리위원회

134

처마기와

Mảnh diềm ngói

Eave Tile

3~5세기
토도, 높이 14.5
옥에오문화유적관리위원회

135

용마루기와
Chóp ngói
Ridge Tiles

3~5세기
토도, 높이 16.5(좌) 16.5(우)
옥에오문화유적관리위원회

136

쉐마 기둥
Trụ giới Sheima đền thờ Hindu
Sheima Column of Hindu Temple

토도, 높이 21.2~29.1
옥에오문화유적관리위원회

쉐마 기둥은 직사각형 벽돌을 5~12층으로 쌓아 만든 힌두교의 종교시설이다. 각 층은 4개의 벽돌을 엇물리게 배치하였고, 그 안을 흰 모래와 귀중품, 금판으로 채웠다. 여러 도상과 글귀를 새긴 금판은 쉐마 기둥의 성격을 파악하는 데 큰 도움을 준다. 안장성 다노이 유적의 쉐마 기둥 안에서는 시바, 비슈누의 상징물이 함께 표현된 금판이 확인되어 두 신을 함께 모신 시설임을 알 수 있다. 또다른 쉐마 기둥에서는 물고기, 거북이, 멧돼지, 발, 소라고둥, 수레바퀴 등을 새긴 금판이 확인되어 비슈누와 관련이 있었을 것으로 본다.

옥에오 문화에서는 무늬와 글자를 표현한 금판이 다수 출토되었다. 편평한 표면에 신들의 상징물, 글자를 양각·음각하여 도드라지게 표현하거나 금판 자체를 무늬로 제작한 것이다. 특히 다노이 유적 출토 금판은 다양한 도상이 확인되어 그 가치가 높다. 출토 금판 중 황소, 삼지창 등은 시바를, 발·수레바퀴·소라고둥·거북 등은 비슈누를 나타낸 것이다. 연꽃잎을 따로 만들어 붙인 연꽃모양 금판은 비슈누의 부인인 락슈미의 상징이다.

137

금판
Mảnh vàng
Gold Leaf

다노이
4~5세기
금, 길이 6.5
안장성박물관

138

금판
Mảnh vàng
Gold Leaf

다노이
금, 길이 6.5
안장성박물관

139

금판
Mảnh vàng
Gold Leaf

다노이
4~5세기
금, 길이 6.6
안장성박물관

140

금판
Mảnh vàng
Gold Leaf

다노이
4~5세기
금, 길이 4.0
안장성박물관

141

금판
Mảnh vàng
Gold Leaf

다노이
4~5세기
금, 길이 3.8
안장성박물관

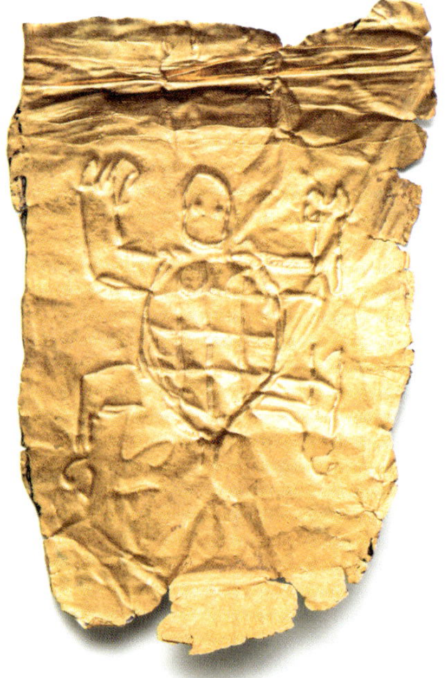

142

금판
Mảnh vàng
Gold Leaf

다노이
4~5세기
금, 길이 3.3
안장성박물관

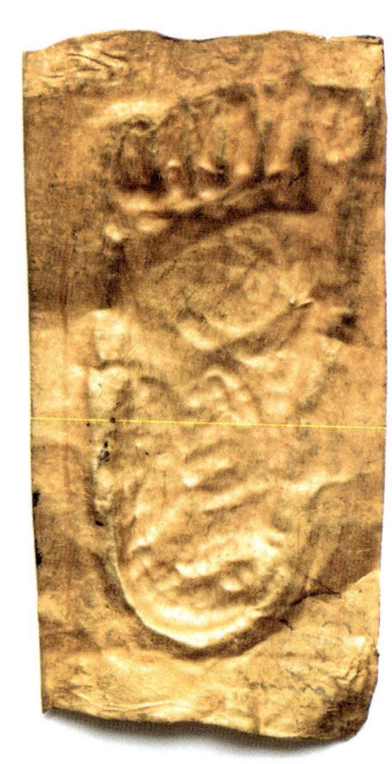

143

금판
Mảnh vàng
Gold Leaf

다노이
4~5세기
금, 지름 2.7
안장성박물관

144

금판
Mảnh vàng
Gold Leaf

다노이
4~5세기
금, 지름 4.2
안장성박물관

145

금판
Mảnh vàng
Gold Leaf

다노이
4~5세기
금, 길이 4.9
안장성박물관

146

금판
Mảnh vàng
Gold Leaf

다노이
4~5세기
금, 지름 2.9
안장성박물관

4
장례문화
Funeral Culture

옥에오 문화의 매장지는 주민들의 영적인 삶을 반영하는 신앙과 전통, 관습을 보여준다. 『양서』에 따르면 부남국의 전통적인 매장 방식에는 수장水葬, 화장火葬, 매장埋葬, 풍장風葬의 네 가지가 존재하였으며, 유족들은 모두 머리와 수염을 깎아야 했다. 이러한 방식은 고대 인도에서 비롯된 것으로 추정되며, 인근 참파와 말레이시아에도 전해져 내려오는 전통이다. 옥에오 문화에 속한 지역 중 하나인 캄보디아의 앙코르보레이에서는 많은 무덤 유적이 확인되었다. 이 무덤들은 화장 또는 매장의 형태였는데, 껴묻거리에는 주로 돼지 머리뼈나 붉은 항아리 등이 있었다. 이 매장 유적에서는 부남의 장례 의례 중 2가지가 확인된다.

한편 옥에오에서는 옹관도 확인되었다. 남링선 유적에서 지름 67㎝, 높이 40㎝의 옹관이 처음으로 발견된 이래로, 옹관이 선사시대부터 옥에오 시대에 이르기까지 장례 방식의 하나로 자리 잡았음이 확인되었다. 이는 시신을 화장한 후 개장改葬을 위해 다시 파내어, 항아리 속에 재와 함께 사자 생전의 소유물을 넣는 형태의 무덤이다. 남링선 유적에서 발견된 옹관의 목부분에는 평행 줄무늬 3줄이 있는데, 이런 무늬는 선사시대 후기 옥에오 및 메콩강 삼각주 지역의 토기에서 나타나는 대표적인 무늬이다. 옹관 안에서는 소수의 유기물, 5개의 금구슬, 마노구슬이 출토되었다. 이러한 옹관 문화는 옥에오뿐만 아니라 다른 베트남 남부 지역에서도 나타난다.

옥에오를 비롯한 동시대의 여러 유적지에서는 당시의 사후 세계에 대한 관념을 확인할 수 있다. 특히 꺼캐이짬Gò Cây Trâm의 매장 유구에서 발견된 매장 항아리 바닥에는 구멍이 뚫려 있는데, 옥에오 사람들은 이 구멍을 통해 영혼이 드나든다고 믿었다. 이러한 개념은 '사후의 삶'이 영원하다는 당시 옥에오 사람들의 사후 세계 관념을 보여준다.

147

매장용 항아리

Hũ

Burial Jar

꺼캐이짬

토도, 항아리 높이 20.0 뚜껑 너비 16.2

옥에오문화유적관리위원회

148

유리구슬 · 금편

Hạt chuỗi thủy tinh, Mảnh vàng
Glass Beads, Gold Fragment

꺼캐이짬
유리, 금, 구슬 지름 0.6 금편 너비 0.9
옥에오문화유적관리위원회

베트남 옥에오 꺼캐이짬Gò Cây Trâm 유적

이영철
(재)대한문화재연구원

2018년 (재)대한문화재연구원은 서울대학교 인문대학, 베트남 옥에오문화유적관리위원회, 베트남 호치민대학교 인문사회대학과 〈한국 · 베트남 공동연구〉 협약을 체결한 후, 공동 학술 발굴조사를 진행하였다. 연구 목적은 옥에오 지역 꺼캐이짬 유적의 발굴조사를 통해 한반도와 중국 그리고 동남아시아로 이어지는 해양 실크로드에서 전개되었던 고대인들의 활동상을 복원하고 상호 간의 관계와 그 성격을 규명하기 위함이었다. 더불어 한국-베트남 국제교류 확장에 따른 상호 역사문화를 이해하고, 한국 내 다문화가족 증가에 따른 포용적 글로벌 교육 기반을 조성하며, 옥에오 유적의 유네스코 지정 세계문화유산 등재를 위한 협력 사업을 진행하기로 하였다. 1차 발굴조사는 2018년 12월 26일부터 2019년 1월 22일까지 실시하였다.

꺼캐이짬 유적은 바테산의 남쪽에 위치한다. 바테산의 능선은 정상부에서 비교적 급한 경사를 가지고 내려오다가 능산 하단부에서 완만한 경사를 이루며 평탄부를 형성하면서 낮은 평야지대와 만나게 된다. 유적은 바테산 하단부의 평탄부에 위치하며, 주변으로는 민가와 경작지가 개간되어 있다. 바테산 남쪽은 옥에오로 들어오는 길목이자 등대 역할을 하던 곳이다.

1차 학술발굴조사는 유적 내에서도 한정된 지점에서만 진행되어 유적 전체의 성격을 밝히는 데는 한계가 있었다. 한국 측 조사단에게는 낯설었던 베트남 유적에 대한 이해가 우선이라는 점에서 1차 조사는 제한적으로 진행하였기 때문이다.

조사 내용을 간략히 정리해보면 Pit 2에서는 2개의 문화층이 확인되었다는 점에서 유적에 형성된 문화층을 이해하는데 도움이 되었다. 상부 문화층에서는 다수의 구덩이와 함께 옹관묘가 확인되었다. 1호 무덤에서는 유리구슬, 뼈, 인골, 치아 등이 확인되었으며, 옹관으로 사용했던 토기에 인면人面 이미지를 의도하였다는 점에서 골호 용도가 별도 제작된 유물임을 확인하였다. 인면 옹관은 동남아시아에서 최초 출토된 것이다.

옹관 내부에서 수습된 치아는 첫 번째 어금니의 유치로 판명되었으며, 눈두덩이 뼈 등이 확인되었다. 출토된 인골의 나이는 7~8세 어린아이로 확인되었다. 옹관으로 사용한 토기는 꺼투짬Gò Tu Tram, 앙코르보레이 유적의 고운 태토로 만든 토기와 유사한데, 시기는 기원후 2세기로 추정된다. 꺼캐이짬 유적과 인접한 남링선 유적에서도 1998년 옹관이 조사된 바 있다. 이 옹관 내부에는 유리구슬과 금제품이 부장되었고, 뚜껑 대용 토기도 함께 확인되어 꺼캐이짬 1호 무덤과 매우 유사함을 알 수 있다.

하부 문화층에서는 기둥구멍 열이 확인되었는데, 주변에서 나무기둥으로 사용된 것으로 보이는 가공된 목재들이 확인된 것으로 보아 기둥을 세웠던 건축물 관련 흔적이거나, 담장과 같은 건축물의 흔적일 가능성이 시사된다.

Pit 4에서는 건축물과 관련된 석렬이 확인되었다. 석렬 사이에서 중국의 자기편 등이 확인되었는데, 유물의 사용 시기는 기원후 9~11세기이다. 유구를 건축하는 과정에서 이전 시기의 건축물 재료인 옥에오 벽돌을 재활용했음을 알 수 있었다.

꺼캐이짬 유적 1차 학술발굴조사는 극히 한정된 면적을 대상으로 진행됨에도 불구하고 유적에 형성되었던 문화를 이해하는 데 부족함이 없었다고 볼 수 있다. 기원후 2세기에 행해진 매장 풍습의 일면을 확인한 점은 매우 큰 성과이다. 그 동안 옥에오 지역에서 진행된 고고학 조사는 지상에 노출된 종교시설 관련 건축물에 치중된 경향이 높았다. 때문에 바테산의 동쪽과 운하를 중심으로 한 충적평야 지역에서의 조사가 중심이 되어 왔다. 반면, 이번 조사는 옥에오로 들어오는 입구라 할 수 있는 바테산 남쪽 구역을 무대로 진행되었다는 점에서 옥에오 유적의 문화가 본격적으로 꽃피우는 시점을 이해하는 데 도움을 주었다.

꺼캐이짬 유적 Pit별 조사 현황

Pit 명	규모(m)	조 사 내 용
1	8×3	6~7세기의 벽돌, 토기편 등이 집중되어 출토됨
2	7×4	2개 문화층 확인 - 상부문화층 : 무덤 2기, 구덩이 8기, 도랑 1기 - 하부문화층 : 기둥구멍 열 등
3	3×2	문화층 내에서 가공된 목재 확인 2~3세기 인도산 에메랄드로 만든 것으로 추정되는 장신구 출토
4	4×6	구덩이 7기 확인

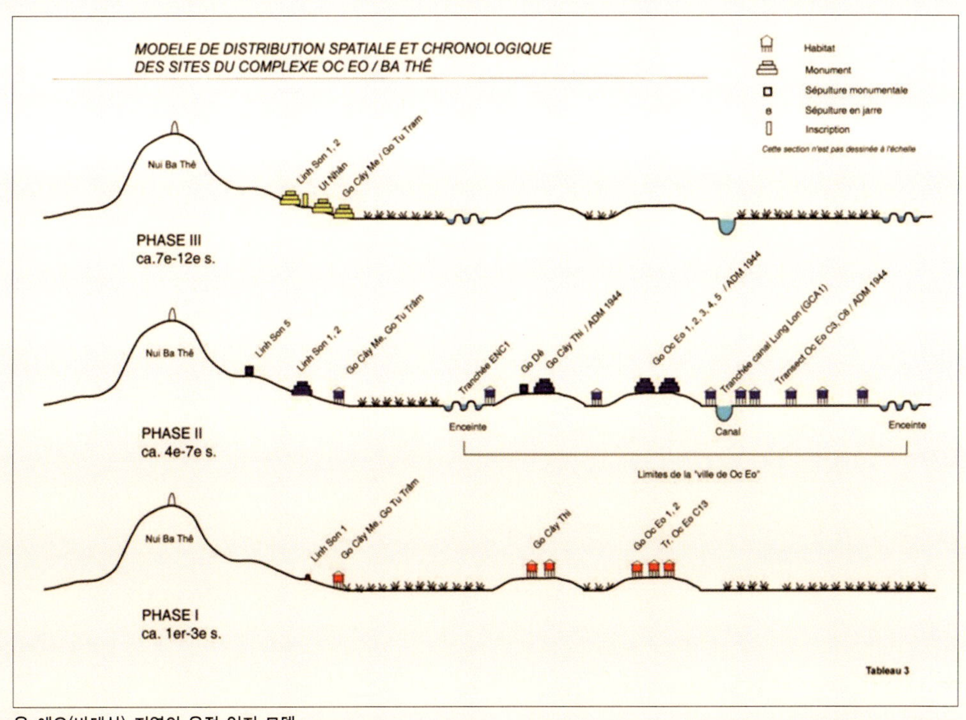

옥 에오(바테산) 지역의 유적 입지 모델

Pit 2 상부 문화층

Pit 2 하부 문화층

Pit 2 하부문화층 원형구덩이 노출

Pit 2 토층

1호 무덤 전경

1호 무덤 단면

Pit 4 전경

Pit 4 하부층

Pit 4 토층

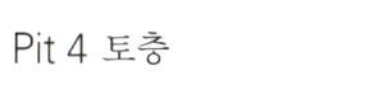

Pit 4 1호 구덩이

발굴조사모습

발굴조사모습

에필로그

Epilogue

삼면이 바다로 둘러싸인 한반도는 다른 나라와 해상 교류가 활발했을 것으로 추정되지만 그 연구는 주로 한국과 중국, 혹은 한국과 일본에 국한하여 진행되었다. 이는 종래의 교류사에 대한 이해가 대륙부 세계의 정치 · 외교 질서에 초점이 맞춰졌기 때문이었다. 따라서 동아시아의 정치 · 경제 · 문화적 관계를 연구하는 것은 중국과 한국, 중국과 일본 혹은 한국과 일본 등 동북아시아 국가들의 상호 관계에 국한되었을 뿐, 여기에 동남아시아 지역을 포함시키는 경우는 드물었다. 대부분 문헌에 의거하여 한 · 중 · 일 삼국 간의 해로를 규명하거나 해적, 왜구와 같이 바다를 둘러싸고 벌어진 분쟁이나 장보고 등 일부 해상세력에 관심을 기울였다. 그러나 이제는 시야를 넓혀 한반도와 중국, 일본에서 동남아시아, 인도까지 확장하여 거시적인 관점에서 교류사를 연구할 필요성이 있다.

지금까지 바다에서 출수된 신안선을 비롯한 난파선들과 수많은 유물들은 문헌 속에서는 드러나지 않았던 바닷길을 통한 교류사의 한 단면을 보여주었다. 동아시아 바다 뿐만 아니라 인도네시아, 베트남, 중국 남부에서도 해양교류의 역사를 보여주는 많은 난파선들이 발견되면서 바닷길을 통한 교류의 관점을 더욱 확장해야 할 필요성이 증대된 것이다.

특히 고대 동 · 서의 교류를 보여주는 대표적인 유적인 베트남 옥에오 유적은 이른 시기부터 동남아시아 특정 지역에서 문명의 교류가 이뤄지고 있었음을 확인시켜 주는 흥미로운 사례이다. 따라서 우리는 바다를 중심으로 한 해상 실크로드 관련 연구를 굳이 동북아시아 바다에 한정지어 진행할 필요는 없는 것이다.

고대 사료에는 동남아시아와 한반도의 교류관계를 확장시켜 줄만한 기사들이 있다. 사서에서는 동남아시아 각국의 산물이 조공의 형태로 중국에 유입되었음을 밝히는 한편, 불교적 맥락에서 쓰임새가 있는 향과 향목 종류가 한반도로 전래된 것을 다룬다. 따라서 기록을 통해, 기원 전후부터 동남아시아와 중국, 그리고 한국 간에 물질적, 문화적 교류가 이뤄졌음을 확인할 수 있다.

실제로 한반도 서해안과 남해안의 연안항로를 경유하여 김해를 거쳐 쓰시마津島, 이키壱岐, 후쿠오카福岡로 이어지는『삼국지』동이전의 교역로를 따라 다양한 물품이 유통되었다. 그중에는 청동거울, 동전, 토기 등의 한나라 물품, 한반도산 철기가 섞여 있었으며, 유리를 비롯한 동남아시아산 물품도 포함되어 있어 동남아시아산 물품이 한반도를 거쳐 일본으로까지 전달된 예들을 살펴볼 수 있다. 이러한 작은 실마리 속에서 우리는 고대 한반도와 동남아시아의 교류관계를 확장할 수 있다. 고대 한반도에서 출항한 배가 중국 남부와 일본까지만 가지는 않았을 것이기 때문이다.

바다를 둘러싼 문물과 문명의 교류는 바다를 오간 사람들이 기록을 남긴 경우가 희소하기 때문에 남아있는 몇몇의 기록들로 접근해야 하는 것은 사실이다. 그러나 일부의 기록과 바다 속에서 발견되는 난파선과 유물들 그리고 옥에오와 같은 유적지에서 발견되는 유물들은 동북아시아 국가들의 상호 관계에 국한되었던 연구를 동남아시아 지역까지 연결지어 확대해야 함을 보여준다.

이제는 국한된 세계관에서 벗어난 해상 실크로드 관련 연구가 진행되어야 하며, 개별 국가 단위의 연구와 조사를 넘어 국가와 국가를 넘어선 초국가적인 교역을 중심에 두고 연구가 진행되어야 할 것이다.

Political entities formed on the Korean Peninsula should have been active in trading with the outside world through marine routes, but most of the researches made on the subject so far have been limited to the trades between Korea and China, and Korea and Japan. Similarly, the studies on the history of cultural exchange in East Asia have also been largely focused on the political order and diplomatic relations on the continent. The studies on the political, economic and cultural relationship in East Asia conducted in this context tended to be limited to the interrelationship among Northeast Asian states, and rarely included Southeast Asian states. More specifically, most of these studies have been focused on the marine routes linking Korea, China and Japan, conflicts over maritime activities caused by pirates, and local maritime powers such as that led by Jang Bo-go, mostly by depending on old textual materials. It is necessary, therefore, for researchers to expand perspectives from the three Northeast Asian countries to Southeast Asia and India, and be able to convey a bigger picture of the history of cultural exchange between Korea and the outside world.

There have been quite a few historic shipwrecks discovered and salvaged, including the Sinan Shipwreck, providing important clues about interregional cultural exchange via maritime routes. Not only the seas around the Korean Peninsula but others around Indonesia, Vietnam and China produced valuable shipwrecks, increasing the necessity to expand our viewpoint with regard to the cultural exchange in the past via maritime routes.

The discovery and excavation of the Óc Eo site in Vietnam led to an interesting result that exchange activities in Southeast Asia were active even at the earliest phase of its history, effectively linking East and West via sea routes. Therefore, it would be appropriate in the Maritime Silk Road studies to link the sea routes around Northeast Asia with those around Southeast Asia.

Some old historical records help expand the relationship between Southeast Asia and the Korean Peninsula. According to these records, some of the special local products of Southeast Asia, incense products coveted among the Korean Buddhist followers in particular, sent to the Chinese imperial court as tributes were imported to the Korean Peninsula. The records show that there had been cultural and material exchanges between Southeast Asia, China and Korea even from the beginning of the Common era.

It is now generally accepted that a variety of trading items were transported through the maritime routes recorded in *The Records of the Three Kingdoms* (Sanguozhi) which linked some ports like Gimhae along the western and southern coasts of the Korean Peninsula with Tsushima, Iki and Fukuoka in Japan. These trading objects included bronze mirrors, coins and pottery originated from Han China, ironware from Korea and glass items of Southeast Asia, showing that the products of Southeast Asian countries were transported to Japan via the Korean Peninsula. These may not be significant clues but are enough to expand the relationship between the Korean Peninsula and Southeast Asia in the early phase of their history. It would be hard to think that the ships which left the Korean Peninsula in its early days traveled only to the southern coasts of China or Japan.

Because the ancient seafarers traveling to distant, foreign lands tended to make no records, it is very difficult to trace their activities for interregional cultural exchange. However, some old records that survived the passage of time, ships sunken with a wealth of precious goods, and archaeological sites, such as the Óc Eo site, guide researchers to expand their perspectives from the interrelationship between Northeast Asian countries to that between Northeast and Southeast Asian countries.

It is now high time for the historians studying the Maritime Silk Road to get out of the limited world view and focus more on the trading activities between distant countries rather than between the countries clustered in a narrow area.

참고문헌

사료

『康泰吳時外國傳輯註』(許雲樵 輯註, 東南亞研究所, 1971)

『南齊書』

『南海寄歸內法傳』

『宋書』

『隋書』

『梁書』

『晉書』

단행본

강석률, 『청소년을 위한 동양철학사』, 반석, 2009.

강희정 외, 『해상실크로드와 문명의 교류』, 사회평론아카데미, 2019.

국립중앙박물관, 『붉은 강의 새벽 : 베트남 고대문명전』, 국립중앙박물관, 2014.

권오영, 『해상 실크로드와 고대국가』, 세창출판사, 2019.

류경희, 『인도신화의 계보』, 살림출판사, 2003.

매리 하이듀즈, 『동남아의 역사와 문화』, 솔과학, 2012.

베르너 숄츠, 황선상 옮김, 『힌두교』, 예경, 2007.

부산박물관, 『베트남, 홍강에서 메콩강까지』, 부산박물관, 2010.

서규석, 『잊혀진 문명 참파』, 리북, 2013.

서울특별시편찬위원회, 『한성백제사4; 대외관계와 문물교류』, 서울특별시편찬위원회, 2008.

송정남, 『베트남 역사 탐구』, 한국외국어대학교 출판부, 2018.

양승윤 외, 『바다의 실크로드』, 청아출판사, 2003.

유인선, 『베트남의 역사 : 고대에서 현대까지』, 이산, 2018.

이인숙, 『한국의 고대유리』, 백산문화, 1993.

정수일, 『해상실크로드 사전』, 창비, 2013.

조지 미셸, 심재관 옮김, 『힌두 사원』, 대숲바람, 2010.

조흥국, 『한국과 동남아시아의 교류사』, 소나무, 2009.

최광식, 『실크로드와 한국문화』, 나남, 2013.

최병욱, 『동남아시아사』, 대한교과서, 2007.

한국베트남학회, 『베트남』, 한국외국어대학교 출판부, 2000.

한국사전연구사 편집부, 『미술대사전(용어편)』, 한국사전연구사, 1998.

Ban quản lý Di tích văn hóa Óc Eo, *Văn hóa Óc Eo di tích và di vật*: An Giang: Nhà Trưng bày Văn hóa Óc Eo, 2015.

Ban quản lý Di tích Văn hóa Óc Eo tỉnh An Giang, *Một Số Di Tích Lịch Văn hóa Óc Eo Tiêu Biểu ở An Giang*, An Giang: Nhà Trưng bày Văn hóa Óc Eo, 2017.

Ban quản lý Di tích Văn hóa Óc Eo tỉnh An Giang, *Gốm Cổ Óc Eo : Bí ẩn từ Lòng đất*, An Giang: Nhà Trưng bày Văn hóa Óc Eo, 2018.

石井米雄· 桜井由躬雄, 『東南アジア史』I, 山川出版社, 1999.

Guy, J., *Lost Kingdoms : Hindu-Buddhist sculpture of early Southeast Asia*, New York: The Metropolitan Museum of Art, 2014.

Heidi Tan ed. *Việt Nam: From Myth to Modernity*, Singapore: Asian Civilisations Museum, 2008.

J. C. C. Khoo, *Arts & Archaeology of Fu Nan: Pre-Khmer Kingdom of the Lower Mekong Valley*, Bangkok: Orchid Press, 2003.

Mitchiner, M., *Oriental Coins and their Values I : The World of Islam*, London: Hawkins, 1977.

Tingley, N. and Asian Society, *Arts of ancient Viet Nam : from river plain to open sea*, Houston: The Museum of Fine Arts, Houston, 2009.

Wicks, R. S., *Money, Markets, and Trade in Early Southeast Asia: The development of indigenous monetary systems to AD 1400*, Ithaca : Cornell University, 1992.

Malleret, L., *L'archéologie du Delta du Mékong*, Paris: École Française d'Extrême-Orient, 1959-1963.

논문

가종수,「동남아시아의 高床 家屋」,『한국의 고고학』Vol. 37, 2017, pp. 58-65.

강희정,「푸난 불교조각의 연원과 전개」,『미술사와 시각문화』Vol. 8, 2009, pp. 40-67.

강희정,「6세기 扶南과 山東의 사르나트 양식 불상 : 남방해로를 통한 인도 불교미술의 東博」,『중국사연구』Vol. 67, 2010, pp. 29-57.

강희정,「해상 실크로드와 불교물질문화의 교류」,『동아연구』Vol. 37-1, 2018, pp. 59-91.

권오영,「베트남 고대문화 연구의 필요성과 활용방안」,『베트남의 고대문화를 찾아서』, 2013, pp. 13-15.

권오영,「백제와 동남아의 교섭에 대한 검토」,『충청학과 충청문화』Vol. 19, 2014, pp. 201-219.

권오영,「동남아시아 고대국가의 수리시설과 수자원 관리체계」,『한국상고사학보』Vol. 92, 2016, pp. 5-33.

권오영,「한반도에 수입된 유리구슬의 변화과정과 경로 -초기철기~원삼국기를 중심으로-」,『호서고고학』Vol. 37, 2017, pp. 38-69.

권오영,「백제고분 출토 유리구슬의 화학조성을 통해 본 수입과 유통」,『고고학』Vol. 16-3, 중부고고학회, 2017, pp. 39-70.

김규호 · 윤지현 · 권오영 · 박준영 · Nguyen Thi Ha, 「베트남 옥 에오(Oc Eo) 유적 출토 유리구슬의 재질 및 특성 연구」, 『문화재』 Vol. 49-2, 국립문화재연구소, 2016, pp. 158-171.

김석우, 「六朝시기 해상 교역과 상업, 국가 재정」, 『동북아문화연구』 Vol. 46, 2016, pp. 235-270.

윤용구, 「『梁職貢圖』의 傳統과 摹本」, 『목간과 문자』 Vol. 9, 2012, pp. 125-168.

이도학, 「백제의 동남아시아 교류론은 망상인가?」, 『경주사학』 Vol. 30, 2009, pp. 63-89.

조윤재, 「고대 중국의 客館제도를 통해 본 백제객관 集雅館의 실제」, 『백제연구』 Vol. 57, 2013, pp. 17-51.

조흥국, 「고대 한반도와 동남아시아 및 인도의 해양교류에 관한 고찰」, 『해항도시문화교섭학』 Vol. 3, pp. 91-125.

주경미, 「고대 동남아시아의 귀걸이 전통과 그 영향」, 『美術史論壇』 Vol. 34, 한국미술연구소, 2012, pp. 187-214.

주경미, 「양 무제의 아육왕 전승 구현과 고대 동남아시아」, 『인문논총』 Vol. 67, 2012, pp. 3-47.

허진아, 「마한 원거리 위세품 교역과 사회정치적 의미 －석제 카넬리안 구슬을 중심으로-」, 『호서고고학』 Vol. 41, 2018, pp. 64-101.

Carter, A. K., "Trade, Exchange, and Sociopolitical Development in Iron Age (500 BC - AD 500) Mainland Southeast Asia: An Examination of Stone and Glass Beads from Cambodia and Thailand," University of Wisconsin-madison Ph.D.(Anthropology), 2013.

Cribb, J., "First Coin of Ancient Khmer Kingdom Discovered," *Numismatique Asiatique* No. 6, 2013, pp. 9-16.

Đặng Văn Thắng and Võ Văn Sen, "Recognition of Oc Eo Culture Relic in Thoai Son District, An Giang Province, Vietnam," *American Scientific Research Journal for Engineering, Technology, and Sciences* Vol. 36(1), 2017, pp. 271-293.

Demandt, M. H. S., "Early Gold Ornaments of Southeast Asia: Production, Trade, and Consumption," *Asian Perspectives*, Vol. 54(2), Honolulu: University of Hawai'i Press, 2016, pp. 305-330.

Francis Jr., P., "Glass Beads in Asia, Part I : Introduction," *Asian Perspectives*, Vol. 28(1), Honolulu: University of Hawai'i Press, 1990, pp. 1-21.

Gutman, P., "The Ancient Coinage of southeast Asia," *Journal of the Siam Society* Vol. 66, 1978, pp. 8-21.

Hall, K. R., "The "Indianization" of Funan: An Economic History of Southeast Asia's First State," *Journal of Southeast Asian Studies* Vol. 13(1), 1982, pp. 81-106.

Jacques, C., "'Funan', 'Zhenla'. The reality concealed by these Chinese views of Indochina" in R. B. Smith and W. Watson eds., *Early South East Asia: Essays in Archaeology, History, and Historical Geography*, New York: Oxford University Press,1979, pp. 371-379.

Jacques, C., "Funan: a major early Southeast Asian State" in *The Khmer Empire: Cities and Sanctuaries, Fifth to Thirteenth Century*, trans. by Tom White, Bangkok: River Books, 2007, pp. 43-66.

Lê Ngọc Thanh et al., "The Contribution of Geophysics to Archaeology: A Case Study of an Ancient Canal of the Oc Eo Culture in the Mekong Delta, Vietnam," *Geology, Geophysics & Environment* Vol. 45(1), 2019, pp. 45-56.

Lê Thị Liên, "Gold Plaques and Their Cultural Contexts in the Oc Eo Culture," *Bulletin of the Indo-Pacific Prehistory Association* Vol. 25, 2005, pp. 145-154.

Manguin, P-Y., "Trading ships of the South China Sea," *Journal of the Economic and Social history of the Orient* Vol. 36, 1993, pp. 253-280.

Nguyễn Thị Huỳnh Phượng, "Oc Eo Culture: A Case Study of Oc Eo Artifacts in Southern Vietnam," *Cần Thơ University Journal of Science* Vol. 3, 2016, pp. 133-142.

Stark, M. T., "From Funan to Angkor: Collapse and Regeneration in Ancient Cambodia" in *After Collapse: The Regeneration of Societies*, ed. by G. Schwartz, J. Nichols, Arizona: University of Arizona Press, 2006, pp. 144-167.

Vickery, M., "Funan reviewed: Deconstructing the Ancients," *Bulletin de l'Ecole Francaise d'Extreme Orient* XC-XCI, 2003-2004, pp. 101-143.

논고

DI SẢN VĂN HÓA ÓC EO MỘT THÀNH TỐ CỦA NỀN VĂN HÓA VIỆTNAM

옥 에오 문화 유산 – 베트남 문화의 구성 요소

ThS. Nguyễn Hữu Giềng
Giám đốc BQL Di tích văn hóa Óc Eo tỉnh An Giang;

CN. Phạm Văn Tùng
Chuyên viên BQL Di tích văn hóa Óc Eo tỉnh An Giang.

백제와 푸난扶南의 교섭

권오영 서울대학교 국사학과

옥 에오Óc Eo의 구슬 생산과 교역, 동아시아 교류네트워크

허진아 서울대학교 인문대학

해상 실크로드와 푸난Funan의 불교

황순일 동국대학교 불교학부

옥 에오Óc Eo의 고대 종교와 미술

강희정 서강대학교 동아연구소

DI SẢN VĂN HÓA ÓC EO MỘT THÀNH TỐ CỦA NỀN VĂN HÓA VIỆTNAM

ThS. Nguyễn Hữu Giềng
Giám đốc BQL Di tích văn hóa Óc Eo tỉnh An Giang;

CN. Phạm Văn Tùng
Chuyên viên BQL Di tích văn hóa Óc Eo tỉnh An Giang.

Ở Việt Nam cách đây khoảng trên dưới 4000 năm, từ cơ sở trình độ phát triển cao của kỹ thuật chế tác đá, cư dân trên khắp ba miền đất nước đã bắt đầu biết đến đồ đồng dưới dạng hợp kim (đồng thau). Cư dân của những nền văn hóa cổ này từng bước xây dựng và phát triển, làm chủ kỷ thuật sản xuất và môi trường sống đã tạo nên một nguồn lực nhất định cho xã hội.

Trên cơ sở nền tảng đó cùng những đặc điểm khác nhau về môi trường sinh sống, các lớp cư dân này đã phát triển xây dựng lên những nền văn minh cùng tồn tại tạo nên sự đa dạng phong phú trong không gian văn hóa Việt Nam. Ở miền Bắc trên lưu vực các con sông Hồng, sông Mã, sông Cả đã hình thành nên nền văn hóa Đông Sơn của người Việt cổ. Ở khu vực ven biển miền Trung từ Thừa Thiên – Huế đến Bình Thuận với nền văn hóa Sa Huỳnh đã phát triển lên nhà nước Champa sau này. Ở đồng bằng Nam Bộ, các lớp cư dân đầu tiên đã chinh phục khai phá, xây dựng phát triển nền văn hóa Óc Eo với sự ra đời của nhà nước Phù Nam.

1. Các nền văn hóa cổ ở miền Bắc và miền Trung Việt Nam

1.1. Văn hóa Đông Sơn ở miền Bắc

Văn hóa Đông Sơn là một nền văn hóa cổ được phân bố ở Bắc Bộ và Bắc Trung Bộ của Việt Nam trên lưu vực 03 con sông chính là sông Hồng ở đồng bằng Bắc bộ, sông Mã ở Thanh Hóa và sông Cả ở Nghệ An.

Văn hóa Đông Sơn được phát hiện lần đầu vào năm 1924 ở làng Đông Sơn (Thanh Hóa) bởi một nhà sưu tập đồ cổ người Pháp tên là L. Pajot, khi mua lại một số đồ đồng cổ của một nông dân ở Thanh Hóa nhặt được từ vụ sạt lở đất ở bờ sông. Sau đó, Viện Viễn Đông Bác Cổ (Pháp) đã thực hiện một cuộc khai quật ở khu vực này và đã đạt được nhiều kết quả quan trọng. Sự khám phá này đã khởi động cho các học giả Pháp và các nước trên thế giới vào cuộc, nghiên cứu tìm hiểu về một nền văn minh đồ đồng ở Bắc Việt Nam. Năm 1934, nhà học giả người Áo, R.Heine-Geldern đã đề nghị gọi nền văn hóa đồ đồng ở Việt nam là "văn hóa Đông Sơn". Từ đó về sau các nhà nghiên cứu về văn hoá đồ đồng ở Đông Nam Á và Nam Trung Quốc đã gọi chung nền văn hoá này là văn hóa Đông Sơn.

Tiếp nối sau năm 1954, các nhà khảo cổ học Việt Nam đã khám phá ra nhiều di tích quan trọng thuộc văn hóa Đông Sơn. Cho đến nay, 125 di tích đã được phát hiện ở các khu vực Sông Hồng, Sông Cả và Sông Mã, chưa kể đến các di tích thuộc thời kỳ Tiền Đông Sơn. Niên đại của văn hóa Đông Sơn được các học giả Việt Nam xác định tồn tại từ thế kỷ IX BC đến thế kỷ I AD.

Hiện vật tìm thấy trong các di chỉ của văn hóa Đông Sơn chủ yếu là đồ đồng, đồ gốm và thủy tinh. Trong đó, đồ đồng có số lượng nhiều nhất với nhiều loại hình khác nhau: vũ khí, công cụ lao động, dụng cụ sinh hoạt. Trong các đồ đồng của văn hóa Đông Sơn thì trống đồng là loại hình hiện vật đặc sắc nhất với đỉnh cao là trống đồng Ngọc Lũ thể hiện trình độ cao về nghệ thuật trang trí và kỷ thuật luyện kim. Qua kết quả khai quật và các tư liệu trên các đồ đồng, các học giả Việt Nam đã phác họa rõ nét đời sống vật chất và văn hóa tinh thần của người Đông Sơn cổ.

Sự giao lưu của văn hóa Đông Sơn với văn hóa Sa Huỳnh được thể hiện rõ nét qua các đồ thủy tinh và đặc biệt là sự phát hiện đồ thủy tinh trong các di chỉ Đông Sơn càng đậm đặc từ đồng bằng sông Hồng xuống phía Nam và nhiều nhất là ở Làng Vạc vùng sông Cả, Nghệ An. Kết quả phân tích một số xương sọ được tìm thấy ở các di tích như Núi Nấp, Quỳ Chử cho thấy người Đông Sơn cổ thuộc chủng tộc Indonesien có tập tục nhuộm răng đen, sống trên nhà sàn và di chuyển bằng thuyền bè. Hoạt động kinh tế chủ yếu của người Đông Sơn cổ là trồng lúa nước, làm thủ công và săn bắt thú, đánh bắt thủy hải sản.

Đến thế kỷ I AD, với sự phát triển của kỷ nghệ đồ sắt và bắt đầu công cuộc Hán hóa, văn hóa Đông Sơn bắt đầu sự suy tàn. Trong các di chỉ Đông Sơn muộn bên cạnh các hiện vật đồng của Đông Sơn thì các hiện vật của Tần - Hán cũng xuất hiện dày đặc.

1.2. Văn hóa Sa Huỳnh ở duyên hải miền Trung

Phát hiện đầu tiên về văn hóa Sa Huỳnh là vào năm 1909 của Trường Viễn Đông Bác cổ (Pháp) đã phát hiện một kho Chum, khoảng 200 chiếc trong một cồn cát ven vùng biển Sa Huỳnh (huyện Đức Phổ tỉnh Quảng Ngãi). Đến nay hàng trăm di tích của nền văn hóa này đã được tìm thấy khắp các tỉnh ven biển miền Trung từ Thừa Thiên – Huế đến Bình Thuận.

Văn hóa Sa Huỳnh phát triển từ sơ kỳ đồng thau đến sơ kỳ đồ sắt, từ khoảng 3500 năm đến những thế kỷ trước sau Công nguyên. Quá trình hội tụ những nguồn gốc khác nhau đã tiến tới giai đoạn phát triển cực thịnh của văn hóa này vào khoảng 2.500 – 2.000 năm cách ngày nay. Chủ nhân của văn hóa Sa Huỳnh có quan hệ cội nguồn với các văn hóa hậu kỳ đá mới – sơ kỳ đồng thau ven biển, được coi là những người Tiền Mã Lai - Đa đảo nói tiếng Nam Đảo hay Malayo – Polynesien.

Đặc trưng cơ bản của văn hóa Sa Huỳnh là táng thức mộ chum, vò suốt từ giai đoạn sớm đến muộn. Di tích phát hiện là những khu mộ táng rộng lớn gồm hàng chục, hàng trăm chum, vò gốm chôn đứng trong địa tầng. Loại hình chum, vò chủ yếu hình trụ, hình trứng, hình cầu đáy bằng có nắp đậy hình nón cụt hay hình lồng bàn. Trong chum/ vò chứa nhiều đồ tùy táng gồm các chất liệu đá, gốm, sắt, đá quý, thủy tinh rất đa dạng về loại hình: công cụ lao động, vũ khí, đồ dùng sinh hoạt, trang sức.

Cư dân văn hóa Sa Huỳnh có nền kinh tế đa dạng, gồm trồng trọt trên nương rẫy và khai thác sản phẩm rừng núi, trồng lúa ở đồng bằng, phát triển các nghề thủ công, đánh bắt cá ven biển và trao đổi buôn bán với những tộc người trong khu vực Đông Nam Á, Trung Quốc và Ấn Độ. Một số di tích văn hóa Sa Huỳnh ven biển đã có thể từng là những cảng thị như di tích Hội Xá ở Hội An (Quảng Nam). Mật độ phân bố và quy mô các di tích cho biết đó là những khu vực tụ cư đông đúc và lâu đời, một xã hội có nền sản xuất khá phát triển.

Đến khoảng trước sau thế kỷ thứ I, cư dân văn hóa Sa Huỳnh phát triển đến đỉnh cao trong thời đại sơ kỳ đồ sắt, tạo nên được những nền tảng cơ bản để hình thành các nhà nước đầu tiên ở khu vực duyên hải miền Trung Việt Nam. Nhà nước sơ khai đầu tiên được hình thành trên nền tảng của văn hóa Sa Huỳnh là Lâm Ấp và tiếp nối là các vương triều Champa. Trong nhiều di tích các nhà khảo cổ đã tìm thấy những mảnh gốm vừa mang đặc điểm của gốm Sa Huỳnh và cả đặc điểm của gốm Chămpa. Đây là nguồn tư liệu quan trọng để chứng minh con đường phát triển từ văn hóa Sa Huỳnh lên văn hóa Chămpa tại miền trung.

CÁC HIỆN VẬT VĂN HÓA ĐÔNG SƠN

동선Dong Son 문화 유물들

Hình 1a, 1b
Trống đồng Ngọc Lũ và thạp đồng Đào Thịnh
사진 1a. 응옥 루Ngoc Lu 청동북
사진 1b. 따오 티잉Dao Thinh 청동호리병

Hình 2
Mộ thuyền Việt Khê và các đồ tùy táng tiêu biểu
사진 2. 비엣 케Viet Khe 배 무덤 및 부장품

CÁC HIỆN VẬT VĂN HÓA SA HUỲNH

사후인Sa Huynh 문화 유물들

Hình 3
Mộ chum văn hóa Sa Huỳnh
사진3. 사후인 문화 화장 항아리

Hình 4
Bình gốm văn hóa Sa Huỳnh
사진4. 사후인 문화 도자기

Hình 5
Một số loại hình trang sức bằng thủy tinh của văn hóa Sa Huỳnh
사진 5. 사후인 문화의 유리 장신구

2. Văn hóa Óc Eo – Vương quốc cổ ở Nam bộ

2.1. Sự hình thành văn hóa Óc Eo ở Nam bộ

Văn hóa Óc Eo là tên gọi do nhà khảo cổ học người Pháp Louis Malleret đề nghị đặt cho di chỉ khảo cổ ở Ba Thê, hiện nay thuộc thị trấn Óc Eo, huyện Thoại Sơn, tỉnh An Giang và sau này nó đã trở thành danh xưng cho một nền văn hóa cổ từng tồn tại ở Nam Bộ (Việt Nam). Những di vật, phế tích và các giá trị văn hóa của văn hóa Óc Eo là thuộc nội hàm của một vương quốc cổ đại được nhắc đến trong các thư tịch cổ Trung Hoa - đó là Vương quốc Phù Nam.

Đồng bằng Nam bộ (Việt Nam) cách đây khoảng 4.000 năm, những nhóm cư dân ở đây đã bước vào thời đại kim khí. Trên cơ sở đưa kĩ thuật chế tác đá phát triển đến đỉnh cao, con người thời bấy giờ đã biết đến đồng thau và từng bước đưa nghề luyện kim đồng thau trở thành một ngành kinh tế sản xuất giữ vai trò quan trọng trong đời sống của họ. Chính điều đó đã tạo nên sự chuyển biến sâu sắc trong đời sống kinh tế - xã hội của con người. Đến khoảng thiên niên kỷ I BC, các cư dân cổ ở Nam Bộ đã tạo ra những tiền đề vật chất cần thiết để bước vào giai đoạn văn minh của nhà nước, văn minh Óc Eo – hình thành nên nhà nước Phù Nam. Một số di tích cư trú quan trọng đã được tìm thấy ở Nam bộ như Gò Cây Tung, Gò Tư Trăm (An Giang) đã thể hiện sự tồn tại liên tục và chuyển tiếp từ giai đoạn Tiền Óc Eo sang đến văn hóa Óc Eo.

Vương quốc Phù Nam tồn tại từ thế kỷ I - VII AD được nhắc đến trong các nguồn thư tịch cổ Trung Hoa, mà những giá trị vật chất của nó được hiểu và thể hiện qua những khám phá, nghiên cứu về văn hóa Óc Eo.

Cương vực lãnh thổ của Phù Nam, theo kết quả nghiên cứu của các nhà khảo cổ thì vương quốc Phù Nam vào thời kỳ cực thịnh, biên giới nước này về phía Bắc lên tới vùng Nam Trung Bộ (Việt Nam), phía Tây kiểm soát cả vùng thung lung sông Mê Nam (Thái Lan), phía Nam kéo dài tới phía Bắc bán đảo Mã Lai.

2.2. Đời sống vật chất của cư dân văn hóa Óc Eo

2.2.1. Đời sống sinh hoạt

Ăn uống: Qua các phát hiện khảo cổ học cho thấy cư dân văn hóa Óc Eo có nền kinh tế nông nghiệp trồng lúa nước rất phát triển. Trong các tàn tích của văn hóa Óc Eo còn tìm thấy rất nhiều các loại xương động vật và công cụ dùng để đánh bắt thủy hải sản.

Điều đó có thể cho thấy nguồn lương thực chính của người dân Óc Eo là gạo và thịt cá, họ chăn nuôi và đánh bắt được cùng với các loại rau củ đặc trưng của vùng khí hậu nhiệt đới ẩm.

Những phát hiện với số lượng lớn các loại bình đồ đựng bằng gốm với nhiều kích cỡ, kiểu dáng khác nhau được tìm thấy trong các di tích cho thấy sự chứa đựng, dữ trữ thực phẩm trong các loại dụng cụ này. Cư dân Óc Eo cổ đã dùng các loại đồ đựng này để dự trữ những nguồn thực phẩm của họ như gia vị, đồ khô, mắm và các loại hạt.

Trang phục: trong các di tích văn hóa Óc Eo thời kỳ sớm xuất hiện rất nhiều dọi xe sợi, với kiểu dáng khác nhau, chứng minh cho nghề dệt đã rất phát triển. Theo Nam Tề Thư, Lương Thư ghi lại rằng: "con trai nhà giàu cắt gấm thành từng tấm mà quấn ngang, người nghèo thì lấy vải bố che thân". Như vậy cho thấy, trong cách ăn mặc của cư dân Óc Eo đã có sự phân chia giàu nghèo rất rõ nét.

Nơi ở: Với một môi trường mang tính đặc thù là vùng đồng bằng thấp, sình lầy và nhiều tháng trong năm bị ngập nước, lại có hệ thống sông ngòi dày đặc. Nhà sàn là một loại kiến trúc ở phổ biến của người Óc Eo xưa, phù hợp với các điều kiện môi trường tự nhiên, được làm bằng vật liệu nhẹ, dựng trên hệ thống cọc gỗ.

Ở các vùng đồi núi và chân núi cao không bị ảnh hưởng bởi nước dâng, cư dân Óc Eo đã xây dựng ở đây những công trình kiến trúc lớn bằng gạch đá cho tầng lớp quý tộc và các đền đài tôn giáo. Ở các khu vực sinh sống có địa hình cao ở đồi núi, người Óc Eo xưa thường xây dựng những hồ hay bàu trữ nước thay cho các con kênh lạch. Những hồ nước này vừa để phục vụ cho đời sống sinh hoạt hàng ngày vừa để phục vụ cho các hoạt động nghi lễ tôn giáo trong các khu đền đài.

Một hình thức cư trú khác là trên các cánh đồng thấp trũng, cư dân văn hóa Óc Eo đã kỳ công đắp cao lên các gò đất rộng nhiều hécta. Trên đó, họ có thể xây dựng những ngôi nhà ở và các công trình tôn giáo khác. Sống trên các thuyền bè cũng là một hình thức cư trú phổ biến của cư dân Óc Eo.

Đi lại: với một điều kiện tự nhiên và hình thức phân bố không gian sinh sống như vậy, mối liên kết giữa các cư dân Óc Eo chủ yếu được sử dụng là thuyền bè, bởi hệ thống kênh rạch được kết nối với nhiều trung tâm khác nhau trên toàn vương quốc lại vừa dễ dàng vận chuyển hàng hóa.

2.2.2. Hoạt động kinh tế

Những phát hiện về văn minh vật chất ở các di tích, phế tích kiến trúc, hệ thống kênh rạch cổ cho thấy cư dân văn hóa Óc Eo ngày xưa tồn tại một nền kinh tế hết sức thịnh vượng. Kết quả của các cuộc khai quật khảo cổ học thu được vô số các loại đồ gia dụng, dụng cụ, các loại trang sức và nhiều loại hiện vật khác cho thấy tồn tại một hoạt động kinh tế đa dạng các ngành nghề. Trên cơ sở đó, có thể chia kinh tế của cư dân Óc Eo thành 03 loại hình kinh tế chính là: nông nghiệp, thủ công nghiệp và hoạt động thương mại.

a. Nông nghiệp

Tài liệu khảo cổ học đã cho chúng ta nhiều bằng chứng đáng tin nhất về nghề trồng lúa cổ của cư dân Óc Eo ngày xưa. Thời kỳ này, trong xã hội Óc Eo nghề trồng lúa rất có thể đã phát triển ở cả vùng cao lẫn vùng thấp. Điều này đã được các nhà nghiên cứu chứng minh qua việc tìm thấy trong tầng văn hóa khảo cổ, trên đồ gốm, gạch có rất nhiều dấu tích của vỏ trấu, lúa và cả hạt gạo trong các di tích thuộc văn hóa Óc Eo khắp các tỉnh miền Tây Nam Bộ cả vùng cao lẫn vùng thấp như di tích Giồng Cát, Óc Eo (Ba Thê), Gò Tháp, Nền Chùa (Kiên Giang).

Ngoài việc trồng lúa nước, cư dân Óc Eo còn trồng nhiều các loại cây khác như mía, hoa sen, hoa súng, hoa atisô, hoa cúc, hoa trang, hoa cẩm chướng...và các loại cây cho gia vị.

Nghề săn bắn và đánh bắt thủy hải sản chủ yếu để phục vụ cho đời sống hàng ngày. Có nhiều phát hiện các loại xương động vật hay xương cá trong các di tích cư trú hay tàn tích các đống tro bếp được khai quật và những dụng cụ dùng để đánh bắt thủy hải sản như chì lưới bằng gốm cho thấy một phần nào sự tồn tại của loại hình kinh tế này trong đời sống của cư dân Óc Eo.

b. Các nghề thủ công

Hoạt động thủ công là một ngành kinh tế rất đa dạng và phong phú của cư dân Óc Eo. Bởi lẽ hoạt động thủ công phục cho mọi mặt đời sống xã hội từ việc phục vụ cuộc sống hàng ngày cho đến các hoạt động tôn giáo và tạo ra các sản phẩm để phục vụ cho hoạt động thương mại.

Qua những di vật như các công cụ sản xuất, các loại sản phẩm, đồ trang sức cho thấy, trong thời đại Óc Eo, các ngành nghề thủ công đã rất đa dạng, phong phú như: nghề làm gốm, làm gạch, dệt, mộc, điêu khắc tạc tượng, luyện kim, kim hoàn, chế biến thuỷ tinh.

Nghề làm đất nung là một hoạt động thủ công nổi bật của cư dân Óc Eo. Đồ gốm là loại hình hiện vật được tìm thấy nhiều nhất trong các cuộc khai quật ở các di chỉ Óc Eo. Có thể nói, đồ gốm chiếm hữu phần lớn trong các dụng cụ sinh hoạt hàng của người Óc Eo từ những sản phẩm bình dân phục vụ cho cuộc sống như bếp lò, nồi nấu, bình đựng, chai lọ, chén bát cho đến những sản phẩm cao cấp sử dụng trong các hoạt động tế lễ thần linh.

Gạch ngói được sản xuất rất nhiều để phục vụ cho việc xây dựng các công trình đền đài của các quý tộc và các ngôi đền thờ thần linh nên các sản phẩm này được chế tác rất tinh xảo và đa dạng phong phú các chủng loại. Có nhiều kiểu diềm ngói và gạch được tạo tác hình ảnh của các vị thần trong Bà la môn giáo hay các đề tài Phật giáo.

Chế tác đá là một nghề thủ công truyền thống, vô cùng quan trọng trong đời sống của cư dân Óc Eo, đáp ứng nhu cầu của con người trong đời sống sản xuất vật chất cũng như đời sống tinh thần xã hội. Sản phẩm đá được tìm thấy trong các di chỉ thường chỉ gồm có các loại cối, chày, trục quay, lăn, bàn nghiền,trong đó, chày nghiền là phổ biến nhất. Nó được sử dụng trong việc nghiền các loại dược liệu (hạt, quả, củ) hoặc nghiền bột màu để tô vẽ các tượng. Ngoài ra đá được sử dụng nhiều trong các công trình xây dựng và tạc tượng.

Nghề dệt vải: Trong các cuộc khai quật ở các di chỉ Óc Eo phát hiện nhiều dấu vết vải trên các sản phẩm đồ gốm cũng như các dụng cụ dùng trong nghề dệt vải như các quả dọi se sợi và các dụng cụ dùng để dập hoa văn lên vải được làm bằng đất nung.

Nghề kim hoàn và chế tác đồ trang sức vô cùng phát triển, những sản phẩm kim hoàn và trang sức bằng vàng của người Phù Nam đạt đến một trình độ tinh xảo về kỹ thuật và nghệ thuật vô cùng đặc sắc khiến cho những người thợ kim hoàn ngày nay cũng phải thán phục khi chiêm ngưỡng các sản phẩm của người Phù Nam xưa.

Có nhiều chứng minh cho sự tồn tại và phát triển của nghề kim hoàn trong văn hóa Óc Eo khi phát hiện nhiều dụng cụ sử dụng trong luyện kim như nồi nấu kim loại, dụng cụ rót kim loại nóng chảy và khuôn đúc các đồ trang sức. Bên cạnh đó cũng phát hiện được rất nhiều các sản phẩm kim hoàn như lá vàng, nhẫn vàng, khuyên tai, vòng tay, tiền Phù Nam.

Đồ trang sức của người Phù Nam ngoài bằng vàng và bạc thì còn được chế tác bằng đá quý, thủy tinh, mã não, thạch anh với các sản phẩm điển hình như hạt chuỗi, mặt nhẫn. Trên các mặt nhẫn bằng thủy tinh, đá quý được khác các hình tượng của các vị thần Bàlamôn giáo và Phật giáo.

c. Thương nghiệp

Có thể nói thương mại là một hoạt động cốt lõi trong hệ thống kinh tế của Phù Nam. Qua nguồn tư liệu khảo cổ học, thư tịch cổ Trung Quốc cho thấy, vương quốc Phù Nam không chỉ giao thương, phát triển nền thương nghiệp trong nội địa mà còn có sự giao lưu, buôn bán rộng rãi với thế giới bên ngoài từ rất sớm, khoảng thế kỷ I - II SCN.

Vương quốc Phù Nam còn có một nền nông nghiệp khá phát triển đã vượt xa nền kinh tế tự cung tự cấp và đã chuyển sang nền kinh tế hàng hoá. Những hoạt động mua đi, bán lại các mặt hàng thiết yếu của cuộc sống như nước ngọt, muối, gạo, đường của cư dân Óc Eo có thể đã diễn ra rất nhộn nhịp thời bấy giờ.

Bên cạnh đó, các ngành sản xuất thủ công cũng đặc biệt phát triển với sự đa dạng của các sản phẩm. Các xưởng thủ công đạt đến trình độ chuyên môn hoá như nghề gốm, kim hoàn, điêu khắc và được sản xuất với số lượng lớn.

Lúc bấy giờ, cảng thị Óc Eo được coi như là kho chứa hàng quan trọng của các thương nhân, vừa là nơi dừng chân để bổ sung nguồn lương thực, thực phẩm cũng như các loại hàng hoá khác. Họ buôn bán, trao đổi với cư dân địa phương, tạo điều kiện cho nền thương nghiệp nội địa thêm phồn thịnh, sớm trở thành một trung tâm thương mại. Với một hệ thống kênh đào dày đặc, kết nối các thành phố lại với nhau đã khiến nền kinh tế thương mại càng trở nên thuận lợi.

Bên cạnh hoạt động trao đổi, buôn bán trong nội địa và cộng đồng cư dân láng giềng thì hoạt động kinh tế ngoại thương cũng phát triển từ rất sớm, hình thành nên các thương cảng ven biển và nhanh chóng phát triển thành một trung tâm thương mại quốc tế, có quan hệ rộng rãi với bên ngoài.

Lúc này, cảng thị Óc Eo là nơi thuận lợi cho việc buôn bán, là trạm dừng chân, nơi trung chuyển của đường buôn bán Đông - Tây nên việc giao thương của cư dân Óc Eo có nhiều thuận lợi; chủng loại và số lượng hàng hoá lưu thông ngày một lớn. Trong số các loại hàng hoá (tơ lụa, kim loại, đồ gốm, trang sức, đá quý, ngọc trai, gỗ, các loại gia vị, hương liệu) thì gia vị và hương liệu là mặt hàng được các thương nhân nước ngoài chú ý nhất, trở thành đối tượng giao thương trên toàn cầu. Các tàu thuyền của những thương nhân đã dừng chân nơi đây để tiếp tế lương thực, nước ngọt và mua những những sản phẩm rất được ưa chuộng của cư dân Óc Eo như xà cừ, đồi mồi, ngọc trai, san hô, mật ong, sáp ong, tổ yến đem bán sang thị trường các nước như Trung Quốc, Ấn Độ, một số nước Phương Tây và đến tận bờ biển tây Châu Phi.

Có nhiều hiện vật được các nhà khảo cổ học đã khai quật và thu nhặt được có nguồn gốc ngoại nhập trong các di tích văn hóa Óc Eo được đưa đến từ nhiều quốc gia khác nhau như: huy chương vàng chạm hình vua Antonin le Pieux, đồng tiền vàng chạm hình Maac Aurèle, mảnh gương đồng thời Hậu Hán, tượng Phật bằng đồng thời Bắc Nguỵ (Trung Hoa). Như vậy có thể thấy, thời kỳ này, chắc chắn cư dân Óc Eo đã có quan hệ giao thương với các nước như Ấn Độ, Trung Quốc và một số nước phương Tây.

Cùng với việc tìm thấy những hiện vật của nước ngoài tại các di tích Óc Eo, ngược lại, nhiều sản phẩm kiểu Óc Eo cũng được phát hiện ở nhiều nơi trên thế giới như những đồng tiền Phù Nam được phát hiện ở nhiều di tích ven vịnh Thái Lan, bán đảo Mã Lai, Myanma, xa hơn là Ba Tư và vùng Địa Trung Hải. Qua đó cho thấy, cả một dòng thương nghiệp nối liền Óc Eo với Ấn Độ Dương bằng đường biển thông qua vịnh Thái Lan và có thể cả đường bộ theo đường nội địa.

2.3. Đời sống văn hóa của cư dân văn hóa Óc Eo

2.3.1. Phong tục tập quán

Cư dân Óc Eo nằm trong cơ tầng văn hóa Đông Nam Á, đối với cư dân nơi đây, tục lệ ma chay rất quan trọng trong đời sống của họ. Theo Lương thư về tục ma chay của người Phù Nam: "tục chôn cất người chết ở Phù Nam có 4 cách: thuỷ táng (thả thi thể xuống sông), hoả táng (thiêu xác), địa táng (chôn thi hài), điểu táng (để thi thể ngoài trời cho chim rỉa xác)".

Óc Eo là nơi chịu ảnh hưởng sâu đậm bởi văn hóa Ấn Độ, trong đó, tục hoả táng được coi là hình thức mai táng phổ biến trong cư dân Óc Eo. Những ngôi mộ hỏa táng không phải là những công trình kiến trúc dành cho toàn bộ các tầng lớp nhân dân. Chỉ những người giàu có đủ điều kiện mới xây dựng được cho người thân của mình những ngôi mộ như thế này. Còn những người bình dân thuộc tầng lớp dưới của xã hội thì hình thức mai táng của họ thường là lấy tro cốt của người chết bỏ vào hủ gốm chôn xuống đất hoặc rãi tro cốt xuống dòng sông.

Một hình thức mai táng khác cũng thường được sử dụng trong tầng lớp bình dân là địa táng. Một số phát hiện về những ngôi mộ huyệt đất được tìm thấy ở Ba Thê và Gò Tháp (Đồng Tháp) ở nhiều thời kỳ khác nhau chứng minh cho sự tồn tại của loại hình mai táng này từ giai đoạn sớm cho đến mãi về sau của cộng đồng cư dân Óc Eo.

2.3.2. Tôn giáo tín ngưỡng

Trong tín ngưỡng tôn giáo của cư dân Óc Eo, Bà la môn giáo và Phật giáo là 02 tôn giáo chính được chúng dân và đa số xã hội tôn thờ. Trong tôn giáo Bàlamôn, có 03 vị thần tối cao được tôn thờ tuyệt đối là: thần Shiva, thần Visnu và thần Brahma. Ngoài 03 vị thần tối cao này thì cư dân Phù Nam cũng tôn thờ nhiều vị thần khác trong Bà la môn giáo như: Nandin, Garuda, Hari Hara, Suria, Ganensa,

Đạo Bàlamôn là một trong những tôn giáo lớn nhất, xuất phát từ Ấn Độ theo con đường thương mại du nhập vào Phù Nam và nhiều nước khác ở Đông Nam Á. Các vua Phù Nam mời nhiều tu sĩ Bàlamôn ở Ấn Độ sang truyền bá đạo và tặng nhiều quyền lợi, chức tước.

Cùng với Bàlamôn giáo, Phật giáo có mặt ở Phù Nam từ rất sớm vào khoảng thế kỷ II AD và phát triển một cách mạnh mẽ. Các tư liệu khảo cổ học cho thấy, Phật giáo đã có mặt ở nhiều nơi khắp các vùng trong vương quốc Phù Nam với việc tìm thấy nhiều tượng Phật bằng gỗ, bằng đá với những kiểu dáng và kích thước khác nhau. Tượng có niên đại từ thế kỷ II đến thế kỷ VII. Trong đó, tượng Phật bằng gỗ được tìm thấy nhiều nhất và xuất hiện khá sớm so với các loại tượng khác (cả Phật giáo và Hindu giáo). Tượng Phật bằng gỗ tìm thấy chủ yếu trong các di tích Óc Eo ở vùng đồng bằng thấp miền tây sông Hậu và vùng trũng Đồng Tháp Mười. Các pho tượng phát hiện ở Óc Eo (An Giang), Gò Tháp (Đồng Tháp) và Mỹ Thạnh Đông (Long An) được giám định là có niên đại sớm nhất, khoảng thế kỷ II - IV AD. Phật giáo tiếp tục phát triển mạnh mẽ đến thế kỷ VIII AD và đến thế kỷ IX - X hầu như là biến mất, trong khi Hindu giáo vẫn tiếp tục phát triển.

2.3.3. Nghệ thuật, giải trí

Các hiện vật được tìm thấy trong các di chỉ Óc Eo đã phản ảnh được một trình độ nghệ thuật hết sức độc đáo của cư dân Óc Eo. Trong đó, nổi bật nhất là nghệ thuật trang trí trên các đồ trang sức, đồ gốm, điêu khắc và nghệ thuật tạc tượng. Nội dung thường xoay quanh các chủ đề tôn giáo mà ý tưởng được kết hợp bởi truyền thống văn hóa bản địa và những yếu tố văn hóa được du nhập từ bên ngoài đã tạo nên một nền nghệ thuật hết sức đặc sắc.

Trong các di chỉ kiến trúc mộ táng và kiến trúc tôn giáo ở Óc Eo đã tìm thấy rất nhiều các mảnh vàng được trang trí các họa tiết được dập hoặc khắc ấn chìm vô cùng tinh xảo. Nội dung luôn xoay quanh các đề tài Hindu giáo và Phật giáo như hình ảnh các vị thần, Đức Phật, hoa sen.

Các đồ trang sức cũng phản ảnh một trình độ nghệ thuật hết sức độc đáo của cư dân văn hóa Óc Eo. Đồ trang sức không chỉ dùng cho việc làm đẹp cho con người mà còn được dùng tùy táng cho người chết và trang trí cho các bức tượng thần. Đồ trang sức chế tác phong phú với nhiều chủng loại khác nhau. Trong các di chỉ ở Óc Eo tìm thấy nhiều chiếc nhẫn vàng có mặt hình bò thần Nandin, các mặt nhẫn bằng đá quý chạm khắc hình ảnh các vị thần hay Đức Phật.

Điêu khắc, tạc tượng cũng là một hoạt động thể hiện trình độ nghệ thuật của cư dân văn hóa Óc Eo. Người Óc Eo chủ yếu tạc tượng Đức Phật và các vị thần trong Hindu giáo với các chất liệu như đá, gỗ và đất nung.

Các tượng Phật được tìm thấy trong các di chỉ văn hóa Óc Eo đa phần là tượng gỗ và đã thể hiện một trình độ nghệ thuật phát triển cực cao của cư dân Óc Eo cổ. Vốn chịu ảnh hưởng của văn hóa Ấn Độ nên các bức tượng Phật bằng gỗ của Óc Eo thường mang các phong cách nghệ thuật Amavarati và Daravavati. Các nghệ nhân của Óc Eo có thể đã học hỏi các kỷ thuật điêu khắc từ Ấn Độ để tạo nên các bức tượng Phật mang dáng dấp, đặc điểm cho phù hợp với văn hóa của cư dân bản địa. Các tượng Phật bằng gỗ thường trong tư thế đứng, dáng đứng lệch hông mềm mại, khuôn mặt hình trái xoan vẻ hiền từ.

Các tượng thần Hindu giáo vẫn chiếm số lượng lớn trong các di chỉ Óc Eo đã khẳng định vị thế của tôn giáo này trong tín ngưỡng của cư dân văn hóa Óc Eo. Những bừng tượng thần Hindu giáo của cư dân văn hóa Óc Eo đã phản ánh một nền nghệ thuật đạt đến đỉnh cao của nghệ thuật cổ đại, đồng thời là sự kết tinh giữa nghệ thuật và tín ngưỡng tôn giáo đạt đến sự hoàn thiện về mặt mỹ thuật, để lại một dấu ấn sâu sắc cho đến ngày nay.

Ca múa là một loại hình nghệ thuật hết sức quan trọng trong xã hội văn hóa Óc Eo. Ở trong các di chỉ Óc Eo đã tìm thấy nhiều hiện vật chứng minh cho sự tồn tại của các nhạc cụ của người Óc Eo. Một chiếc kèn nhỏ được tìm thấy trong di tích Nhơn Thành (Cần Thơ). Trên một mảnh gốm tìm thấy ở Kiên Giang đã họa lại cảnh hai người phụ nữ đeo nhiều đồ trang sức đang chơi một loại nhạc cụ. Một trong các lá vàng được tìm thấy trong mộ cổ ở Đá Nổi có chạm hình một cây đàn vina. Các loại nhạc cụ như xập xõa, lục lạc bằng đồng cũng được tìm thấy trong di chỉ ở Óc Eo - Ba Thê.

Như vậy cho thấy, thời kỳ này, âm nhạc có thể đã rất phát triển. Có thể âm nhạc trở thành một môn nghệ thuật đặc biệt, dành cho giới quý tộc và để dâng lên các vị thần linh trong những lúc tế lễ.

Trong tư liệu cổ Trung Hoa, Nam Tề thư có nói đến việc người Óc Eo rất thích các trò đấu lợn, chọi gà. Trong các di chỉ Óc Eo còn khai quật được một số hiện vật vốn là các đồ chơi dùng để giải trí như quân cờ Ấn Độ, xúc xắc hay là các viên bi gốm và các mãnh vỡ gốm bị vỡ đường ghè tròn lại vốn là các trò chơi của trẻ em.

2.4. Sự suy tàn của vương quốc Phù Nam

Vương quốc Phù Nam phát triển rực rỡ từ thế kỷ I - VI AD. Đến cuối thế kỷ thứ VI, Phù Nam bị suy yếu dần và bị Chân Lập – vốn là một thuộc quốc của Phù Nam tấn công và xâm chiếm. Sự kiện cuối cùng chấm dứt cai trị của các vương triều Phù Nam là đến đầu thế kỷ thứ VII, thành trì Na Phất Na (có thể là vùng đô thị Óc Eo – Ba Thê ngày nay) cuối cùng sau một thời gian cầm cự cũng bị thất thủ. Người Chân Lạp xâm chiếm Phù Nam nhưng cũng vừa không đủ tiềm lực, vừa không quen tập quán sông nước để cai trị lâu dài vùng đất này, buộc phải trao quyền cai quản cho các quý tộc Phù Nam. Cộng đồng cư dân Phù Nam tiếp tục tồn tại đến thế kỷ XII dưới triều Chân Lạp, rồi biến mất hoàn toàn để lại một vùng đồng bằng Nam Bộ rộng lớn, hoang sơ.

Tổng hợp nhiều kết quả nghiên cứu, có thể thấy Phù Nam bị suy yếu dẫn đến bị tiêu diệt là do những nguyên nhân sau.

- Mô hình tổ chức của vương quốc Phù Nam chủ yếu dựa trên mối quan hệ thần phục giữa các nước nhỏ đối với một nước lớn. Do mối quan hệ thần phục lỏng lẻo nên mỗi khi các nước khác lớn mạnh lên thì dễ sinh ra mẫu thuẫn dẫn đến sự xung đột về lợi ích và quyền cai trị;

- Từ thế kỷ I – V, cảng thị Óc Eo đóng một vai trò quan trọng trong nền mậu dịch đối ngoại của vương quốc Phù Nam và là một cảng thị trung chuyển của các đoàn thuyền buôn từ các nước phương Tây như Ấn Độ, Ảrập, La Mã và các nước phương Đông như Trung Hoa, Nhật Bản, các đảo quốc Đông Nam Á buôn bán với nhau nên đã mang về cho vương quốc một nguồn lợi nhuận rất lớn. Đến đầu thế kỷ VI, với kỷ thuật hàng hải phát triển, các đoàn thuyền buôn bắt đầu từ bỏ hải trình qua eo Kra lối tiến vào thành phố Óc Eo; mà chuyển xuống qua eo biển Malacaca và Sunda rồi tiến thẳng lên các thành phố phía Bắc. Cảng thị Óc Eo dần đánh mất vị thế và vai trò, khiến cho kinh tế của vương quốc ngày càng khó khăn, suy kiệt.

- Theo các nhà địa chất, đợt biển tiến Holocene IV bắt đầu từ thế kỷ IV và đạt đỉnh điểm vào cuối của thế kỷ VI khiến cho môi trường ở vùng đồng bằng Nam

Bộ thay đổi, ảnh hưởng đến địa bàn cư trú và sản xuất nông nghiệp của người dân Phù Nam. Điều này đã tác động rất lớn đến sự tồn vong của vương quốc Phù Nam.

3. Kết luận

Văn hóa Óc Eo là một trong 3 nền văn hóa cổ xưa trên lãnh thổ Việt Nam, còn để lại những tàn tích, di vật có giá trị to lớn trong việc bảo tồn và phát huy bản sắc văn hóa Việt Nam. Tuy phân bố ở các vùng khác nhau nhưng cả 3 nền văn hóa đều có những nét tương đồng về tính bản địa và những mối liên hệ trong một không gian chung nhất định. Thành tựu nghiên cứu của các nhà khảo cổ học Việt Nam cho thấy cả ba nền văn hóa Đông Sơn, Sa Huỳnh, Óc Eo đều hình thành và phát triển trên nền tảng của các cư dân bản địa sinh sống trên lãnh thổ Việt Nam từ thời đại đá mới, sang đồng thau và hình thành nên các nền văn minh ở thời kỳ sơ kỳ đồ sắt.

Thời kỳ Tiền Đông Sơn trải qua 3 giai đoạn văn hóa: Phùng Nguyên - Đồng Đậu - Gò Mun. Văn hóa Sa Huỳnh với giai đoạn đỉnh cao là "Sa Huỳnh cổ điển" vào sơ kỳ đồ sắt là kết quả hội tụ sự phát triển của từng khu vực trong các giai đoạn thuộc thời Đồng thau trước đó (khoảng 1.500 – 500 trước công nguyên) với các di tích Bàu Trám (Quảng Nam), Long Thạnh (Quảng Ngãi), Xóm Cồn (Khánh Hòa)... Ngoài ra những phát hiện khảo cổ học ở Tây Nguyên cũng góp phần chứng minh cho sự phát triển "văn hóa đa tuyến" ở khu vực miền Trung: văn hóa Biển Hồ (Gia Lai), Lung Leng (Kon Tum), những di tích ở Đăk Lăk, Đăk Nông... Văn hóa Óc Eo được hình thành và phát triển từ các lớp cư dân sinh sống ở Nam Bộ thời đại đồ đồng, với các di tích Tiền Óc Eo được phát hiện như Gò Cây Tung (An Giang), Gò Cao Su, Gò Ô Chùa (Long An), Giồng Cá Vồ, Giồng Phệt (Cần Giờ- TP.HCM).

Các dấu vết cọc gỗ nhà sàn trong các di tích văn hóa Óc Eo và hình ảnh nhà sàn trên các hoa văn trống đồng Đông Sơn, cho thấy những nét tương đồng trong hình thức cư trú của các cư dân. Lối di chuyển chủ yếu bằng thuyền bè gắn liền với cuộc sống trên sông nước là một yếu tố bản địa sâu sắc được thể hiện rõ rệt trong đời sống của các lớp cư dân cổ ở Việt Nam. Một số phát hiện trong các di tích ở cả ba nền văn hóa cho thấy có mối liên hệ giữa các cộng đồng dân cư thời bấy giờ. Trống đồng là một sản phẩm đặc thù của văn hóa Đông Sơn được tìm thấy nhiều trong các di tích tiền sơ sử ở miền Trung và Nam bộ như Phước Tra (Quảng Nam), Sơn Tịnh (Quảng Ngãi), Vĩnh Thạnh (Bình Định), Phú Chánh (Bình Dương), Giồng Phệt (TP. HCM), An Thụy (Bến Tre), Lại Sơn (Kiên Giang). Kỹ thuật sản xuất đồ thủy tinh có sự tương đồng khi các loại trang sức bằng thủy tinh của Sa Huỳnh rất giống với đồ trang sức của cư dân văn hóa Óc Eo – Nam bộ. Các loại trang sức điển hình của văn hóa Sa Huỳnh cũng được tìm thấy trong các di tích của Đông Sơn và Óc Eo như khuyên tai hai đầu thú, khuyên tai có mấu...

Trong một số di tích của văn hóa Sa Huỳnh như Hòa Diêm (Khánh Hòa) có những nét tương đồng với táng thức mộ chum của các di tích Tiền Óc Eo như Giồng Cá Vồ (TP.HCM). Các hiện vật gốm trong văn hóa Óc Eo có những nét tương đồng với đồ gốm văn hóa Sa Huỳnh và Đông Sơn với những hoa văn mang tính bản địa như văn thừng, khắc vạch, hoa văn quả trám, sóng nước kể cả hình thức và kiểu dáng. Những di tích của 3 nền văn hóa Đông Sơn, Sa Huỳnh, Óc Eo hiện nay phân bố ở ba miền đất nước với rất nhiều hiện vật được khai quật và trưng bày. Những di tích, di vật này có giá trị vô cùng to lớn về văn hóa, lịch sử thể hiện một giai đoạn hình thành và xây dựng tạo lập nên những nền văn hóa cổ tạo nên sự đa dạng, phong phú và làm giàu thêm bản sắc văn hóa Việt Nam.

Hình 6
Khai quật di tích Gò Cây Thị năm 1944
사진 6. 1944년 꺼캐이티 유적지 발굴 사진

Hình 7
Khai quật di tích Gò Cây Thị năm 1998
사진 7. 1998년 꺼캐이티 유적지 발굴 사진

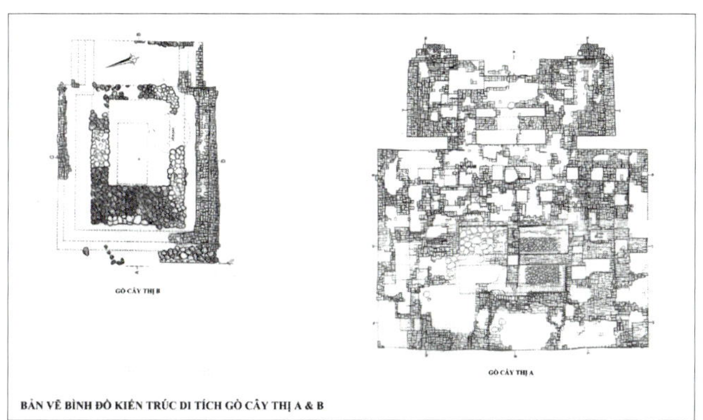

Hình 8
Bản vẽ bình đồ di tích Gò Cây Thị
사진 8. 꺼캐이티 유적지 평면도

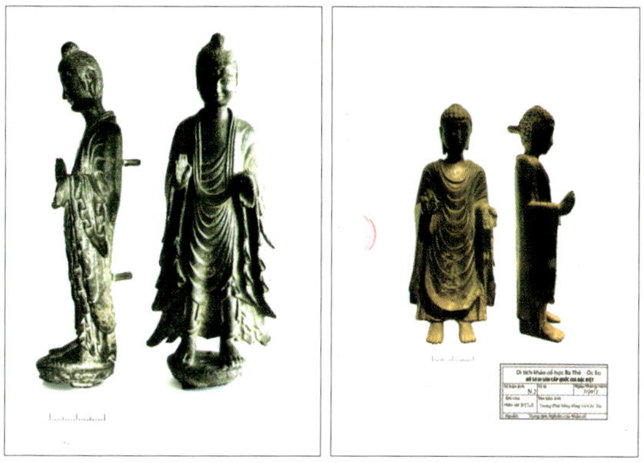

Hình 9a, 9b
Hai tượng Phật tìm thấy tại di tích Gò Cây Thị
사진 9a, 9b. 꺼캐이티 유적지 출토의 불상

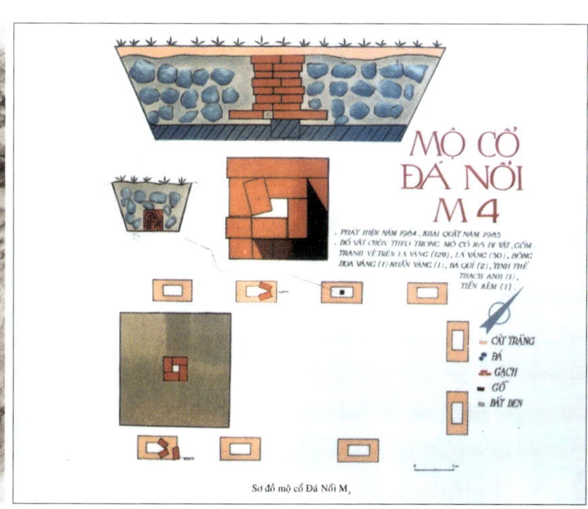

Hình 10a, 10b
Hình ảnh mộ cổ và bản vẽ di tích mộ cổ Đá Nổi (An Giang)
사진 10a, 10b. 다노이(안장) 유적 쉐마 기둥 및 평면도

Hình 11
Các hiện vật vàng trong di tích mộ cổ Đá Nổi
사진 11. 다노이 쉐마 기둥에서 발견된 금판

Hình 12
Hiện vật vàng trong di tích mộ cổ Đá Nổi
사진 12. 다노이 쉐마 기둥에서 발견된 금판

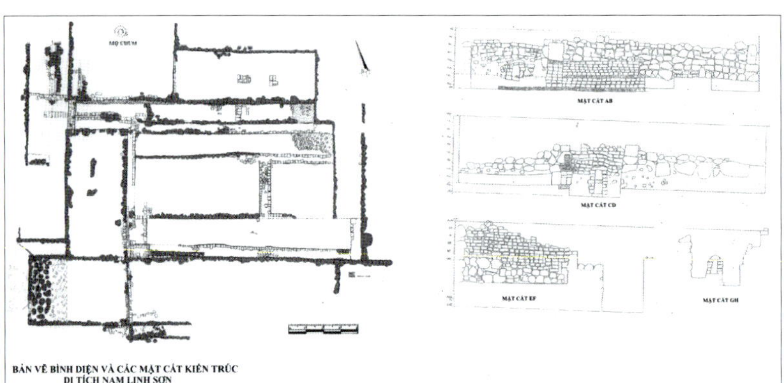

Hình 13a, 13b
Hình ảnh và bản vẽ di tích Nam Linh Sơn
사진 13a, 13b. 남링선 유적지 사진 및 평면도

Hình 14
Một phần hệ thống cống thoát nước ở di tích Nam Linh Sơn
사진 14. 남링선 유적지 배수구 시스템의 일부

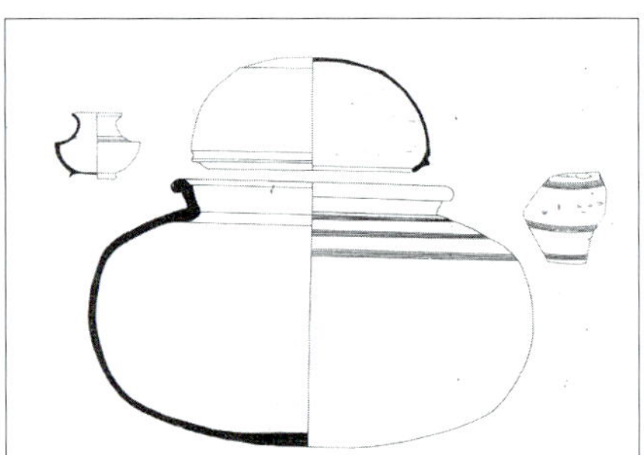

Hình 15a, 15b
Hình ảnh và bản vẽ mộ chum tìm thấy trong di tích Nam Linh Sơ
사진 15a, 15b. 남링선 유적지 출토의 화장 항아리 사진 및 도면

Hình 16
Một số tượng thần và Phật tiêu biểu của văn hóa Óc Eo
사진 16. 옥에오 문화의 대표 신상 및 불상

Hình 17
Một số hiện vật tiêu biểu của văn hóa Óc Eo.
사진 17. 옥에오 문화의 대표 유물

TÀI LIỆU THAM KHẢO

BQL Di tích văn hóa Óc Eo (2015), Một số di tích văn hóa Óc Eo tiêu biểu ở tỉnh An Giang. Công ty TNHH in Thanh Ngân, An Giang.

Ban quản lý khu di tích Gò Tháp (2014), Gò Tháp – di tích quốc gia đặc biệt, NXB văn hóa văn nghệ.

Châu Đạt Quan (1296 - 1297), Chân Lạp phong thổ ký. (bản dịch Lê Hương, 1973).

Chử Văn Tần - Về văn hoá Sa Huỳnh, Khảo cổ học, 1/1978, trang 52-60.

Đào Linh Côn (2009), "Niên đại khu di tích Óc Eo - Ba Thê", Tài liệu Hội thảo về Di tích Óc Eo- Ba Thê - An Giang.

Đào Linh Côn (1995), Mộ táng trong văn hóa Óc Eo, Luận án Tiến Sĩ, Viện KHXHTPHCM.

Đào Linh Côn, Lê Xuân Diệm (2010), Giá trị văn hóa Óc Eo ở miền Tây Nam Bộ (qua tư liệu hiện có), Đề tài khoa học cấp bộ, TP Hồ Chí Minh

Hoàng Xuân Chinh (2009). Các nền văn hóa cổ ở Việt Nam. NXB Văn hóa Thông tin, Hà Nội.

Huỳnh Công Bá (2008), Lịch sử văn hóa Việt Nam, NXB Thuận hoá.

Hội KHLSVN (2004), Văn hóa Óc Eo và vương quốc Phù Nam, NXB Thế giới.

Hà Văn Tấn chủ biên - Văn hóa Đông Sơn ở Việt Nam, Viện khảo cổ học, Nxb Khoa học xã hội, Hà Nội, 1994

Hà Văn Tấn (1998), Theo dấu các văn hóa cổ, NXBKHXH.

Hà Văn Tấn (2002), Khảo Cổ Học Việt nam (tập 3 – kch Lịch sử VN).

Hoàng Xuân Chinh (2005), Các nền văn hóa cổ ở Việt Nam, NXB Lao Động.

Hán Văn Khẩn (2008), Cơ sở khảo cổ học, NXB Đại học Quốc gia Hà Nội.

Hội khoa học Lịch sử Việt Nam (2008), "Văn hóa Óc Eo và vương quốc Phù Nam", Kỷ yếu Hội thảo khoa học nhân 60 năm phát hiện văn hóa Óc Eo (19442004), Nxb Thế giới.

Louis Malleret (3tập), Khảo cổ học Đồng bằng Sông Cửu Long, Bảo tàng Lịch sử VN (bản dịch).

Lê Xuân Diệm, Đào Linh Côn, Võ Sỹ Khải (1995), Văn hóa Óc Eo những khám phá mới, NXBKHXH.

Lê Thị Liên (2005), Nghệ thuật Phật giáo và Hindu giáo ở ĐBSCL trước thế kỷ X, NXB Thế Giới.

Lương Ninh (2006), Nước Phù Nam, NXB Đại học Quốc gia TP. Hồ Chí Minh.

Lâm Thị Mỹ Dung (2008), Tạp chí Khoa học ĐHQGHN, Khoa học Xã hội và Nhân văn, 18-32.

Nguyễn Kim Dung, Văn hoá Sa Huỳnh với mạng thương mại thời cổ, Bài tham gia hội thảo đề tài NCKH cấp Bộ "Tiếp xúc và giao lưu trong văn hoá Sa Huỳnh", Viện Khảo cổ học, Hà Nội, 2007.

Nguyễn Quang Ngọc (Chủ biên), 2007. Tiến trình lịch sử Việt Nam. NXB Giáo dục, Hà Nội.

Nguyễn Công Bình, Lê Xuân Diệm, Mạc Đường (1990), Văn hóa và cư dân ĐBSCL, NXB Khoa học Xã hội, Hà Nội.

Phạm Đức Mạnh - Lịch sử nghiên cứu khảo cổ học thời tiền sử Đông Nam Bộ, Tạp chí Khoa học Xã hội, Tp. HCM, 13 (III/92), 1992, trang 47-52

옥에오 문화 유산
베트남 문화의 구성 요소

Nguyen Huu Gieng　옥에오문화유적관리위원회 위원장
Pham Van Tung　옥에오문화유적관리위원회 학예연구사

약 4,000년 전, 베트남 북부 · 중부 · 남부의 사람들은 높은 수준의 석재 가공 기술을 보유하고 있었으며, 청동 형태의 놋쇠를 사용하기 시작했다. 고대 시대에 이 지역의 주민들은 생산 기술을 습득하고 생활환경에 적응함과 동시에 사회 자원을 점차 구축하고 개발하기 시작하였다.

이를 바탕으로 이 지역의 주민들은 문명을 공유하고 발전시켜 베트남 지역에 다양한 문화를 창출하였다. 북부의 홍강sông Hồng과 마강sông Mã 및 까강Ca River유역에서는 고대 베트남인들의 동선Đông Sơn 문화가 형성되었다. 투아 티엔-후에Thua Thien-Hue 지역에서 빙투언Binh Thuan 지역에 걸친 중부 연안 유역에서는 사후인Sa Huynh 문화가 발전되어 이후 참파왕국의 수립으로 이어졌다. 남부 삼각주 유역에서는 이 지역을 정복하여 개척한 최초의 주민들이 옥에오Óc Eo 문화를 구축하고 개발하여 푸난Funan 왕국을 수립했다.

1. 베트남 북부 및 중부지역의 고대문화

1.1. 북부 베트남의 동손문화

동선 문화는 베트남의 북부와 중북부에 있는 홍강유역의 북부델타와 마강유역의 탄호아Thanh Hoa 지역 및 까강 유역의 응에안Nghe An 지역 등 세 개의 주요 강 유역에 분포한 고대문화이다.

동선 문화는 탄호아지역 내 동선 마을의 무너진 강둑에서 고대 청동유물을 습득한 어느 농부로부터 그 유물을 구입한 프랑스의 고대 유물 수집가인 L. Pajot에 의해 1924년 처음 발견되었다. 이후 이 지역을 프랑스 국립극동학원École Française d'Extrême-Orient이 발굴하면서 여러 중요한 업적이 이루어지게 되었다. 이러한 발견을 통해 프랑스 및 전 세계의 여타 국가들의 학자들은 북부 베트남의 청동기문명에 관한 연구 · 조사를 시작하였다. 1934년에는 오스트리아 학자인 R. Haine-Geldern이 베트남 청동기문명을 "동선 문화"라고 부르자고 제안했다. 이때부터 동남아시아와 중국 남부의 청동기문화 연구원들도 이 문화를 동선 문화라고 부르게 되었다.

1954년부터는 베트남 고고학자들이 동선 문화에 속하는 많은 유물들을 발견하기 시작했다. 지금까지 홍강, 까강 및 마강 유역에서는 125점의 동선 문화 유물들뿐만 아니라 동선 문화 이전의 유물들도 다수 발견되었다. 베트남 학자들은 동선 문화기가 기원전 9세기부터 기원후 1세기까지 존재했다고 확정했다.

동선 문화 유적에서는 주로 청동, 도자기 및 유리 등이 발견되었으며, 이 중 가장 많이 발견된 유물은 청동으로, 무기와 노동 기구 및 집기 등 그 종류가 매우 다양하다. 동선 문화에 속하는 청동유물 중 가장 독특한 것은 동선고(청동북)인데, 그 중 응옥 루Ngoc Lu 동선고 같은 유물은 뛰어난 장식예술과 금속가공기술을 보여주는 걸작이다. 발굴작업과 청동 유물들에 대한 연구를 통해 베트남 학자들은 고대 동선 주민들의 물질세계와 정신문화를 생생하게 그려 내었다.

동선 문화가 사후인 문화에 영향을 미쳤다는 점은 유리제품들의 분포를 보면 뚜렷이 알 수 있다. 유리제품은 동선 유적지 중에서도 홍강에서 남쪽으로 갈수록 점점 더 많이 발견되다가 까강 유역의 응에안 지역 내 박마을Vac Village에서 정점에 이른다. 랍 산Lap Mountain과 꾸이 저우Quy Chu와 같은 기념비에서 발견된 일부 두개골 뼈의 분석결과에 따르면, 고대 동선 사람들은 이빨을 검은색으로 염색하고 바닥이 높은 집에 살며 배를 타고 이동하는 관습이 있었던 인도네시아 종족에 속했다. 고대 동선 사람들의 주요 경제활동은 습식 쌀 재배, 수공예품 생산, 수렵 및 어업이었다.

기원 후 1세기에 철 산업의 발전과 더불어 한족화가 시작됨에 따라 동선 문화는 쇠퇴하기 시작했다. 동선 문화 후반기의 유물에는 청동 유물 외에 진-한 시대의 유물도 집중적으로 등장한다.

1.2. 중부 연안의 사후인 문화

프랑스 국립극동학원은 1909년에 사후인 문화 유적지를 발굴하기 시작했는데, 이때 사후인해Sa Huynh Sea 연안에 있는 꽝응아이Quang Ngai 지역의 둑포Duc Pho 지구를 따라 펼쳐진 사구에서 발견된 항아리만 해도 약 200점에 달하여 창고를 마련할 정도였다. 지금까지 그 외에도 수백 점의 유물들이 투아 티엔-후에Thua Thien-Hue에서 빙 투언Binh

Thuan에 이르는 베트남의 중부 연안 지역에서 발견되었다.

사후인Sa Huynh 문화는 청동기시대 초기부터 철기시대 초기에 해당하는 기원전 3,500년부터 수세기까지 발달했다. 서로 연원이 다른 이 두 문화들은 융합과정을 거치면서 약 2,500~2,000년 전에 정점에 달했었다. 고대 사후인 문화의 주민들은 신석기 이후 즉 청동기 초기에 해안 지대에 거주하기 시작한 것으로 보이는데, 그들은 남섬 또는 말레이 폴리네시아어족의 언어를 사용하였던 전기 말레이족으로 간주된다.

사후인 문화 초기부터 후기까지의 기본 특징은 항아리에 넣어서 매장하는 의식이었다. 매장 의식에 사용된 항아리에는 노동 기구, 무기, 집기류, 보석류로 구성된 석재, 도자기, 철, 보석, 유리 제품 등 다양한 품목이 매장되어 있었다. 유적지에서는 수십 개 또는 수백 개의 항아리들이 층을 이루어 묻혀 있는 것이 발견된다. 항아리와 주전자들의 형태는 주로 원통형, 계란형, 구형이거나, 또는 중간이 잘린 원뿔형의 뚜껑이나 새장 형태의 뚜껑이 있고 바닥이 편평한 형태였다. 항아리 및 주전자에는 석재, 도자기, 철, 보석 또는 유리로 만들어서 장례용으로 사용한 다양한 노동 기구, 무기, 집기류, 보석류 등이 들어 있었다.

사후인 문화 주민들은 고지대 밭 농업, 산림 생산물 채집, 델타 지역에서의 쌀 생산, 수공예품 생산, 연안 어업 및 무역 등을 통해 다양한 방식으로 경제 활동을 하였으며 동남아시아, 중국 및 인도 주민들과의 무역 등 다양한 경제활동을 전개하였다. 해안 지역의 사후인 문화 유적지들 중 일부는 꽝남Quang Nam지역 내 호이싸Hoi Xa 유적지처럼 도시화된 항구일 수도 있다. 밀도와 규모에 비추어 볼 때 그 유적지들은 인구가 밀집된 지역으로서 상당히 발전된 생산기지였던 것으로 보인다.

사후인 문화는 기원후 1세기 전인 철기시대 초기에 그 발전이 정점에 이르렀으며, 이를 바탕으로 베트남의 중부 연안지역에서 초기국가인 람압Lam Ap과 뒤를 이은 참파Chăm Pa 등 최초의 국가를 형성할 수 있게 되었다. 고고학자들은 여러 유적지에서 사후인 도자기와 참파 도자기 양자의 특징을 공유한 여러 점의 도자기들을 발견했다. 이 발견은 중부 지역에서 사후인 문화가 참파 문화로 이어진 경로를 입증할 중요한 자료가 되었다.

2. 옥에오 문화-남부의 고대 왕국

2.1. 남부지역에 형성된 옥에오 문화

옥에오 문화라는 명칭은 현재 안장성Tinh An Giang 토아이선현Thoại Sơn Huyện 옥에오군Thị Trấn Óc Eo에 속하는 바테Ba Thê에 고고학적 의미를 부여하기 위해 프랑스 고고학자인 루이 말레헤Louis Malleret가 제안한 것으로 후일에 남부 베트남에 존재했던 고대문화를 지칭하는 명칭이 되었다. 옥에오 문화의 유물과 유적지 및 문화적 가치는 고대 중국 문헌에서 푸난 왕국이라고 언급된 고대왕국에 해당된다.

약 4,000년 전에 남부 베트남의 델타지역은 금속사용기에 진입하였다. 석기제조기술이 정점에 달한 이 무렵에 사람들이 청동에 대해 알게 되었으며, 점차 야금기술을 이용한 제조업 경제가 그들의 삶에 중요한 역할을 담당하게 되었다. 이로 인해 사람들의 사회·경제학적 삶이 근본적으로 바뀌었다. 기원전 천년 무렵 남부 베트남의 고대 주민들은 왕국 문명기 즉 옥에오 문명기에 접어들면서 푸난 왕국을 수립했다. 안장에서 발견된 꺼캐이둥Gò Cây Tung 및 꺼투짬Gò Tu Tram 등 중요한 생활 유적지들은 이 지역의 문화가 옥에오 문화로 이전되기 전에도 꾸준히 존재했음을 보여준다.

고대 중국문헌에서 언급 되었듯이 푸난 왕국은 기원후 1세기부터 7세기에 걸쳐 존재했으며, 그 가치는 옥에오 문화의 발견 및 연구를 통해 입증되고 있다. 고고학자들의 연구조사결과에 의하면, 푸난 왕국 전성기의 영토는 북쪽으로 베트남 남중부, 서쪽으로 타일랜드의 메콩강 계곡, 남쪽으로 말레이 반도 북부까지 뻗어 있었다.

2.2. 옥에오 문화권의 생활수준

2.2.1. 일상생활

먹거리: 고고학적 발견에 의하면, 옥에오 문화권에서는 쌀농경 경제가 고도로 발달되어 있었다. 옥에오 문화 유적에서는 수산물 채렵을 위해 사용된 많은 종류의 동물 뼈와 도구들도 발견되었다.

옥에오 주민들의 주요 식품원천은 그들이 경작한 쌀과 포획한 생선 및 습한 열대기후에서 기른 전형적 채소들이었음을 알 수 있다.

다양한 유적에서 발견된 다양한 유형의 많은 세라믹 용기에 비추어 그들은 이런 유형의 기구에 식품을 담아 보관했음을 알 수 있다. 옥에오 주민들은 이 용기들을 사용하여 조미료, 말린 식품, 생선 소스 및 견과류 등 자신들의 식재료를 보관했다.

의복: 옥에오 문화 초기 유적들에서 발견된 다량의 다양한 디자인의 방적사들은 직조산업이 매우 발달했었음을 보여준다. 『남제서』, 『양서』의 기록에 의하면, "부유한 집안의 아이들은 비단을 잘라서 둘렀으며, 가난한 사람들은 삼베로 지은 옷을 입었다" 고하며 옥에오 문화권에서 부유층과 빈곤층 간의 복식이 뚜렷이 구분되었다는 것을 보여준다.

주거: 강가에 밀집되어 질척거리는 낮은 평지와 연중 몇 달씩 침수현상이 발생하는 전형적 습지 환경에서, 통상적으로 고대 옥에오 주민들은 자연환경에 적응하기 위해 집을 지을 때 나무기둥으로 받치고 가벼운 재료들을 사용하여 바닥을 높게 지었다. 강물범람의 영향을 받지 않는 구릉지역 및 고지대에는 귀족들과 종교사원을 위해 돌로 만든 큰 벽돌을 쌓았으며, 고산지대에는 운하 대신 저수지를 만들었다. 이렇게 형성된 호수들은 주민들의 일상생활과 사원 및 탑에서의 종교적 활동을 위해 이용되었다.

저지대 주거의 다른 형태는 인위적으로 큰 언덕을 쌓은 후 그 위에 주택 및 기타 종교적 건물을 짓는 방식이었다. 배 위에서의 생활도 옥에오 문화권 주민들의 흔한 주거형태의 하나였다.

이동수단: 자연환경과 생활공간의 분포에 따라 형성된 운하를 통해 왕국 내 많은 중심지들에 연결될 수 있을 뿐만 아니라 물건의 운반도 용이했기 때문에, 옥에오 문화 주민들 간의 연결은 주로 배를 이용하여 이루어졌다.

2.2.2. 경제활동

유물, 건축터 및 고대 운하에서 발견된 물질문명의 흔적은 한 때 옥에오 문화권의 경제가 매우 번창했었다는 것을 보여준다. 고고학적 발굴에 의해 발견된 무수히 많은 가정용품, 도구, 보석류 및 기타 많은 수공예품들은 많은 직종에서 다양한 경제활동이 이루어졌다는 것을 나타낸다. 옥에오 문화권의 경제는 크게 세 가지 주요 유형 즉 농업, 수공업 및 상업으로 구분 할 수 있다.

a. **농업**

고대 옥에오 주민들이 쌀농사를 지었다는 증거는 고고학적 자료에 여실히 드러나 있다. 그 당시 옥에오 사회에서는 고지대와 저지대 양자에서 쌀농사를 영위한 것이 거의 확실해 보인다. 이 점은 도자기, 벽돌 등 고대 문화에 관한 고고학자가 발견한 사실에 근거하는데, 그들은 남서부 지방 전역의 고지대뿐만 아니라 지옹캇Giong Cat, 바테Ba Thê의 옥에오, 꺼탑Gò Tháp, 기엔장Kiên Giang의 넨쭈어Nền Chùa 등 저지대에서도 쌀겨, 벼 및 쌀알의 흔적이 흔하게 나타난다는 것을 발견했다.

옥에오 주민들은 습식 쌀농사뿐만 아니라 사탕수수, 연, 수련, 아티초크 꽃, 국화, 백화 및 향초 등 많은 다른 농작물들도 재배했다.

해산물 채집 및 낚시도 일상생활의 한 부분이었다. 주거지 유적이나 부엌의 잿더미 속에서 동물이나 생선의 뼈와 세라믹으로 만든 그물추도 종종 발견되었으며, 이런 유형의 경제활동이 옥에오 문화권에서 활발했다는 것을 알 수 있다.

b. **수공업**

수작업은 주민들의 일상생활부터 종교적 행위 그리고 상업활동을 위한 제품 생산에 이르기까지의 모든 면에서 필요했기 때문에, 수공업은 옥에오 문화에서 다양하면서도 번창한 경제 부문이었다.

옥에오 문화기의 생산도구, 생산품의 유형, 보석류의 다양성 등에 비추어 볼 때 수공업은 도자기, 벽돌제조, 목공, 조각상 제작, 야금, 보석류 가공, 유리 가공 등 매우 다양하고 활발했음을 알 수 있다.

테라코타 제조는 옥에오 주민들의 수작업 활동 중 매우 뛰어난 분야였다. 도자기 공예는 옥에오 발굴작업에서 가장 흔하게 발견되는 품목이다. 도자기는 난로, 주전자, 항아리, 병, 그릇 및 접시 등 일상생활에 필요한 평범한 것들부터 신성한 제례활동을 위해 사용되는 고급품에 이르기까지 옥에오 가정용품의 대부분을 차지했다고 말할 수 있다.

벽돌과 타일은 주로 귀족들의 신당 및 사원과 성소의 건축을 위해 생산되었기 때문에 매우 정교하게 가공되었으며 그 종류도 매우 풍부했다. 타일은 여러 유형이 있었으며, 주로 브라만교의 신들이나 불교에서 다루는 소재의 이미지를 새겼다.

석공은 사회생활 및 신앙생활 외에도 생산업에 종사하는 사람들에게 필요한 전통적 수공예 작업으로서 옥에오 주민들의 생활에 중요한 요소였다. 유적지에서 발견되는 석조물들은 절구, 갈돌, 손잡이, 굴림대, 연마대 등으로 구성되는데 그 중 갈돌이 가장 흔히 나타난다. 그것은 약용허브(씨, 과육, 줄기)를 부수거나 조각상 색칠을 위한 가루를 내기 위해 사용되었다. 그 외에도 돌은 건설 및 조각상을 위해서도 널리 사용되었다.

직물: 옥에오 시기에 사용된 직물의 흔적은 옥에오 유적에서 발견된 원사 배관처럼 방적에 사용된 도구뿐만 아니라 도자기에서도 발견된다. 직물에 패턴을 새기는데 사용된 도구는 테라코타로 만들어졌다.

보석 가공 및 제조 산업은 극도로 발전했다. 특히 푸난 왕국의 금 및 기타 보석의 가공 기술 및 예술적 수준은 오늘날의 보석 세공 전문가들도 감탄 할 정도로 세련되었다.

옥에오 유적에서 발견된 금속 도가니, 금속용 도구 및 보석금형 등 야금을 위해 사용된 많은 도구들, 그리고 금이나 은으로 만든 많은 집기, 반지, 귀걸이, 팔찌 및 심지어 푸난 왕국의 화폐 등 보석 산업의 발달을 입증 할 증거는 매우 풍부하다. 푸난 주민들이 만든 구슬 및 반지에는 금과 은 외에도 기타 귀금속, 유리, 마노, 석영 등이 사용되었으며, 특히 유리로 만든 반지에는 브라만교의 신이나 불교의 신 이외의 이미지를 새겼다.

c. 상업

푸난 경제체제의 핵심은 상업이었다고 말할 수 있다. 고대 중국의 문헌 등 고고학적 자료에 의하면, 푸난 왕국은 국내 상업만 발전한 게 아니라 기원후 약 1~2세기부터 외부세계와도 폭넓은 교역활동을 전개했다.

푸난 왕국은 매우 발달한 농업에 기반을 두어 생존형 경제를 넘어 상업경제로 이행했다. 신선한 식수, 소금, 쌀 및 설탕의 매매가 매우 활발했었다. 그 외에 수공예 산업도 다양한 제품들을 대량으로 생산하면서 도자기, 보석류, 조각상 등 제품별 전문점들이 등장할 정도로 발달했다.

그 당시의 옥에오 항구는 상인들에게 중요한 저장 장소인 동시에 식품 및 기타 물품들을 조달하기 위해 들르는 장소였다. 그들과 현지주민들 간의 교역을 통해 이 항구의 상업이 촉진되면서 옥에오는 상업의 중심지가 되었다. 여러 도시들을 연결하는 밀집된 운하망도 이 도시의 원활한 상업 활동에 크게 기여했다. 내륙 및 인근 지방에서의 교역 외에도 해외 교역도 매우 일찍부터 발달하면서 이 도시를 무역항구로 만들었으며 얼마 걸리지 않아서 외부 세계와 폭넓게 교류하는 국제무역중심지로 성장하게 되었다.

그 당시의 옥에오는 동서무역로의 기항지이자 환적항으로서 다양한 상품들이 대량으로 거래되었기 때문에 옥에오 주민들은 여러 이점을 누렸다. 비단, 금속, 도자기, 보석류, 귀금속 원석, 진주, 목재, 향신료, 조미료 등 여러 물품들이 거래되었으며, 그 중에서도 특히 향신료와 치료용 방향제가 국제무역의 가장 중요한 상품이었다. 해외 무역상들은 이곳에 들러 식품, 신선한 식수 등을 공급하는 한편, 옥에오 주민들로부터 진주층, 거북갑피, 진주, 산호, 꿀, 밀랍, 제비집 등 인기 있는 상품들을 구입하여 중국, 인도, 일부 서양국가들 및 심지어 아프리카 서해안까지 가져가서 팔았다.

외국의 고고학자들이 옥에오에서 발굴하여 수집한 수공예품들 중에는 예를 들어 로마황제 안토니누스 피우스Antoninus Pius가 새겨진 금메달, 마르쿠스 아우렐리우스Marcus Aurelius가 새겨진 금화, 중국 후한 왕조에 속하는 청동거울, 중국 북위 왕조에 속하는 청동 부처상 등 해외에서 들여 온 것들도 많았다.

반면에 많은 옥에오 제품들도 세계 여러 곳에서 발견되었다. 예를 들어 푸난주화는 태국만, 말레이반도, 미얀마, 심지어 페르시아 및 지중해 지역의 유적에서 발견되었다. 즉 태국만과 내륙도로를 통한 이런 상업활동들에 의해 옥에오가 인도양과 연결되었던 것이다.

2.3. 옥에오 주민들의 문화생활

2.3.1. 풍습 및 전통

옥에오 문화권은 장례를 중시하는 동남아시아 문화권의 일부이다. 푸난 장례에 관한 문서에 의하면, 푸난에서 장례를 치르는 방식에는 사체를 강물에 띄워 보내는 수장, 불에 태우는 화장, 땅에 묻는 매장, 새들이 먹도록 외부에 방치하는 풍장 등 네 가지 방식이 있었다.

옥에오는 인도의 영향을 깊이 받아 주로 화장을 하였다. 그러나 일반인은 화장터를 이용할 수 없었으며 부유층만 그들이 사랑하던 사람들을 이곳에서 보낼 수 있었다. 사회 하층의 일반인들은 통상적으로 고인의 재를 항아리에 담아 땅에 묻거나 강물에 뿌렸다.

하층민들이 통상적으로 사용한 또 하나의 방식은 매장이었다. 옥에오 공동체의 후반기부터 매장 문화가 존재했다는 사실은 바테Ba Thê 및 동탑Đồng Tháp의 꺼탑Gò Tháp에서 발견된 여러 매장터가 입증하고 있다.

2.3.2. 종교 및 신앙

옥에오 주민들이 섬긴 주요 종교는 두 가지 즉 브라만교와 불교였다. 브라만교에서는 시바Śiva, 비슈누Viṣṇu 및 브라흐마Brahmā 세신들을 절대적으로 숭배했다. 푸난주민들은 그 외에도 난딘Nandin, 가루다Garuda, 하리하라Harihara, 수리아Suria, 가넨사Ganensa 등 브라만교의 다른 신들도 섬겼다.

최대 종교 중 하나인 브라만교는 인도에서 기원하였으며 무역로를 따라 푸난 및 동남아시아 여러 국가들로 흘러들었다. 푸난의 왕들은 이 종교를 전파하기 위해 초빙된 인도의 브라만 승려들에게 많은 혜택을 베풀었으며 공식 직함도 하사했다.

브라만교와 더불어 불교도 매우 일찍이(기원후 2세기) 들어와서 번성했다. 고고학적 기록에 의하면, 불교는 푸난 왕국 여러 부분에서 성행했으며, 이를 뒷받침 하듯이 형태와 크기가 다양한 나무와 돌로 만든 불상들이 여기저기에서 발견되었다. 이 불상들은 2세기부터 7세기에 해당하는 것으로 보인다. 특히 나무로 깎은 불상이 가장 많이 발견되며 여타 불교 및 힌두교의 조각상들 보다 훨씬 더 앞선 시대의 것으로 보인다. 목각불상은 주로 하우강Hau River 유역의 저지대평야 서부 및 동탑므어이Đồng Tháp Mười 저지대의 옥에오 유적들에서 발견된다. 안장의 옥에오, 동탑의 고타르프 및 롱안Long An의 미탄동Mỹ Thạnh Đông에서 발견된 조각상들은 기원후 약 2~4세기의 것들로서 가장 오래된 것으로 보인다. 불교는 기원후 8세기까지 번창하다가 9~10세기 무렵에 거의 사라진 반면, 힌두교는 꾸준히 성행했다.

2.3.3. 예술 및 오락

옥에오 유적에서 발견된 수공예품들은 옥에오 문화가 매우 독창적이었음을 반영한다. 특히 가장 두드러진 것은 보석, 도자기, 조각품 및 조각상의 장식이었다. 대체로 그 장식들은 토착문화의 전통과 외부세계에서 유입된 문화요소들이 결합된 종교적 주제를 내용으로 한 것들로, 매우 독특한 예술로 진화했다.

옥에오의 매장터 및 종교 건축물 유적에서 발견된 많은 금 세공품들은 여러 무늬가 양각 또는 음각의 형태로 복잡하게 새겨져 있다. 그 주제들은 한결같이 신, 부처, 연꽃 등 힌두교와 불교에 관한 것들이었다.

보석류들도 옥에오 문화가 매우 독창적이었음을 반영한다. 보석은 주민의 치장뿐만 아니라 고인의 매장 및 신상의 장식을 위해서도 사용되었다. 여러 부류의 보석들이 옥에오에서 풍부하게 발견되었으며, 그 중에는 난딘Nandin신을 표상하는 황소를 새긴 금반지들과 신 또는 부처의 이미지를 새긴 보석 반지들이 많았다.

조각도 옥에오 문화의 뛰어난 예술수준을 보여주는 증거이다. 옥에오 주민들은 돌, 나무 및 흙판을 사용하여 주로 불교 이미지와 힌두신들을 새겼다.

옥에오 문화유적에서 발견된 조각상들은 대체로 나무로 만든 것들인데 고대 옥에오의 예술 수준이 고도로 발달했음을 보여준다. 인도문화의 영향을 받은 옥에오의 목재 불상들은 대체로 아마라바티Amarāvatī 및 다라바라티Daravavati 예술양식을 따랐다. 아마도 옥에오 예술가들은 인도의 조각기술을 배워서 자신들 고유의 특성을 지닌 불상을 창조했을 것이다. 목재 불상들은 통상적으로 입상이며, 가볍게 엉덩이를 세우고 둥그런 얼굴에 부드러운 미소를 띤 모습이다.

힌두신 조각상들은 여전히 옥에오 유물의 큰 부분을 차지하면서 옥에오 주민들의 신앙을 대변한다. 옥에오 문화권의 힌두신 조각상들은 고대 예술의 정점을 대표함과 동시에 예술과 신앙 간의 결정체로서 그 예술적 완전성으로 인해 오늘날에도 깊은 인상을 심어준다.

무용도 옥에오 사회의 중요한 예술형태였다. 옥에오 유적에서 발견된 많은 수공예품 중에는 악기들도 포함되어 있다. 껀 터Can Tho의 넌탕Nhơn Thành 유적에서는 작은 나팔이 발견되었으며, 기엔장Kiên Giang에서 발견된 도자기에는 많은 보석으로 치장한 여인 두 명이 악기를 연주하는 모습이 그려져 있다. 부석Floating Rock에 있는 고대무덤에서 발견된 황엽들 중 하나는 비나(vina-인도악기의 일종)의 형태를 본뜨고 있었다. 또한 옥에오 바테Ba Thê 유적에서는 황동악기 및 청동딸랑이들이 발견되었다.

따라서 이 시기에 음악도 매우 발달했다고 볼 수 있다. 아마도 음악은 상류층을 위한 특수 예술인 동시에 제물을 바치는 의식에서 신에게 봉양하는 공물의 일종이었을 것이다. 고대 중국 자료인 『남제서』는 옥에오 주민들이 돼지싸움과 닭싸움을 즐겼다고 언급하고 있다. 옥에오 유적에서 발굴된 것들 중에는 인도장기의 말들, 세라믹이나 대리석으로 만든 주사위 및 그 파편들, 아이들 놀이를 위한 줄 등이 들어 있었다.

2.4. 푸난 왕국의 쇠락

푸난 왕국은 기원후 1세기부터 6세기까지 번성하였으나 6세기 말에 점차 약화되면서 식민지였던 찬랍Chân Lạp의 침공까지 받게 되었다. 7세기 초에는 나팟나Na Phất Na(아마도 지금의 옥에오-바테 도시지역이었을 것이다)의 성루가 최종적으로 함락되면서 이윽고 얼마 안 있다가 푸난 왕국은 막을 내리게 되었다. 찬랍은 푸난을 침공했지만 이 땅을 오랫동안 지배하기에는 역량이 부족했으며 강을 이용한 생활에 익숙하지 않았기 때문에 결국 푸난 귀족들에게 통치권을 넘겨주게 되었다. 푸난 공동체는 찬랍 왕조시대인 12세기까지 존속했으나 광활한 남부 원시평원에서 완전히 사라졌다.

많은 연구 결과들을 정리해 보면 푸난 왕국의 쇠퇴와 멸망의 원인은 아래와 같다고 볼 수 있다:

- 푸난 왕국의 구성 체계는 여러 작은 국가들과 하나의 큰 국가 간의 협의방식에 기초했다. 느슨한 암묵적 관계로 인해 다른 나라가 성장하면 이해관계와 지배권의

충돌이 자주 발생했다.

1세기부터 5세기까지 옥에오는 인도, 아랍, 로마 등 서쪽나라 상인들을 위한 환적항이었으며 동시에 중국, 일본, 동남아국가들과도 교역을 하면서 푸난 왕국 해외무역의 중요한 역할을 담당하였으며, 푸난 왕국에 막대한 부를 안겨주었다. 그러나 6세기에 접어들면서 항해기술이 발달함에 따라 상선들이 크라Kra해협을 경유하여 옥에오에 진입하는 항로를 택하는 대신에 말라카Malacca해협 및 순다Sunda해엽을 경유하여 곧장 북쪽 도시들로 향하기 시작했다. 이에 따라 옥에오는 그 지위와 역할을 잃으면서 왕국의 경제도 점차 어려워지다가 결국 재정고갈에 이르게 되었다.

지리학자들에 의하면, 신생대 4기Holocene의 지각변동이 4세기에 시작하여 6세기 말에 정점에 달했으며, 이로 인해 남부 델타지역의 환경이 변하면서 푸난 주민들의 주거지역과 농업생산에 영향을 미쳤다. 이로 인해 푸난 왕국의 존속도 큰 영향을 받았다.

3. 결론

옥에오 문화는 베트남의 3대 고대 문화들 중 하나로서 베트남의 문화 정체성 보전에 큰 가치가 있는 유적과 유물들을 남겨주었다. 비록 다른 지역들에 분산되어 있었지만 서로 유사한 토착성을 지녔으며 일정한 공간을 공유하는 관계에 있었다. 베트남 고고학자들의 연구 성과는 동선, 사후인 및 옥에오 세 곳의 문화들 모두가 초기 신석기 문화를 형성한 토착주민들에 기반을 두어 형성 · 발전되었다는 것을 보여준다.

동선 문화 이전의 시기에는 풍응우옌Phùng Nguyên – 동더우Đồng Đậu – 꺼문Gò Mun 문화기가 있었다. 철기시대 초기에 "고전적 사후인"이라고 칭할 정도로 정점에 달한 사후인 문화는 청동기시대 초기(기원전 약 1,500~500년)의 각 지역 문화가 융합된 결과물이었다. 이 시대의 유산으로는 꽝남Quang Nam의 바우트람Bau Tram, 꽝응아이Quang Ngai의 롱탄Long Thanh, 칸호아Khanh Hoa의 콘함렛Con Hamlet 유적 등이 있다. 또한 중부고원지대에서 발견된 고고학적 유물들도 잘라이Gia Lai의 비엔호Bien Ho, 꼰뚬Kon Tum의 룽렝Lung Leng, 닥락Dak Lak, 닥농Dak Nong 등 중부지역 내 "다중 선형 문화multi-linear culture"의 발달을 밝히는 데 기여했다. 옥에오 문화는 청동기시대에 남부에 살았던 계층의 주민들에 의해 형성 · 발전되었다. 옥에오 문화기 이전의 유물들은 안장성Tinh An Giang의 꺼캐이둥Gò Cây Tung, 롱안성Long An의 고카우수Go Cao Su 및 고오추아Go O Chua, 현재의 호치민Hô Chi Min시인 껀저의 종까보Giồng Cá Vồ 및 지옹펫Giong Phet 등에서 발견된다.

옥에오 문화 유적에서 발견된 나무로 바닥을 높게 지은 집의 흔적과 동선 청동북에 그려진 바닥이 높은 집의 이미지는 주거형태가 비슷했음을 보여준다. 주로 배로 진입하고 이동하는 물가의 생활은 고대 베트남 사람들의 토착적 생활의 전형적인 모습이었다. 그 당시의 세 문화권에서는 공동체들이 서로 연결 되었었다. 청동북은 동선 문화에 속하는 고유의 산물인데, 꽝남의 푸옥트라Phuoc Tra, 꽝응아이Quang Ngai의 손띤Son Tinh, 빈딘Binh Dinh의 빈탄Vinh Thanh, 빈두옹Binh Duong의 푸찬Phu Chanh, 호치민시의 지옹펫Giong Phet, 벤트레Ben Tre 성의 안투이An Thuy, 기엔장성Kiên Giang의 라이손Lai Son 등 중부 및 남부지역 내 많은 선사시대 유적들에서 발견된다. 유리제품 제조기술도 유사했다. 사후인 유리제품의 형태는 남부 문화권인 옥에오의 것들과 유사했다. 머리가 두 개인 짐승의 귀라

든가 귀를 뚫고 끼는 귀걸이처럼 사후인 문화권 고유의 보석류들도 동선 유적과 옥에오 유적지에서 발견된다.

칸호아Khanh Hoa의 호아디엠Hoa Diem처럼 사후인 문화에 속하는 일부 유적들에서 발견된 무덤터는 옥에오 문화에 속하는 호치민시의 종 카 보Giong Ca Vo에서 발견된 것과 유사하다. 옥에오의 도자기 공예품은 사후인 및 동선 문화의 도자기들과 유사하다. 그것들은 모두 줄이 달리고 과일이나 물결을 새기는 등 형태와 양식이 유사하다. 현재 동선, 사후인, 옥에오 세 문화의 유물은 이제 다량으로 발굴되어 세 지역에 전시되어 있다. 이러한 유물들은 베트남 고대 문화가 형성되어온 과정을 보여준다는 점에서 다양한 문화 및 역사적 가치가 있으며, 베트남인들의 문화적 정체성을 보다 다양하고 풍부하게 만드는데 기여하고 있다.

참고문헌

옥에오문화유산관리위원회(2015), 안장성 내 전형적 옥에오 문화유적. 안장성 탄응안출판사.

고탑유적단지관리위원회(2014), 고탑 – 특별국가유산문화예술출판국.

차우닷꽌(1296 – 1297), 첸라펑 투찌(Le Huong 번역, 1973).

추반떤 – 사후인 문화에 관하여, 고고학저널, 1978년 1월, 52 -60 쪽.

다오린꼰(2009), "옥에오 바더 유적의 연대기", 옥에오 – 바더 유산에 관한 워크샵 자료

다오린꼰(1995), 옥에오 문화권의 매장 풍습, 박사학위 주제, HCMC사회과학원.

다오린꼰 및 르 쉬안 디엠(2010), 기존 자료를 통해 본 남서부 지역 내 옥에오 유산의 문화적 가치, 과학적 연구규례에 관한 장관령, 호치민 시.

호앙슈안친(2009). 베트남의 고대문화. 하노이문화 · 정보출판국.

후인꽁바(2008), 베트남 문화사, 투안후아출판국.

베트남역사학회 – VAHS(2004), 옥에오 문화와 푸난 왕국, 월드출판사.

수석편집위원 하반딴 – 베트남 동손문화, 하노이사회과학출판국(1994).

하반딴(1998), 고대문화의 발자취를 따라, 사회과학출판국.

하반딴(2002), 베트남 고고학(제3권 – 베트남 역사).

호앙슈안친(2005), 베트남 고대문화, 라오동출판국.

한반칸(2008), 고고학적 기반, 하노이국립대학출판국.

베트남역사학회(2008), "옥에오 문화와 푸난 왕국", 옥에오 문화 발견 60주년(1944 -2004) 기념 과학워크샵 회의록, 월드출판사.

루이스 말러렛(전3권), 메콩강 델타 고고학, 베트남 역사박물관(번역본).

르시안디엠, 다오린꼰 및 보시카이(1995), 옥에오 문화에 대한 새로운 발견, 사회과학출판국.

르티리엔(2005), 10세기 이전 메콩강 델타에서의 불교 및 힌두교 예술, 월드출판사.

루옹닌(2006), 푸난 왕국, HCMC국립대학출판국.

람티미둥(2008), 사이언스저널, 하노이 베트남국립대학(VNU), 사회과학 · 인문학 대학, 18 – 32 쪽.

응우엔킴둥, 사후인 문화권에서의 고대 상업활동, "사후인 문화권에서의 문화적 노출 및 교류" 워크샵을 위해 장관령으로 정한 과학연구규례, 하노이 고고학연구원, 2007

응우엔 꽝 응옥(수석저자), 2007. 베트남 역사의 흐름. 하노이교육출판국.

응우엔꽁빈, 루슈안디엠 및 막두옹(1990), 메콩 델타에서의 문화 및 주민들. 하노이사회과학출판국.

팜둑만 – 남부 선사시대 역사에 관한 고고학적 연구, 사회과학저널, 호치민 시, 13(III/92), 47 – 52 쪽.

백제와 푸난扶南의 교섭

권오영
서울대학교 국사학과

I. 백제와 동남아시아의 교섭에 대한 연구의 필요성

흔히 백제 국가의 특성을 논의할 때 국제성과 개방성을 거론한다. 백제사의 초기부터 중국과 일본을 무대로 다양한 외교활동과 문화적 교섭을 진행하였던 증거가 많이 발견되기 때문이다. 그 결과 한국고대사에서 백제의 위상을 '동아시아 문화교섭의 중심축'이라고 정의하여도 어색하게 들리지 않는다.

백제와 동시대에 공존하였던 신라와 가야, 고구려도 주변 국가와 다양한 종류의 교섭을 진행하였다. 그 형태는 때로는 평화적인 모습을 띠었고, 때로는 갈등이 증폭되어 전쟁으로 치닫기도 하였다. 이러한 양상은 백제도 마찬가지였다. 따라서 유독 백제에 대해서만 주변국과의 문화교섭을 강조하는 것은 적절치 않을 수도 있다. 그러나 국가 발전의 주 동력이 주변과의 교섭에 크게 의지하였다는 점, 중국과 한반도, 일본열도를 잇는 문화교섭의 고속도로를 건설하였다는 점에서 분명히 백제는 특별한 점이 있다.

그런데 백제의 활동무대를 동북아시아로 한정하는 것은 문제가 있다. 이때의 동북아시아란 현재의 중국과 한반도, 일본열도를 의미하는 개념이기 때문이다. 국내외 문헌자료를 검토할 때 직접적이건 간접적이건 백제가 동북아시아 바깥 세계와 교섭한 흔적이 적지 않게 보이지만(조홍국, 2000), 그동안 우리 학계는 관성적으로 백제인들의 활동무대를 동북아시아에 가두어 두었다. 그 결과 동남아시아, 중앙아시아, 남아시아, 서아시아는 우리의 시야에서 벗어나 있었다.

하지만 단편적이나마 몇몇 문헌자료는 우리의 통념이 잘못되었음을 보여준다. 게다가 고고학적 실물자료를 대상으로 하는 과학적 분석 작업이 꾸준히 진행되면서 삼국시대 유적에서 출토된 유물 중에는 동북아시아의 범위를 벗어난 원거리에서 유입된 것이 적지 않음이 밝혀졌다. 백제의 경우에는 바닷길로 중국 남조, 동남아시아, 인도로 이어지는 경로를 통하여 종교와 문양 모티프, 각종 약재와 원료, 수공업 생산품이 유입되었음을 알게 되었다. 역으로 이 경로를 통하여 백제인과 백제의 물품이 이동하였음도 차츰 밝혀지고 있다. 한국 고대의 대외 교섭의 공간적 범위가 종래의 생각을 훨씬 뛰어넘는 원거리에 걸쳐 진행되었음이 분명해지면서 기존 통념은 붕괴될 시점에 도달하였다 (권오영, 2014B). 이런 상황에서 백제와 푸난의 교섭을 주제로 삼은 전시회가 열린 것은 큰 사건임에 틀림없다.

II. 사서에 나타난 백제와 푸난의 교섭

『일본서기』 흠명 4년 가을 구월秋九月조에는 매우 흥미로운 기사가 소개되어 있다.

> "백제의 성명왕이 전부 나솔 진모귀문, 호덕 기주기루와 물부 시덕 마기모 등을 보내어 부남扶南의 재물과 노예 2명을 바쳤다."[1]

그림1

푸난 전시 광고

베트남 하노이 국립박물관, 필자 촬영

이 기사에 의할 때 백제의 성명왕, 즉 성왕이 부남, 즉 푸난의 재물과 노예를 일본에 보내주었다는 것이다.[2] 푸난산 물자와 인간을 백제가 어떻게 확보하였는지 알 수 없으나, 6세기 중엽에 이미 백제와 푸난의 교섭이 존재하였고, 그 결과 일본열도에도 푸난에 대한 정보가 들어갔음이 분명하다. 백제와 푸난의 교섭이 양국 간의 직접적인 교섭 결과인지, 양을 비롯한 중국 남조를 매개로 한 것인지도 해명되어야 할 과제이다.

푸난은 현재의 베트남 남부와 캄보디아 일대를 무대로 삼아 기원 전후한 무렵부터 두각을 나타낸 고대 해상 왕국이다. 발달한 조선술과 항해술을 기초로 강력한 수군을 보유하여, 3세기 이후 동남아시아의 최강자로 성장하였다(그림 1).

중국인들이 푸난에 대한 상세한 정보를 확보하고, 그 특산물이 대거 유입된 계기는 동오의 교주자사 여대呂岱가 229년 주응朱應과 강태康泰를 참파와 푸난에 파견한 이후이다. 주응과 강태는 그들이 보고 듣고 겪은 내용을 견문록으로 남겼다. 강태의 『부남토속전扶南土俗傳』, 『오시외국전吳時外國傳』, 그리고 주응의 『부남이물지扶南異物志』가 그것이다. 이후 베트남과 캄보디아 일대는 물론이고 말레이반도의 여러 국가에 대한 중국인들의 인식 수준은 심화되었다. 동남아시아에서 새로이 생산되기 시작한 고 알루미나 소다유리가 동북아시아에 밀물처럼 들어오는 계기도 동오와 푸난의 교섭이 활성화된 사건일 것이다.

푸난은 268년, 285년, 286년, 287년에 서진에 사신을 보냈다. 이 시점은 마한의 여러 세력들이 서진에 사신을 보낸 시점과 중첩된다. 특히 『진서』에 의하면 286년에 "이해에 부남 등 21국, 마한馬韓 등 11국이 사신을 보내어 왔다."고 하니 중국 외교무대에서 푸난과 마한의 사절단이 조우하였을 가능성이 있다. 백제-푸난 교섭사의 전사적 성격을 띠게 되는 것이다.

---

1 『일본서기』 권19, 흠명기
"四年 秋九月、百濟聖明王遣前部奈率眞牟貴文 · 護德己州己婁與物部施德麻奇牟等、來獻扶南財物與奴二口。"

2 삼국과 가야가 왜와 진행한 교섭의 형태에 대해서 『일본서기』에서는 일관되게 왜곡된 표현을 사용하고 있으므로 여기에서도 성왕이 왜에 "바쳤다."가 아닌 "보내 주었다."로 해석하여야 한다.

푸난의 북편에 위치하여 서로 경쟁하던 임읍林邑(참파)에 대한 관심도 필요하다. 백제의 국가형성 내지 중국과의 교섭에 대한 서술에서 항상 언급되는 기사가 근초고왕 재위 시에 이루어진 동진과의 교섭이다. 그런데 놀라운 사실은 이 기사에[3] 백제와 임읍이 나란히 등장하고 있지만 이 사실에 주목한 연구자가 없었다는 점이다. 372년에 동진에 사신을 보낸 백제의 내부 사정은 고구려와 마한 잔여 세력에 대한 우위를 확고하게 하고, 가야와 왜를 상대로 한 외교정책이 안정권에 접어들었던 것과 관련된다. 동진에서는 사마욱이 황제(간문제)가 된 직후였다. 그렇다면 임읍의 사정은 어떠하였기에 하필 이 해에 사신을 보냈을까? 자체적인 국가체제 정비가 안정권에 도달하였음과 동시에 동진의 사정에 대한 이해도 병존하였던 것은 아닐까? 이 시점에 백제와 임읍의 사신이 동진에서 마주쳤을지 여부는 알 수 없지만 백제가 동진-남조 역대 왕조의 변혁에 맞추어 사신을 자주 보낸 것처럼 임읍도 동진과 남조에 자주 사신을 보냈고, 유송 대에는 그 왕들이 안남장군임읍왕이나 진남장국임읍왕에 봉해졌다.

푸난 역시 동진 이후 송, 제, 양 등 남조 국가와 잦은 교섭을 진행하였으며, 그 왕은 제에 의해 안남장군부남왕에 봉해졌다. 『양서』에 의하면 백제 무령왕 대인 512년에 참파국이 푸난, 백제와 함께 사신을 보냈다고 한다. 이렇듯 백제와 참파, 푸난이 번번이 같은 시기에 중국 왕조에 사신을 보낸 것은 각국의 고유한 사정만이 아니라, 중국 왕조의 상황에 능동적으로 대처하였기 때문일 것이다.

『일본서기』에는 641년에 일본에서 백제 사신이 곤륜 사신을 바다에 던져버린 사건을[4] 기록하고 있다. 곤륜은 곤륜산을 일컬을 때도 있으나 많은 경우 동남아시아 지역에 대한 광역의 범칭으로 사용되었다(강희정 A, 2011). 동남아시아에서 온 사신과 백제 사신이 다툰 것인데 그 원인이 무엇인지는 알 수 없다. 그 원인으로 경제적인 분쟁의 가능성을 점쳐 보지만, 이때가 백제에서는 의자왕이, 왜에서는 황극皇極이 등극하는 즈음이란 점도 모종의 정치적 원인이 있었을 가능성을 보여준다.

733년 견당사의 일원으로 당에 파견된 평군광성平群廣成은 일본으로 귀국하다가 표류하여 곤륜국에 도착하였고 결국 739년에 귀국하였다고 한다. 이때의 곤륜은 푸난보다는 참파일 가능성이 있다. 이 시점에 푸난은 쇠망해 가고 있었고 참파는 여전히 세력을 유지하고 있었기 때문이다. 참파 출신의 불교 승려 불철佛徹·佛哲은 인도에서 수학한 후 당을 거쳐 736년 일본에 건너가서 나라의 대안사大安寺에 머물면서 범어와 임읍악林邑樂을 가르쳤다고 한다.

당시 푸난, 참파와 함께 동남아시아 해상교류에서 중요한 역할을 담당하던 또 하나의 세력이 말레이반도에 자리 잡은 랑카수카狼牙脩이다. 백제와 랑카수카의 관계를 보여주는 증거는 양의 원제蕭繹가 즉위 전에 그리고 기록한 양직공도가 유일하다. 백제 사신과 랑카수카 사신이 나란히 입전되어 있는데 더 이상의 관계를 추적하기는 곤란하다. 다만 랑카수카 역시 고대 해상교역로의 중요 항시국가였다는 점(그림 2), 그리고 양에 자주 사신을 보냈다는 점을 고려하면 푸난, 참파의 양상과 크게 다르지 않았을 것이다(권오영, 2017A).

---

3 『진서』 권9, 간문제기
"2년 봄 정월, 신축일에 백제와 임읍왕이 각기 사신을 보내어 방물(특산품)을 바쳤다."

4 『일본서기』 권24 원년 2월조

III. 물질자료에 나타난 백제와 푸난의 교섭

그림2
랑카수카의 항시로 추정되는 부장 벨리 일대 모형
말레이시아 부장벨리박물관, 필자 촬영

푸난이 현재의 베트남 남부와 캄보디아 일대를 무대로 성장하던 시기에 베트남 중부에서는 사 후인Sa Huynh 문화를 이어 참파가 발전하고 있었다. 참파는 베트남 동해안의 여러 항시국가의 연합체로서 장기간 존속하였는데 여러 왕성 중 하나가 다낭 인근의 짜 끼에우Tra Kieu 성이다. 『남제서』 임읍전에 의하면 "서진 대에 일남 오랑캐의 우두머리 범치范稚의 노복 문文이 자주 장사를 하면서 중국의 제도를 보고 임읍왕 범일范逸을 가르쳐 성지누전城池樓殿을 건설하도록 하였다."고 한다. 따라서 왕성의 축조에 중국 기술의 영향을 받았음을 알 수 있다.

내부에서 출토된 수많은 유물 중에서 특히 주목을 끄는 유물은 인면문 와당(Glover, Ian C., Mariko Yamagata and William Soutyworth, 1996; Yamagata, Mariko and Nguyên Kim Dung, 2010; 山形眞理子, 2012)이다. 인면 혹은 수면을 와당의 문양으로 삼은 기와는 동오-동진 대의 남경에서 많이 발견되며 교지군치交趾郡治로 추정되는 하노이 인근의 루이 라우Luy Lau에서도 발견되고 있다. 흥미로운 점은 유사한 와당이 서울 풍납토성에서도 발견되었다는 점이다. 남경의 인면문 와당이 서남쪽으로는 교지군과 참파로, 동으로는 백제로 전해진 양상을 확인할 수 있다(그림 3).

그림3
인면문 와당 각종 : 위에서부터 루이 라우, 풍납토성, 남경, 짜 끼에우
필자 촬영

한편 앞에서 이미 보았듯이 543년 백제 성왕은 푸난의 물자와 사람을 왜에 보냈고 544년에는 탑등을 보냈다. 탑등에 대해서는 아직 본격적인 연구가 이루어지지 못한 채, 양털로 짠 피륙이며 그 산지가 북인도 지역일 것이라는 정도의 추론만 진행된 상태이다(이도학, 1991). 당시 푸난의 교역망과 활동범위를 고려할 때 백제가 확보한 탑등의 입수경로에서 푸난을 제외할 수 없을 것이다. 553년에 왜는 다시 백제 성왕에게 약물을 보내달라고 청하였다. 이는 백제가 동남아시아산 약물을 확보하고 있었음을 의미한다.

595년에는 일본 아와지시마淡路島에 침목이 표착하였는데 무엇인지 모르고 섬사람이 불에 태우니 향이 나서 신기하게 여겨 조정에 바쳤다고 한다. 침목은 침향으로서 가구용 고급 목재이자 잘게 잘라 태워 분향에 사용한다. 동남아시아 각지에서 생산되는데 베트남과 캄보디아산 침향이 가장 널리 유통되었다. 특히 참파의 무역항인 베트남 중부의 호이 안Hoi An은 당시 침향의 수출지로 유명하였다. 아와지시마에 표착한 침향의 산지를 명확히 밝힐 수는 없으나 백제가 동남아시아의 침향을 확보하여 일본에 수출하였을 가능성이 있다.

이렇듯 푸난과 참파를 비롯한 동남아시아 각지에서 채집되고 생산된 특산품이 백제를 통하여 왜로 전달되는 과정을 추정해 볼 수 있다. 당시 교역품 중 대표격이 유리구슬이다. 참파의 주요 항시 중 하나인 호이 안 일원에서는 사 후인 문화기의 옹관이 많이 조사되었는데(쯔엉 닥 치엔, 2019) 부장품 중 가장 특징적인 것은 유리구슬이다. 인도-태평양 유리구슬Indo-Pacific Glass Bead의 범주에 속하는 이 구슬들의 분포범위는 매우 넓어서 서로는 인도를 넘어 아프리카에 미치고 있으며 동으로는 태평양 군도 각지에 퍼져 있다. 주요 생산지는 인도의 아리카메두, 태국의 카오 삼 케오, 클롱 톰, 말레이시아의 쿠알라 셀린싱이다(박준영, 2016A. B). 인도-태평양 유리구슬은 베트남 남부에서도 널리 유통되었는데 당시의 대표적인 유적이 호치민시 인근의 죵 카보 유적이다.

한반도에서 출토된 인도-태평양 유리구슬의 총 개수는 집계할 엄두를 낼 수 없을 정도로 많다. 아마도 수백 만 점에 달할 것으로 예상되는데 절대다수는 인도나 동남아시아에서 생산되었을 것이다. 최근 지속적으로 이루어지고 있는 고고화학적 연구에 의해 이러한 추정이 뒷받침되고 있다. 푸난의 외항이자 중요 공방, 종교시설이 밀집된 옥 에오에서 채집한 8점의 유리구슬에 대한 화학 조성 분석 결과 백제 유적 출토품과 동일하게 알루미나 함유량이 5% 이상, 칼슘의 함유량이 5% 이하인 이른바 고 알루미나 소다유리임이 밝혀진 것이(김규호 · 윤지현 · 권오영 · 박준영 · Nguyen Thi Ha, 2016) 대표적인 사례이다.

한편 무령왕릉에서 출토된 유리구슬이 동남아시아에서 수입되었다는 주장(국립공주박물관, 2007; 김나영 · 이윤희 · 김규호, 2011; 타무라 토모미, 2012), 내부에 포함되어 있는 납의 산지가 현재 태국 영토에 속하는 광산에서 생산되었다는 주장(노지현, 2011)이 이미 발표된 바 있다. 최근에는 무령왕릉만이 아니라 한성기의 풍납토성, 화성 마하리, 완주 상운리, 오산 수청동, 사비기의 부여 능산리와 익산 미륵사지, 심지어 경주 황남대총과 창녕 계성리고분군 출토 유리에서도 태국 깐짜나부리Kanchanaburi 지역의 광산에서 생산된 납이 포함되어 있음을 밝히는 연구 성과가 발표되었다(Heisun Yu, Jihyun Ro, 2018). 캄보디아의 폼 스네이 Phum Snay 유적에서는 유리구슬 제작의 흔적(세르게이 랍제브, 2019)과 무덤에 부장된 유리구슬이 발견되었는데 역시 동일한 산지의 납이 포함되어 있었다.

문제는 송 토Song Toh 광산을 비롯한 깐짜나부리 지역이나 폼 스네이 유적이 모두 푸난의 영토에 속한다는 점이다. 푸난과 백제의 유리구슬이 유사한 화학조성을 보인다는 사실은 성왕 대 백제가 수입한 물품 중에 유리구슬이 포함되어 있었을 개연성을 높여준다. 아직 본격적인 분석이 이루어진 적은 없으나 백제 유적에서 종종 발견되는 진주, 수정, 마노류, 호박 등의 재료로 만든 장신구류도 동남아산일 가능성이 높은데, 그 유력한 후보로 푸난을 거론할 수 있다. 비록 그 흔적을 남기지는 못하였으나 푸난을 비롯한 동남아시아의 약재나 향목, 향신료, 목재 등도 백제에 유입되었을 것이다. 553년 왜가 백제에 약물을 요청하였던 사실은 이미 앞에서 거론하였다.

역으로 백제의 물품이 푸난으로 전해진 것은 없을까? 여기에서 주목되는 것이 현재 캄보디아 영토인 캄퐁 참Kampong Cham에서 출토된 불상(그림 4)의 존재이다. 부여에서 출토된 보살상과 흡사하여 백제 산으로 추정되는 이 보살상의 존재(강희정, 2019)야말로 백제와 푸난 사이에 이루어진 물적 교류의 생생한 증거이다.

푸난은 현재의 영역으로는 베트남 남부와 캄보디아에 걸쳐 있었으며 전성기에는 태국과 말레이반도까지 장악하였다(鈴木峻, 2016). 이렇듯 여러 나라에 걸쳐 있었던 고대 국가이기 때문에 유적과 유물도 흩어져 있다. 가장 중심적인 도시는 캄보디아 영내의 앙코르 보레이, 그리고 베트남 영내의 옥 에오이다. 전자가 내륙 입지에 농업의 비중이 높고 정치 중심지라면, 후자는 해안 입지에 교역과 수공업의 비중이 높고 경제 중심지라고 할 수 있다.

앙코르 보레이는 저지대로서 운하와 수로가 잘 발달한 도시이다. 평면 D자형의 성 안팎으로 한 줄씩 해자가 돌아가며 수십 채의 벽돌건물과 100기 이상의 저수지가 발견되었다. 5개의 운하가 앙코르 보레이와 주변 취락을 연결하는데 그중 하나는 약 80㎞ 정도 이어지면서 남쪽의 옥 에오로 연결된다.

베트남 학계에서는 푸난의 고대 문화를 옥 에오 문화(Khai Vo Si, 2003)라고 명명하였다. 그 중심은 안 장An Giang성인데 메콩 강 하류의 동안과 서안에 걸쳐 찌 톤Tri Ton 지구, 띤 비엔Tin Bien 지구, 토아이 손Thoai Son 지구 등이 대표적인 유적이다. 찌 톤 지구에서는 시바신을 모시던 힌두사원인 고 탑 안 로이Go Thap An Loi 유적, 띤 비엔 지구에서는 선사시대부터 옥 에오 시기를 지나 그 이후까지 이어지는 주거지와 무덤으로 이루어진 고 카이 퉁Go Cay Tung 유적이 알려져 있다. 가장 중요한 곳은 바 테Ba The산 주변의 450헥타르에

그림4
캄보디아 캄퐁 참 출토 백제 불상
강희정, 2019에서 재인용

그림5
옥 에오의 중심인 바 테 산
필자 촬영

이르는 토아이 손 지구의 옥 에오 유적으로서 밀집도가 가장 높다(그림 5). 토아이 손 지구에서 발굴조사가 진행된 유적만 하더라도 다 노이Da Noi 유적(5-6세기 취락과 무덤), 고 카이 티Go Cay Thi 유적(4-5세기 불교사원), 남 린 썬Nam Linh Son 유적(1세기대 옹관과 7-9세기 전돌건물), 고 웃 짠Go Ut Tranh 유적(7세기대 힌두사원 및 7-10세기대 건물지), 고 카이 쫌Go Cay Trom 유적(5-7세기대 건물) 등이 알려져 있다(권오영, 2019B).

여러 차례에 걸친 발굴 조사 결과 바 테 산을 중심으로 운하와 인공 수로가 거미줄처럼 연결된 도시의 모습이 드러났다. 최근 발굴조사에서는 운하에서 린 썬 사원으로 이어지는 선착장과 도로가 발견되었는데, 백마강에서 이어지는 왕흥사의 진입 도로와 비교할 만 하다. 가람배치에서도 푸난과 백제 사찰의 비교 연구가 가능한 시점이 도래한 것이다.

푸난이나 참파가 백제와 직·간접적 교섭을 실시한 물적 증거만이 아니라 동남아시아적 전통이 중국을 경유하여 백제에 들어온 경우, 그리고 인도에서 비롯된 전통이 동남아시아와 중국을 경유하여 백제에 들어온 경우도 주목할 만하다.

불교가 대표적인 사례이다. 동진을 경유하여 백제로 들어온 마라난타의 국적을 알 수는 없으나 이 과정에서 동남아시아의 정보가 백제 사회에 들어왔을 가능성은 있다. 남조 양의 불교 사상과 미술(그림 6), 교리, 의식에 푸난의 영향이 강함을 고려한다면 (강희정B, 2011), 백제 불교에서 푸난의 요소가 보이는 것은 당연할 것이다. 특히 사리 공양이 그러할 것이다.

그림6
푸난의 불상
베트남 호치민국립박물관
필자 촬영

이밖에 인도나 서아시아 기원의 문양에도 주목할 필요가 있다. 대표적인 예가 보병문(삽화문), 마갈(박서영, 2016)과 코끼리의 표현(권오영, 2014A), 귀갑문(이귀영, 2010; 이송란, 2012) 등이다. 이러한 문양 모티프는 중국에서 들어왔을 것으로 판단되지만 더 거슬러 올라가면 푸난을 비롯한 동남아시아를 중간 매개로 삼았을 것이다.

Ⅳ. 맺음말 - 백제와 푸난 교섭사의 현재적 의미

이미 오래 전에 멸망하였고, 동북아시아와 동남아시아에 제각각 존재하던 두 고대 국가의 교섭에 대한 희미한 증거를 굳이 찾아내려는 이유는 무엇인가? 크게 두 가지로 정리할 수 있다.

우선 학술적인 목적이다. 백제를 비롯한 한국 고대 국가들이 교섭한 상대가 중국과 일본 등 동북아시아의 구성원에 그친 것이 아니라 북아시아, 중앙아시아, 동남아시아,

남아시아로 확산된다는 가설이 증명된다면 한국 고대 대외교섭사의 패러다임이 바뀔 것이다. 나아가 고대 해상 실크로드가 지중해 세계에서 시작해 중국 동해안에서 멈추는 것이 아니라 한반도와 일본열도로 연장되었음을 증명하는 작업은 한국사 연구의 세계화에 기여할 수 있을 것이다(권오영, 2019).

그 다음은 비교사적 연구의 가능성이다. 동남아시아 고대 국가에 대한 검토는 한국 고대 국가의 발전과정에 대한 다양한 모델의 수립에 도움을 줄 수 있으며 국가의 발전 전략에 대한 이해도 가능해진다. 동남아시아의 고대와 중세 국가들은 성장 방식에서 뚜렷한 차이를 보인다. 내륙에서 수리체계를 정비하고 집약적인 형태의 농업을 통하여 많은 인구를 부양하면서 성장한 앙코르 유형, 항시를 기반으로 해상교역을 통해 발전한 말라카 유형이다. 전자에는 인도네시아의 마타람, 사이렌드라 등이 포함되며 후자에는 푸난과 참파, 랑카수카, 스리비자야 등이 포함된다. 백제와 가야는 어느 유형에 대비될까? 당연히 말라카 유형이다(권오영, 2017B). 그렇다면 한국 고대 국가 형성사에서 백제와 가야에 대한 설명은 고구려, 신라 등 내륙에서 성장한 경우와는 다른 모습으로 그려야 한다.

백제와 푸난의 교섭에 대한 이해는 이외에도 수많은 주제를 개발하는 데에 영감을 줄 수 있을 것이지만, 보다 중요한 희망은 학술적인 차원을 넘어서서 우리 사회의 발전에 도움을 줄 수 있다는 점이다. 신북방정책과 신남방정책의 당위성에 대한 공감에도 불구하고, 그 구체적인 내용을 채우지 못하고 있는 현실에서 백제와 푸난의 교섭에 대한 연구는 대한민국이 베트남을 비롯한 동남아시아 국가들과 어떠한 형태의 관계를 맺어 나갈지에 대한 방향을 제시해 줄 것이다. 결혼 이주민 중 숫적 비중이 가장 높은 국가이자, 굴지의 대기업들이 앞 다투어 진출하는 대상인 베트남의 고대 역사와 문화에 대한 국내의 연구 성과와 일반인의 관심이 거의 없는 현재의 모습은 기이할 정도이다. 백제와 푸난의 교섭에 대한 학계의 관심은 이렇듯 기이한 사회적 현상을 타개하는 데에 도움을 줄 것이다.

현실적으로는 베트남을 비롯한 동남아시아 관광에서 역사유적의 중요성을 제고하는 데에도 도움을 줄 것이다. 매년 많은 한국 관광객들이 캄보디아의 앙코르 와트, 인도네시아의 보로부두르, 미얀마의 바간을 답사하지만 참파의 미썬(그림 7), 푸난의 옥 에오, 랑카수카의 숭아이 바투에 대해서는 아무런 관심이 없다. 베트남을 비롯한 동남아시아의 고대 역사와 문화에 대한 관심이 새로운 관광자원의 개발로 이어지는 것은 그리 어려운 일이 아닐 것이다.

그림7
참파의 미썬 유적(상)과 참 조각 박물관의 압사라이 상(하)
필자 촬영

참고문헌

〈국문〉

강희정, 2011A「미술을 통해 본 唐帝國의 南海諸國 인식」『中國史研究』第72輯, 西江大.

강희정, 2011B「고대 동남아 종교미술에 미친 인도 미술의 영향」『인문논총』제65집, 西江大.

강희정, 2019「해양루트를 통한 불교 물질문화의 전래: 동남아와 동북아」『해상 실크로드와 문명의 교류』, 사회평론.

국립공주박물관, 2007『무령왕릉 -출토유물 분석 보고서(Ⅲ)-』, 국립공주박물관 연구총서 19.

권오영, 2014A「백제와 동남아시아의 교섭에 대한 검토」『충청학과 충청문화』19, 충청남도역사문화연구원.

권오영, 2014B「한국고대사 연구를 위한 베트남 자료의 활용」『한국고대사연구의 시각과 방법』, 사계절.

권오영, 2017A「狼牙脩國과 海南諸國의 세계」『百濟學報』20, 백제학회.

권오영, 2017B「고대 동아시아의 항시국가와 김해」『가야인의 불교와 사상』, 인제대학교가야문화연구소 · 가야시, 주류성.

권오영, 2019A「바닷길의 확장이 동북아시아에 미친 파급」『해상 실크로드와 문명의 교류』, 사회평론.

권오영, 2019B『해상 실크로드와 동아시아 고대 국가』, 세창출판사.

김규호 · 윤지현 · 권오영 · 박준영 · Nguyen Thi Ha, 2016「베트남 옥 에오(Oc Eo) 유적 출토 유리구슬의 재질 및 특성 연구」『文化財』49(2), 국립문화재연구소.

김나영 · 이윤희 · 김규호, 2011「무령왕릉 출토 황색 및 녹색과 박 유리구슬의 고고화학적 고찰」『백제문화』44, 공주대학교 백제문화연구소.

노지현 외, 2011「백제유적 출토 유리제품의 납동위원소비 분석 고찰」『고고학 발굴과 연구, 50년의 성찰』, 주류성.

박서영, 2016「백제 무령왕릉 두침과 족좌의 용도와 성격」『미술사학연구』289, 한국미술사학회.

박준영, 2016A「한국 고대 유리구슬의 특징과 전개양상」『중앙고고연구』19, 중앙문화재연구원.

박준영, 2016B「한국 고대 유리구슬의 생산과 유통에 나타난 정치사회적 맥락」『한국고고학보』100, 한국고고학회.

세르게이 랍제브, 2019「동남아시아에서 유리 구슬의 기원과 발전」『고대 유리의 세계』국립경주박물관.

이귀영, 2010「百濟 龜甲文 考察」『신라사학보』18, 신라사학회.

이도학, 1991「백제의 교역망과 그 체계의 변천」『한국학보』63.

이송란, 2012「백제 한성시기 금속공예의 투각 연속육각문의 수용과 전개」『백제문화』47, 공주대학교 백제문화연구소.

이인숙, 1993『한국의 고대 유리』, 백산문화.

조흥국, 2000「한국과 동남아의 문화적 교류」『실크로드와 한국문화』, 국제한국학회.

쯔엉 닥 치엔, 2019「베트남 옹관묘 문화의 몇 가지 특징」『아시아의 독널문화』2019 국제학술대회, 국립나주박물관 · 전라남도 · 나주시.

타무라 토모미, 2012「유리(Glass)를 통해 본 고대의 교역 루트 -무령왕릉 출토품과 일본 출토품의 비교를 중심으로-」『백제문화』46, 공주대학교 백제문화연구소.

〈영문〉

Glover, Ian C., Mariko Yamagata and William Soutyworth, 1996 *The Cham, Sa Huynh And Han In Early Vietnam: Excavations At Buu Chau Hill, Tra Kieu*, Indo-Pacific Prehistory Association Bulletin 14.

Heisun Yu, Jihyun Ro, 2018 *A study on the Provenance of an Opacifying Agent($PbSnO_3$) in Yellow and Green Glass Beads from the Korean Peninsula*, Journal of Conservation Science Vol.34, No.4.

KANG HEEJUNG, 2013 *The Spread of Sarnath-Style Buddha Images in Southeast*, KEMANUSIAAN Vol. 20, No. 2.

Khai Vo Si, 2003 *The Kingdom of Fu Nan and the Culture of Oc Eo*, Art & Archaeology of Fu Nan, Edited by James C. M. Khoo

Yamagata, Mariko and Nguyên Kim Dung, 2010 *Ancient Rooftiles Found In Central Vietnam*, 50 Years of Archaeology in Southeast Asia -Essays in Honour of Ian Glover.

〈일문〉

山形眞理子, 2012「南境の漢・六朝系瓦 ―ベトナム北部・中部における瓦の出現と展開」,『古代』129・130, 早稲田大學考古學會.

鈴木峻, 2016『扶南・眞臘・チャンパの歴史』, めこん.

옥 에오Óc Eo의 구슬 생산과 교역, 동아시아 교류네트워크

허진아
서울대학교 인문대학

Ⅰ. 푸난의 교역 도시, 옥 에오

옥 에오는 동남아시아 고대 해상국가 푸난Funan · 扶南(기원후 1-7세기)의 국제 교역항이자 동서양을 넘나드는 광범위한 동아시아 교류네트워크의 연결점node으로서 기능하였다. 푸난은 크라 지협을 가로지르는 새로운 교역 노선을 개발하여 인도와 중국의 물품들이 교역될 수 있는 통로를 확보하고, 바삭Bassac 강어귀와 태국만Gulf of Thailand 사이 200㎞에 이르는 수로에 12개 이상의 도시들을 연결하는 수백 개의 운하를 전략적으로 설치한다(Sanderson et al. 2003). 내륙 운하 시스템을 발전시켜 메콩 삼각주 상류의 풍부한 '농업 생산성'과 해안 도시의 '상업 자본'을 동시에 활용할 수 있게 된 푸난은 기원후 2세기 대 옥 에오에 물품보관소와 숙소 등 항만시설을 갖춘 교역도시를 건설하였다(Miksic 2003; Manguin 2004).

옥 에오는 베트남 남부 메콩 삼각주 저지대라는 지리적 이점을 활용하여, 남중국해South China Sea-통킹만Gulf of Tonkin-크라 지협Isthmus of Kra-말라카 해협Straits of Malacca-벵갈만Bay of Bengal으로 이어지는 해상 교역로와 메콩강의 내륙 운하들을 연결하는 거점지로 성장한다(Tingley 2009: 110). 내륙으로 70㎞ 가량 떨어진 농업 중심지이자 인구 밀집지인 앙코르 보레이Ankor Borei와는 운하로 연결되었다(Stark et al. 2006: 117). 몬순 계절풍을 기다리며 다음 항해를 준비하는 외국 상인들에게 배를 정박시키고 식량을 구하고 물품을 거래할 장소를 제공함으로써(Vickery 1998: 301), 옥 에오는 (말라카 해협을 경유하는 노선이 출현하는 5세기 이전까지) 명실공히 동아시아 해상교역을 대표하는 국제 교역도시로써 동서양 교류네트워크 확립에 중추적인 역할을 담당하게 된다.

그림1
동남아시아 철기시대 주요 유적들

중국 오나라 왕조(229-280 CE)의 특사 강태康泰가 기록한 보고서(240 CE)에 따르면, 기원후 3세기 초 푸난은 원정을 통해 말레이반도의 여러 교역 센터들을 통합하고 해상 교역권에 대한 지배력을 강화하였다(Vickery 1998: 33-7). 푸난의 무역상들이 중국과의 교역을 독점할 수 있게 되면서, 지중해 · 인도 · 중동 · 아프리카로부터 수입한 상품들(주로 보석 및 장신구류 · 유향 · 몰약 · 기타 식물 수지 및 향료 제조에 사용되는 여러 가지 물질)을 중국의 비단과 도자기로 교환하는 중계교역이 성행하는 한편, 인도네시아 군도에 메콩강 지역의 상품이 유통되는 등 동남아시아 지역사회 간의 교역이 확대되는 변화를 가져온다. 이와 동시에, 옥 에오 도시 내부에서는 내륙 운하를 통해 수입한 구리와 주석 같은 원자재를 이용하여 청동기를 만들거나 구슬 및 장신구류, 금제품을 제작하는 등 수공품 생산경제가 발전하게 된다(Miksic 2003: 18-22). 도시를 둘러싸고 있는 환호와 성벽의 존재는 당시 교역 활동이 철저하게 관리되고 통제되었음을 암시한다(Kenoyer 1998 참고).

II. 옥 에오의 구슬 생산과 교역

최초 발굴자 루이 말레헤Louis Malleret를 비롯한 여러 학자들은 옥 에오가 당시 동남아시아 시장과 동아시아 해상교역에서 주요하게 거래되었던 유리구슬의 수입과 유통은 물론 생산까지도 담당한 국제 교역 센터였을 것이라고 추정해 왔다(Dussubieux 2001; Lankton and Dussubieux 2006; Francis 1990, 1996).[1] 1940년대 발굴조사에서 유리 파편 · 슬래그 · 도가니 파편 등 유리구슬 생산 흔적(Malleret 1962: 147-8)뿐만 아니라 서아시아 · 남아시아 · 동남아시아 등 여러 지역에서 생산된 아게이트agate · 카넬리안carnelian · 제이다잇jadeite · (경옥) · 네프라이트nephrite · (연옥) · 수정rock crystal · 아메시스트amethyst · (자수정) · 가넷garnet · (석류석) 등 석제 구슬과 작고 다양한 색상의 유리구슬이 다량으로 발견되었기 때문이다. 또한 이집트와 지중해에서 인도로 수입된 후 베트남 옥 에오, 말레이시아 쿠알라 셀링싱Kuala Selinsing, 태국 반 타 카오Ban Tha Kao, 중국 광저우Guangzho 등으로 유통되었던 금박구슬gold-foil glass bead도 확인되고 있어 옥 에오가 당시 국제사회에 명실공히 구슬 교역의 중심지로 인식되었음을 짐작케 한다(Francis 2002). 최근 조사에서는 옥 에오 주변에 1차 유리 생산 즉 소재를 만들 수 있는 화강암 산지가 분포한다는 사실이 새롭게 밝혀지기도 하였다(Manguin and Vo Si Khai in Stark and Dussubieux 2002).

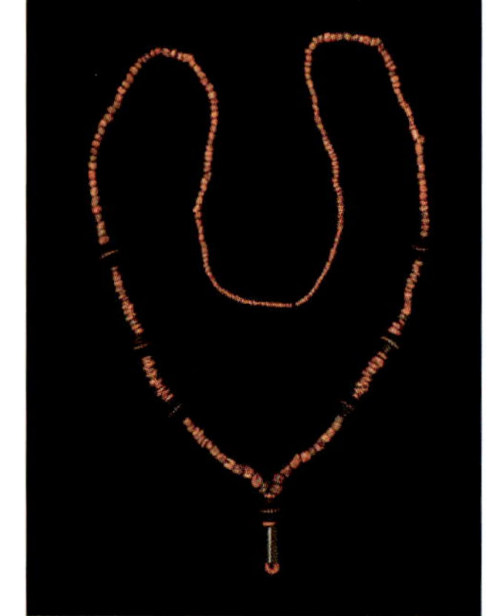

그림2
티모르Timor 출토
무티사라 목걸이
위키티피아

인도-태평양Indo-Pacific 유리구슬은 옥 에오에서 가장 중요하고 빈번하게 거래된 물품 중 하나이다. 무티사라mutisalah[2]를 포함해 인도와 태평양 지역에서 생산된 대부분의 유리구슬을 지칭한다. "Trade Wind Beads"(Van der Sleen 1956: 27-9)라고도 불리는데 적색 · 청색 · 녹색 · 노란색 · 오렌지색 등 다양한 색상과 작은 크기가 특징이다(그림 3-4). 오랜 기간에 걸쳐 인도-태평양 지역에 집중 분포하였는데, 서양의 구슬과는 화학성분 조성비에서 분명한 차이를 나타낸다(Francis 1988).

그림3
옥 에오 출토 구슬 :
우측 녹색 · 파란색 목걸이가
인도-태평양 유리구슬

---

1 발굴 당시 훼손이 심하여 유리구슬 생산의 고고학적 증거(예: 생산 공방)를 명확하게 확인하지는 못 하였다(Stark and Dussubieux 2002).

2 무티사라mutisalah는 티모르Timor, 플로레스Flores, 숨바Sumba, 사부Savu 등 순다 제도에서 가보로 사용된 구슬을 의미한다. 주황색과 다홍색의 인도-태평양 구슬에서 기원한 것으로 추정되며, 최초 생산은 기원전 200년 경 남인도에서 이루어졌으나 이후 해상교류를 통해 동남아시아 섬 지역에까지 제작기술이 확산되었다. 기원후 9-13세기 불교 전래와 함께 보르네오, 자바, 인도네시아 동부 섬으로까지 유통되었는데 기원후 12세기경 중국산 코일coil 구슬이 유행하기 시작하면서 점차 사용이 줄어들게 된다(Francis 2002).

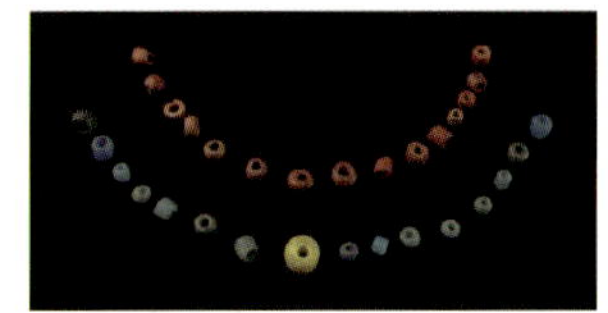
그림4
대만 화렌 황산
Huangshan, Hualien 출토
인도-태평양 유리구슬
Hung and Chao 2016: 1544 그림 4

프랜시스(Francis 2002: 27-41)에 따르면, 인도-태평양 유리구슬은 기원전 250년에서 기원후 250년 사이 인도 남부 항구도시 아리카메두Arikamedu에서 처음 생산되었다. 기원후 3세기경 칼라브라Kalabhra 왕조가 들어서기 전, 기원후 2세기대 구슬 생산 장인들은 도시를 떠나 새로운 지역에 정착하게 되는데, 이를 계기로 동남아시아에 인도-태평양 유리구슬 제작기법이 확산될 수 있었다고 제안한다. 옥 에오와 아리카메두를 제외하고 현재까지 알려진 인도-태평양 유리구슬 생산 유적으로는 인도 카라이카두Karaikadu(기원후 1세기), 스리랑카 만타이Mantai(기원후 1-2세기에서 10세기), 태국 남부 크롱 톰Klong Thom(기원후 2-6세기), 말레이시아 쿠알라 세린싱Kuala Selinsing(기원후 5-6세기), 숭아이 마스Sungai Mas(기원후 7-12세기) 등이 있다(I. Lee 2009: 178; Ramli et al. 2012: 23). 그런데, 최근 LA-ICP-MSLaser Ablation Inductively Coupled Plasma Mass Spectrometry와 같은 분석기법의 발전으로 유리성분에 대한 정밀한 분석이 가능해짐에 따라(Bellina 2014; Carter 2015; Lankton and Dussubieux 2013; Theunissen 2003), 남아시아와 동남아시아 간, 심지어 동남아시아 내부에서도 기존 예상보다 훨씬 더 복잡하고 다양한 교역/교환망이 운영되었고, 구슬 생산도 지역과 시기별로 다양하게 이루어졌음이 드러나고 있다(Carter 2016). 이에 따라, 인도-태평양 지역에서 확인되는 유리구슬이, 프랜시스의 주장처럼, 모두 인도 아리카메두에서 기원 혹은 생산되었던 것은 아니라는 인식이 점점 높아지는 추세이다.

옥 에오에서 출토된 유리구슬 상당수는 고알루미나 소다 유리High Alumina soda glass에 속한다(김규호 외 2016; Dussubieux 2001). 소다 유리는 철기시대 후기(1-500 CE)에 인도와의 해상교역이 증가하면서 대량 수입된 교역품이며 고알루미나계m-Na-Al 유리는 동남아시아에서 가장 흔하게 발견되는 하부 유형이다. 앙코르 보레이나 옥 에오 등 연안지역은 물론 메콩강 유역 내륙지역에까지 동남아시아 전역에 고르게 분포한다. 반면, 칼륨Potash 유리의 경우 옥 에오 같은 연안에서는 거의 발견되지 않거나 캄보디아 프로히어Prohear와 빌리지 10.8Village 10.8, 태국 프롬틴 타이Promtin Tai 같은 내륙지역 유적을 중심으로 분포한다(Dussubieux 2001; Dussubieux et al. 2010). 칼륨 유리는 철기시대 초기(500 BCE-1 CE) 남중국해 네트워크 문화(South China Sea network culture)를 대표하는 교역품 중 하나로서, 연안 교역로와 연결된 내륙 운하를 통해 메콩 삼각주 일대에 널리 유통되었던 것으로 알려져 있다. 철기시대 후기에 들어와 초기 연안 교역로와는 다른 루트, 즉 옥 에오나 앙코르 보레이 같은 국제 교역도시를 중심으로 하는 새로운 해상-운하 교역로가 개발되면서 품 스나이Phum Snay, 프레이 크멩Prei Khmeng, 프놈 보레이Phnom Borei, 밴 논 왓Ban Non Wat, 논 을럭Noen ULok 등 내륙 도시에 소다 구슬이 유통될 수 있었던 것으로 보인다(Carter 2013: 418).

잘 알려진 바와 같이, 옥 에오에서 아게이트 및 카넬리안 원석의 깨진 조각, 반가공품 등이 확인되어 일찍이 석제 구슬 생산의 가능성이 제기된 바 있다(Francis 1989; Malleret 1962). 하지만 당시 학자들 사이에서는 동남아시아 구슬은 모두 수입품이라는 인식이 지배적이었고 옥 에오나 앙코르 보레이 같은 해안 교역센터 출토품은 물론이거니와 메콩강 내륙지역에서 발견되는 석제 구슬들까지 모두 인도에서 기원한 것으로 보는 경향이 있었다(Bellwood 1976: 276-7; Francis 1989: 23; Glover 1990a, 1996; Ray 1996: 43; Lamb 1965: 92-3). 그런데 테우니센과 동료들(Theunissen et al. 2000: 98)은 기존 연구들이 아게이트/카넬리안 구슬의 천공방식drilling methods에 대한 SEMScanning electron microscope 조사나 성분분석(compositional analysis) 결과 같은 객관적인 근거도 제시하지 않은 채, 막연히 '인도 기원설'을 추정만 해오고 있다고 비판한다. 그들은 PIXEProton-Induced X-ray Emission 분석을 통해 밴 돈 타 펫Ban Don Ta Phet 출토 아게이트/카넬리안 구슬이 인도 남부, 북서부, 북동부에 위치한 생산유적들에서 출토된 구슬들과 다른 화학조성비를 가지고 있으며 오히려 스리랑카 구슬들과 유사하다는 사실을 밝혀냈다. 이를 근거로, 현지 제작의 가능성과 함께, 인도와의 장거리 교역 외에도 동남아시아 지역사회들 간에 여러 복잡한 자원 교역망이 작동하였을 가능성을 제기하였다.

실제, 태국 말레이반도의 카오 샘 케오Khao Sam Kaeo 유적에서는 철기시대 석제 구슬 생산 공방이 발견되기도 하였다. 벽으로 둘러싸인 지역에 위치하고 있을 뿐만 아니라 미완성/완성품 구슬들에서는 여러 제작기술 전통이 식별되어 당시 말레이반도에 다양한 지역에서 온 장인들로 이루어진 전문 생산 집단이 존재하였다는 사실을 입증하였다(Bellina 2014). 아게이트와 카넬리안 구슬 생산에는 일반적으로 남아시아 구슬 제작기법(예: 더블 다이아몬드 드릴링double diamond drilling 혹은 백폴리싱bag-polishing 기법)이 사용되었는데, 특히 인도 고유의 다이아몬드 드릴링 기법은 기원전 600~300년경 인도 하라파 지역에서 처음 사용하기 시작한 것으로 알려져 있다(허진아 2018b). 다이아몬드 드릴링은 석제 구슬을 대량생산하기 위해 개발된 천공기법으로 다량의 카넬리안 구슬이 서아시아와 동아시아로 확산되는 배경이 된다. 뿐만 아니라, 카오 샘 케오에서는 현지 엘리트들이 문화적으로 중요하게 여기는 형태로 제작된 장신구류도 상당수 확인되었다. 구슬 장인 집단에 대한 엘리트의 통제 및 관여가 이루어졌을 뿐만 아니라 카오 샘 케오 엘리트들이 구슬의 생산과 교환을 사회적 지위를 유지하고 승가시키는 수단으로 사용하였을 가능성을 시사한다(Bellina 2003, 2007).

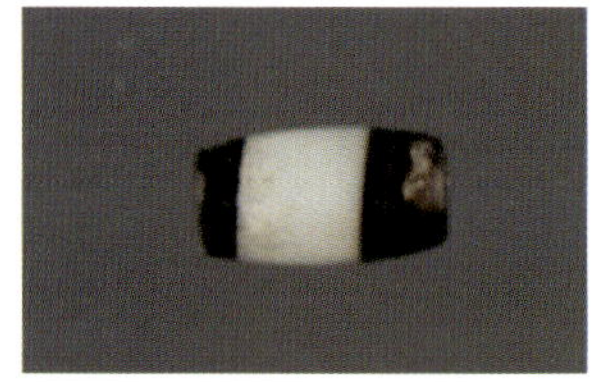

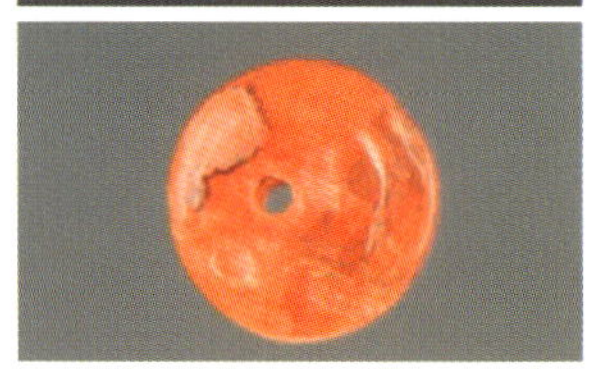

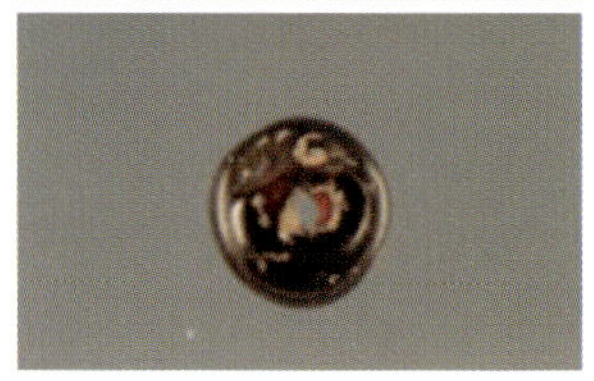

그림5
동남아시아 메콩강 유역
위에서부터 아게이트 · 카넬리안 · 가넷 구슬
Carter 2013: 122 그림 4.1

최근 발표된 가넷 구슬에 대한 연구 결과에서도 현지 구슬 생산의 가능성을 보여주는 증거가 제시되었다(Carter 2013, 2015). 옥 에오와 운하로 연결되어 있는 앙코르 보레이에서 출토된 가넷 구슬의 (원석) 산지는 남아시아 또는 동남아시아 일대로 밝혀졌다. 현재까지 알려진 가넷 구슬 생산지는 인도 남부 아리카메두, 코두마날Kodumanal, 포룬탈Porunthal 세 유적으로 동남아시아에서는 아직까지 확인된 바 없다(Crater 2013: 398). 그런데 천공기법 조사 결과 앙코르 보레이 출토 가넷 구슬은 남아시아 전통의 더블 다이아몬드 드릴링(Francis 2002: 110; Kenoyer and Vidale 1992)은 확인되지 않았고 형태나 광택 면에서 인도 가넷 구슬과 분명한 차이를 가진다는 사실이 밝혀졌다(Carter 2013: 372). 또한 가넷으로 만든 다른 장신구와 달리, 가넷 구슬은 태국 동남부 및 베트남 남부와 같은 연안 지역에만 한정하여 소량으로 분포한다. 내륙지역에서는 거의 발견되지 않는 점으로 미루어 보아 내륙 집단들에게는 인기가 없었거나 다른 교환 네트워크를 통해 유통되었을 가능성이 있으며, 해안 교역집단들이 원석을 수입하여 현지에서 제작/가공한 후 공유하였을 가능성도 배제할 수 없다(Crater 2013: 399). 한편, 철기시대 후기로 갈수록 동남아시아에 낮은 품질의 석제 구슬이 증가하는 현상에 대해, 일부 연구자들은 엘리트들이 다른 엘리트와의 동맹 형성 전략의 일부로 사용하기 위해 저품질 구슬 생산을 의뢰한 결과라고 해석해 왔다(Bellina 2007: 72-4). 그러나 카터는 남아시아와의 교역 강화 및 인도산 저품질 구슬의 수입이 증가한 데 따른 결과라고 보고, 알루미나 소다 유리구슬과 함께 다이아몬드 드릴링 기법으로 대량 생산된 아게이트 및 카넬리안 구슬이 인도화가 진행됨에 따라 남아시아에서 다량 수입된 결과일 가능성을 제시하였다(Carter 2013, 2015).

III. 구슬 교역과 동아시아 교류네트워크

동아시아 해상교역은 기원전 500년부터 남중국해를 중심으로 활성화되기 시작하였으며(남중국해 상호작용영역South China Sea Interaction), 기원전 206년 한왕조의 등장 이후 동서양을 연결하는 광역 교류망(한나라 해상실크로드Han Dynasty Maritime Silk Road)으로까지 발전하게 된다. 앞서 살펴봤듯이, 옥 에오는 동아시아 해상교역의 발전에 중요한 구심점 역할을 해 왔다. 따라서 이 장에서는 옥 에오 구슬 교역과 연동된 동아시아 지역사회들 간 교류의 면모를 살펴보고자 한다.

1 | 남중국해 네트워크문화: 동아시아 교류의 출발

그림6
남중국해 네트워크문화 고고 자료

지난 50여 년 동안 남중국해는 사 후인-칼라네 상호작용영역Sa Huynh-Kalanay Interaction Sphere 또는 남중국해 상호작용영역South China Sea Interaction Sphere으로 학계의 주목을 받아왔다. 철기시대 초기(500 BCE-1 CE) 남중국해 연안에는 동 선Dong Son · 사 후인Sa Huynh · 칼라네Kalanay · 옥 에오 등 다양한 지역문화로 구분되는 복합사회들이 출현하였는데, 지역의 공동체들은 해상교역을 통해 동 선 청동북Dong Son drum · 사 후인-칼라네 토기Sa Huynh-Kalanay pottery · 연옥제 링링오nephrite lingling-o · 유리 및 카넬리안 구슬 · 청동 그릇 등 특정 교역품들을 공유하였다(그림 6, Bellina 2007; Bellwood 2007; Dung 2017; Hung et al. 2013).

분포 지역이 광범위하고 지역에 따라 크기나 형태에서 차이를 보이기도 하지만 교역품의 생산에 사용된 기술과 장식 모티브는 유사하다. 동 선 문화를 대표하는 동 선 청동북Dongson drum은 중국 윈난성 · 스촨성 · 광시성, 캄보디아의 삼 롱 센Sam Rong Sen, 태국의 논 녹 타Non Nok Tha · 반 치앙Ban Chiang, 인도네시아의 숭가이랑아스Sungairangas, 발리 길리마눅Gilimanuk 등 남중국해의 거의 모든 연안과 그 배후지역에 분포한다. 제작기법에는 큰 차이가 없지만 크기와 형태면에서 지역성이 확인되어 지역단위 생산 가능성을 높게 보고 있다. 모든 동 선 청동북에는 배를 타고 전쟁하는 모습이나 별 문양이 새겨져 있어 청동북을 사용하는 집단들 간에 특정 이념이나 문화가 공유되었다는 것을 알 수 있다.

또 다른 주요 교역품인 연옥제 링링오 귀걸이는 사 후인 문화를 대표하는 유물이다. 대만 남동부의 연옥 원재료를 수입하여 지역별로 생산한 후 유통시켰던 것으로 추정되는데, 주요 분포지는 태국의 헝춘Hengchun, 필리핀 북부 루손Luzon의 아르쿠Arku 동굴, 베트남 중부의 사 후인이다(Hung et al. 2006). 연옥 산지인 대만의 남동부 란위Lányǔ와 가까운 필리핀 북부 바테인스Batanes에서 기원전 2,500년 경 신석기시대 링링오 제작공방이 확인된 점(Bellwood et al. 2011)으로 미루어 볼 때, 전형적인 링링오 모티브(세 모서리 돌출)가 필리핀의 오래된 토착문화로부터 기원한 것은 분명해 보인다.

태국의 말레이반도에 위치한 카오 섹Khao Sek과 카오 샘 케오 유적에서는 기원전 4세기부터 유리로 만든 구슬과 팔찌 등이 생산되었다. 카오섹은 랑수안강 수로가 시작되는 내륙의 배후 취락으로 국제교역항이었던 카오 샘 케오로부터 80㎞ 떨어진 곳에 위치한다. 이들 유적에서 파손/폐기품, 미완성품으로 발견된 유리팔찌는 남중국해 네트워크 문화를 대표하는 교역품이다. 사 후인 관련 유적들, 예를 들어 베트남 종 카 보Giong Ca Vo · 포 호아Pho Hoa · 고 마 보이Go Ma Voi · 옥 에오와 필리핀 팔라완 섬 등 해상교역 관련 도시나 취락 유적에서 주로 발견된다. 유리구슬과 마찬가지로, 남중국해 네크워크문화의 일부를 담당하며 생산기술의 재지화가 이루어졌던 교역품은 카넬리안 구슬이다. 철기시대 초기(500 BCE-1 CE)에는 소량이지만 복잡한 형태의 카넬리안 장신구가 남중국해 공동체들 사이에서 공유되다가, 후기(1-500 CE)로 갈수록 단순한 구형/반구형의 구슬이 다량으로 유통되거나 석제나 금속 드릴을 사용하여 현지 제작이 이루어지는 방향으로 변화해 간다(Bellina 2014).

중요한 점은, 철기시대 남중국해 공동체들이 특정 교역품을 공유하는 것이 단지 인적, 물적 교류만을 의미하지 않는다는 것이다. 장신구를 착용하는 스타일이나 의례·의식, 이념 등을 공유하며 네트워크에 참여하는 개인이나 집단 및 사회 간에 더 깊은 문화적·정서적 유대감이 형성될 수 있다는 점에 주목해야 한다. 예를 들어, 베트남 중부의 사 후인 문화는 북부의 동 선 문화와 달리 옹관묘를 매장주체부로 사용하는 전통을 공유한다. 옹관묘의 형태가 포탄형·원통형인지, 구형인지 여부에 따라 각각 북부 사 후인, 남부 사 후인으로 구분된다. 전자의 경우 기원전부터 기원후 100년까지, 후자인 구형의 옹관을 사용하는 남쪽 전통은 기원전 1,500년부터 기원후 200~300년까지 유지되었다(Hung et al. 2013). 이렇듯 사 후인 유적에서 시작된 옹관묘 매장 관습은 남중국해 교류네트워크가 활성화되는 철기시대에 들어오면서 베트남·태국·캄보디아·인도네시아·필리핀 등 주변지역으로 빠르게 확산되기 시작하였다. 결과적으로, 해상교역은 동남아시아의 지역과 지역을 연결하여 광범위한 범위에서 인적·물적·기술/정보를 교류할 수 있는 기회를 제공하였을 뿐만 아니라, 남중국해 공동체들 간 연대와 협력을 기반으로 하는 상호보완적 교역 정치체들의 출현을 이끌어 낸 문화적 토대(남중국해 네트워크문화)를 마련해 주었다.

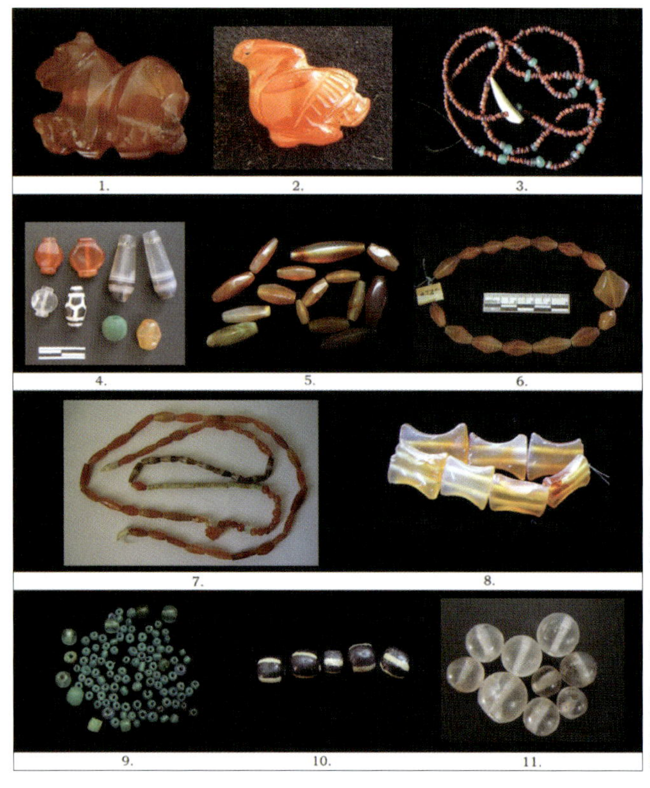

그림7
사 후인 문화 구슬들과 장신구
1-2. 카넬리안 펜던트, 라이 응이Lai Nghi 출토
3. 유리구슬, 라이 응이Lai Nghi 출토
4. 각종 구슬들, 호아 디엠Hoa Diem 출토
5-6. 카넬리안 구슬, 종 론Giong Lon 및 종 카 보Giong Ca Vo 출토
7-8. 아게이트와 카넬리안 구슬, 라이 응이 및 종 카 보 출토
9. 유리구슬, 종 카 보 출토
10. 유리구슬, 종 론 출토
11. 수정구슬, 호아 디엠 출토
Dung 2017: 324 그림 18.4

2 | 한나라 해상실크로드: 동아시아 광역 교류네트워크의 확립

동서양을 연결하는 해상실크로드가 한무제에 의해 본격적으로 운영되기 시작하면서 남아시아 · 동남아시아 · 중국 · 한반도 · 일본의 연안은 일종의 광역 교류망을 형성하게 된다. 서쪽으로는 통킨만과 벵갈만을 지나 인도 남동부에 이르게 되고, 동쪽으로는 남중국해와 동중국해를 지나 한반도의 서해안과 남해안을 거쳐 일본으로 연결되는 해상교역망이 완성된다. 서쪽 교역로의 성격은 『한서漢書』 기록에 명확하게 드러나 있는데, 한나라의 금과 실크를 인도의 구슬 · 유리 · 진주 등 장신구나 보석으로 바꿔오는 것이었다(Xiong 2014). 동쪽 교역로를 통해서는 한반도와 일본으로 한나라 동경과 수입산 구슬이 유통된 것으로 보이지만(권오영 2014, 2017; 박준영 2016a, b; 허진아 2018; Chen et al. 2019; Tamura and Oga 2014; Zhangsun et al. 2017), 그 구체적 경로나 성격에 대해서는 뚜렷하게 알려진 내용이 없다.

기원전 111년에 남월국을 정복하고 광동성 · 광시성, 베트남 북쪽지역으로까지 세력 확장에 성공한 한나라는 광시성 남부 합포군合浦郡 · Hepu commandery에 쉬원항徐聞 · Xuwen port과 합포항Hepu port을 설치하였다(Xiong 2014). 그리고 『한서漢書』에 나와 있듯이, 바로 이 곳에서 구슬과 장신구 교역을 위해 인도로 떠나는 한나라 사절단의 항해가 시작된다. 비단 인도산 구슬이나 장신구뿐만 아니라, 파르티아 제국의 도자기, 동남아시아산 유리제품(링링오 모양)이나 아게이트, 호박으로 만든 사자모양 장신구 등 다양한 지역의 사치품들이 동아시아 지역에 유입될 수 있는 창구 역할을 한 것이다(Xiong 2014). 합포군은 국제교역항 운영을 통해 외래 사치품 특히 구슬이나 장신구를 한나라의 수도와 내륙, 중국 외부지역으로 유통시키는 물류 중심지로 성장하게 된다.

이와 같이, 국제 해상교역이 성행하게 되면서 기원후 1세기대 동남아시아 지역에는 인도 문화가 진출, 확산하는 인도화Indianization가 이루어지게 된다(Smith 1999). 옥 에오에서 보석 · 금반지 · 인장 · 도자기 등 인도와 인도양 서부의 물품들, 유리제품 조각 · 마르쿠스 아우렐리우스Marcus Aurelius(161-180 CE) 금화 · 안토니누스 피우스Antoninus Pius(152 CE) 금제 메달 등 2~4세기대 로마 물품, 후한(25-220 CE)의 청동거울과 북위(386 - 534 CE)의 불상 등이 출토된 사실(Malleret 1962)은 한나라 해상실크로드가 운영되기 시작하면서 비로소 동서양을 아우르는 광역 교류네트워크가 확립되었음을 시사한다. 역사학자 홀(Hall 1982: 86)은 옥 에오에서 출토된 고고 자료를 토대로 인도화가 푸난의 성장에 중대한 역할을 하였을 것으로 추정한다. 푸난의 지도자들이 상인들에게 풍부한 식량과 안전한 항구를 제공함으로써 보다 많은 국제 교역 상인들을 옥 에오 같은 교역도시로 끌어들였을 뿐만 아니라 농경지 관리나 물품 거래, 새로운 아이디어와 세계에 노출되며 얻게 되는 새로운 정보까지 교역 활동을 통해 막대한 이익을 창출하게 되면서 통치 기반을 확보할 수 있었던 것으로 보았다.

광저우의 합포 무덤 역시 동아시아에 광역 교류네트워크가 확립되었음을 뒷받침 해주는 대표적 사례 중 하나이다. 약 10,000여 기의 한나라 무덤들 가운데 전한 말에서 후한 말(30 BCE~220 CE)까지 조영된 1,000여 기의 대형 및 중형 무덤들이 발굴조사되었다(Xiong 2014). 갱도 무덤, 목곽묘, 전축분 등 전형적인 한나라 양식과 지역 양식의 무덤들이 함께 발견되었고, 한나라 전통의 청동기와 옥기를 비롯하여 유리 · 가넷 · 호박 · 아게이트 · 금제 다각형 구슬 · 진주 그리고 페르시아 도자와 청동 심벌 같은 이국적인 수입품들이 다량 출토되었다. 합포 무덤에 묻힌 피장자의 성격을 통해 유추해 보건대, 기원전 2세기 말부터는 해상교역 및 배후지로의 유통에 대한 관리/통제권과 물품의 출납 및 생산에 대한 통제권이 지역공동체에게 절대적으로 중요한 사회 재원이자 지배계층에게는 권력 창출의 중요한 수단으로 자리매김하게 되었을 것이다.

한국 원삼국시대 구슬의 유입과 확산은 이와 같은 동아시아 정세 속에서 전개된 해상교역의 연장선상에 있다. 기원전 3세기 말~2세기 초 한반도 서해안권역에 중국의 납-바륨 유리 및 벽璧 · Bi discs이 유입되기 시작한다. 이러한 변화는 한왕조 성립 이후에 납-바륨과 포타쉬 유리생산의 중심지가 중국 남부(광서성, 광동성)로 이동하고 남중국해 해상교역망이 활성화되는 정황과 무관하지 않을 것이다. 기원전 1세기부터는 지배계층의 무덤에 유리 및 석제 구슬이 다량으로 부장되기 시작하며, 특히 기원후 2세기대에는 서해안을 따라 분포하는 분구묘에 집중 분포한다. 마한 엘리트들의 위신재 혹은 무덤부장품으로 사용되었는데, 이와 같은 급격한 소비증가가 의미하는 바는 아마도 지역정치체들의 성장일 것이다. 칼륨 구슬의 원산지는 중국 남부와 남아시아 또는 동남아시아, 소다 구슬의 경우 남아시아와 동남아시아가 유력하고 카넬리안 구슬의 원산지는 남아시아로 밝혀진 바 있다(허진아 2018). 기원후 3세기대로 넘어오면서 부정형의 팝아웃 카넬리안 같은 저품질 구슬과 소다 유리구슬이 충청 내륙지역에 유통되기 시작한다. 기원후 2세기대까지는 칼륨 구슬이 해안/평야지역에 집중되다가, 대량 유통된 소다 유리로 전환되는 3세기대로 넘어오면서 충청 내륙지역으로까지 구슬 소비가 확산되는 것이다. 이러한 유통 변화가 당시 동아시아 구슬 교역의 중심지였던 동남아시아 메콩강 일대에서 이루어진 인도화와 무관하지 않을 것은 당연하다.

주된 교역품이 지배계층을 위한 고가의 사치품 즉 구슬 · 장신구였다는 점은 동아시아 해상교역이 지역정치체 출현과 성장에 중요한 역할을 하였음을 의미한다. 교역항의 운영은 그 지역사회의 경관에 중대한 변화를 가져온다. 옥 에오와 더불어 남중국해 네트워크문화를 이끌었던 말레이반도 카오 샘 케오 교역항과 카오 섹 취락에 대한 최근의 연구(Bellina et al. 2019)는 항만 설치가 단순히 여러 지역을 오고가는 상인들과 장인들이 만나거나 다양한 물품들이 교류될 수 있는 장소의 확보만을 의미하는 것이 아니라는 점을 지적한다. 항만 운영이 해당 지역사회에 해상교역 네트워크로 연결되는 넓은 배후지hinterland를 형성시키는 매개가 될 수 있다는 점을 강조한다(Manguin 2002 참고). 해안과 연결되는 강과 하천의 수로를 통해 내륙지역으로 교역품들이 확산되고, 그 과정에서 여러 지역과 교환이 용이한 곳에 재분배중심지 또는 도시교환중심지(Heo 2018)로도 불릴 수 있는 거점도시가 형성되는 것이다. 교역항과 마찬가지로 거점도시에서는 상대적으로 풍부한 물자와 원료, 다양한 기술을 이용하여 수공품 산업이 발달하는 경향이 있고 다양한 문화가 결합hybrid되거나 혼재mixed하는 양상, 교역품을 저장하거나 도시를 방어하는 시설들이 관찰되는 경우가 많다. 이와 같은 경관 변화가 교역/교환에 대한 통제권을 행사하였던 엘리트와 무관하지 않았을 것은 당연하며, 지역공동체 내에 정치적 복합도의 심화가 가속화되는 현상과 궤를 같이하였을 가능성이 높다.

그림8
합포 무덤 출토 유리구슬
Xiong 2015: 53

이와 같이, 옥 에오와 같은 국제 교역도시의 출현 그리고 메콩강 일대를 중심으로 이루어진 구슬 해상교역의 발전은 당시 동아시아 지역정치체들의 경제 전문화 및 문화적 차별화를 가속화시켜 사회정치적 복합도가 심화되는 결과를 가져온 한편, 지역 간 교류를 증진시켜 장거리 및 지역 네트워크에 참여하는 여러 집단들과의 협력을 이끌어내

결과적으로 다수의 정치체들이 동반성장해 나갈 수 있는 토대를 제공해 준 것으로 평가할 수 있다(Bellina et al. 2019).

* III장은 필자 논문「초기철기-원삼국시대 구슬 해상교역과 환황해권 정치 경관의 변화」, 『한국상고사학보』 106호에서 발췌 후 수정한 내용임.

참고문헌

Bellina, B., 2003. Beads, Social Change and Interaction Between India and Southeast Asia. Antiquity 77(296):285—97.

Bellina, B., 2007. Cultural Exchange between India and Southeast Asia: Production and distribution of hard stone ornaments (VI c. BC—VI c. AD). Editions de la Maison des Sciences de l'Homme, Paris.

Bellina, B., 2014. Maritime Silk Roads' Ornament Industries: Socio-Political Practices and Cultural Transfers in the South China Sea. Cambridge Archaeological Journal 24(4):345-77.

Bellina, B., Favereau, A., Dussubieux, L., 2019. Southeast Asian early Maritime Silk Road trading polities' hinterland and the sea-nomads of the Isthmus of Kra. Journal of Anthropological Archaeology 54:102-120.

Bellwood, P. 1976. Archaeological research in Minhasa and the Talaud Islands, northeastern Indonesia. Asian Perspectives 29(2): 240-88.

Bellwood, P., 2007. Prehistory of the Indo-Malaysian Archipelago. ANU E Press, Canberra.

Bellwood, P., Hung, H., Iizuka, Y., 2011. Taiwan Jade in the Philippines: 3,000 Years of Trade and Long-distance Interaction. In Paths of Origins: The Austronesian Heritage, edited by Benitez-Johannof and Purissima, pp. 30-41. Artpostasia Pte Ltd.

Carter, A.K., 2013. Trade, Exchange, and Socio–political Development in Iron Age (500 BC-AD 500) Mainland Southeast Asia: An Examination of Stone and Glass Beads from Cambodia and Thailand. Unpublished Ph.D. Dissertation, Department of Anthropology, University of Wisconsin–Madison.

Carter, A.K., 2015. Beads, Exchange Networks and Emerging Complexity: a Case Study from Cambodia and Thailand (500 BCE–CE 500). Camb. Archaeol. J. 25:733–757.

Carter, A.K., 2016. The Production and Exchange of Glass and Stone Beads in Southeast Asia from 500 BCE to the early second millennium CE: An assessment of the work of Peter Francis in light of recent research. Archaeological Research in Asia 6:16–29.

Chen, D., Luo, W., Bai, Y., 2019. The social interaction between China and Japanese archipelago during Western Han dynasty: comparative study of bronze mirrors from Linzi and Yayoi sites. Archaeological and Anthropological Sciences 11:3449–3457.

Dussubieux, L., 2001. L'Apport de l'ablation laser couplée a l'ICP-MS à la caractérisation des verres: Application a l'étude du verre de l'océan Indien (Ph.D.) Department of Chemistry, Université d'Orléans.

Dussubieux, L., Gratuze, B., 2010. Glass in Southeast Asia. In 50 Years of Archaeology in Southeast Asia, edited by Bellina, B., Bacus, E.A., Pryce, T.O.,Wisseman Christie, J., Essays in Honour of Ian Glover, pp. 247–260. River Books, Bangkok.

Dung, N., 2017. The Sa Huynh Culture in Ancient Regional Trade Networks: A Comparative Study of Ornaments. In New Perspectives in Southeast Asian and Pacific Prehistory, edited by Philip J. Piper, Hirofumi Matsumura, David Bulbeck, pp. 311-332. ANU Press.

Francis, P., 1988-1989. Glass beads in Asia, part 1: introduction. Asian Perspectives 28(1):1-21.

Francis, P., 1989. Beads and Bead Trade in Southeast Asia. Contributions of the Centre for Bead Research 4. Lake Placid, Centre for Bead Research, New York.

Francis, P., 1990. Glass Beads In Asia Part 2: Indo-Pacific Beads. Asian Perspectives 29(1): 1-23.

Francis, P., 1996. Beads, the bead trade and state development in Southeast Asia. In Ancient Trades and Cultural Contacts in Southeast Asia, edited by A. Srisuchat. The Office of the National Culture Commission. pp. 139-60. Bangkok.

Francis, P., 2002. Asia's Maritime Bead Trade 300 B.C. to the Present. University of Hawaii Press, Honolulu.

Glover, I.C., 1990. Early Trade between India and Southeast Asia: A Link in the Development of a World Trading System. Occasional Papers 16, The University of Hull, Centre for Southeast Asian Studies.

Glover I.C., 1996. The southern Silk Road: archaeological evidence for early trade between India and Southeast Asia. In Ancient Trades and Cultural Contacts in Southeast Asia, edited by A. Srisuchat. The Office of the National Culture Commission. pp. 57-94. Bangkok.

Hall, K.R., 1982. The "Indianization" of Funan: An economic history of Southeast Asia's first state. Journal of Southeast Asian Studies 13(1): 81-106.

Heo, J., 2018. Urbanism and Polity Interaction in Mahan: A Study of Early State Formation in the Proto-Three Kingdoms Period (C. 100 BCE—300 CE), South Korea. Unpublished Ph.D. Dissertation, Department of Anthropology, University of Wisconsin–Madison.

Hung, I. and Bellwood, P., 2006. Taiwan Jade in the Context of Southeast Asian Archaeology. In Uncovering Southeast Asia's Past: Selected Papers from the 10th International Conference of the European Association of Southeast Asian Archaeologists, edited by Bacus, Glover, and Pigot, pp. 203–215. NUS Press.

Hung, H., Nguyen, K., Bellwood, P., and Carson, M., 2013. Coastal Connectivity: Long-Term Trading Networks Across the South China Sea. The Journal of Island and Coastal Archaeology 8:384-404.

Hung, H. and Chao, C., 2016. Taiwan's Early Metal Age and Southeast Asian trading systems. Antiquity 90(354):1537-1551.

Kenoyer, J.M., 1998. Ancient Cities of the Indus Valley Civilization. Oxford University Press, Karachi.

Kenoyer, J.M. and Vidale, M., 1992. A new look at stone drills of the Indus Valley Tradition. In Materials Issues in Art and Archaeology, III, edited by P Vandiver, J R Druzick, G S Wheeler, and I Freestone, pp. 495-518. Materials Research Society, Pittsburgh.

Lamb, A. 1965. Some observations on stone and glass beads in early Southeast Asia. Journal of the Malaysian Branch of the Royal Archaeological Society 38:87-124.

Lankton, J. and Dussubieux, L., 2006. Early Glass in Asian Maritime Trade: A Review and an Interpretation of Compositional Analysis. Journal of Glass Studies 48:121-144.

Lankton, J. and Dussubieux, L., 2013. Early Glass in Southeast Asia. In Modern Methods for Analysing Archaeological and Historic Glass, edited by Koen Janssens. Wiley and Sons.

Lee, I., 2009. Characteristics of Early Glasses in Ancient Korea with Respect to Asia's Maritime Bead Trade, In Ancient Glass Research along the Silk Road, edited by G. Fuxi, R. H. Brill, and T. Shouyun. World Scientific Publishing Company.

Malleret, L., 1962. L'Archéologie du Delta du Mékong, Part 3, La Culture du Fou-Nan. École Française d'Extrême-Orient, Paris.

Manguin, P., 2002. The amorphous nature of coastal polities in Insular Southeast Asia: Restricted centres, extended peripheries. Moussons 5:73-99.

Manguin, P.-Y., 2004. The Early Maritime Polities of Southeasat Asia. In Southeast Asia: From Prehistory to History, edited by Ian Glover and Peter Bellwood, pp. 282-313. Routledge Curzon, New York and London.

Manguin, P.-Y., 2009. The Archaeology of Fu Nan in the Mekong River Delta: The Oc Eo culture of Viet Nam. In Arts of Ancient Viet Nam, From River Plain to Open Sea, edited by Nancy Tingley, pp. 100-118. Yale Univeristy Press, New Haven.

Miksic, J., 2003. The Beginning of Trade in Ancient Southeast Asia: The Role of OC Eo and the Lower Mekong River. In Art and Archaeology of Fu Nan: Pre-Khmer Kingdom of the Mekong Valley, edited by James C.M. Khoo, pp. 1-34. Orchid Press, Bangkok.

Ramli, Z., Rahman, Hussin, Hasan, and Dali, 2017. Compositional Analysis of Sungai Mas, Kuala Selinsing and Santubong Glass Beads. Mediterranean Archaeology and Archaeometry 17(2):117-29.

Ray, H. P. 1996. Early trans-oceanic contacts between So-uth and Southeast Asia. In Ancient Trad and Cultural Contacts in Southeast Asia, edited by A. Srisuchat. The Office of the National Culture Commission, pp. 43-56. Bangkok.

Sanderson, D.CW., Bishop, P., Stark, M., and Spencer, J.Q., 2003. Luminescence Dating of Anthropogenically Reset Canal Sediments from Angkor Borei, Mekong Delta, Cambodia. Quaternary Science Reviews 22:1111-1121.

Smith, 1999. Indianization from the Indian point of view: Trade and cultural contacts with Southeast Asia in the early first millennium C.E. Journal of the Economic and Social History of the Orient 42:1–26.

Stark, M. and Dussubieux, L., 2002. Paper presented at Paper presented at the 17th Congress of the Indo-Pacific Prehistory Association 9-15 September, 2002, Taipei, Taiwan.

Stark, M., David, C.W. Sanderson, and Bingham R.G., 2006. Monumentality in the Mekong: Luminescence Dating and Implications. Bulletin of the Indo-Pacific Prehistory Association 26:110-120.

Tamura, T., Oga, K., 2014. Distribution of Lead-barium Glasses in Ancient Japan. Crossroads 9:63-82.

Theunissen, R., 2003. Agate and Carnelian Beads and the Dynamics of Social Complexity in Iron Age Mainland Southeast Asia. Unpublished Ph.D. dissertation, Department of Archaeology and Palaeoanthropology, University of New England, Australia.

Theunissen, R., Grave, P., and Bailey, G., 2000. Doubts on Diffusion: Challenging the Assumed Indian Origin of Iron Age Agate and Carnelian Beads in Southeast Asia. World Archaeology 32(1).

Tingley, N., 2009. Arts of Ancient Viet Nam: From River Plain to Open Sea. Asia Society, The Museum of Fine Arts, Houston.

Van der Sleen, W.G.N., 1956. Description of a lot of beads known as the Gardner Collection from Johore Lama Malaysia: surface finds. Manuscript. On file, Museum of Archaeology and Anthropology, Cambridge University.

Vickery, M., 1998. Society, Economics, and Politics in Pre-Angkor Cambodia. The 7th and 8th Centuries. The Centre for East Asian Cultural Studies for Unesco, Tokyo.

Xiong, Z., 2014. The Hepu Han tombs and the maritime Silk Road of the Han Dynasty. Antiquity 88:1229-1243.

Zhangsun, T.Z., Liu, R.L., Jin, Z.Y., Pollard, A.M., Lu, X., Bray, P.J., Fan, A.C., and Huang, F., 2017. The role of Chan'an in Han Dynasty mirror production. Archaeometry 59(4):685-713.

김규호 · 윤지현 · 권오영 · 박준영 · Nguyen Thi Ha, 2016, 「베트남 옥 에오(Oc Eo) 유적 출토 유리구슬의 재질 및 특성 연구」, 『문화재』 49(2), 국립문화재연구소.

권오영, 2014, 「고대 한반도에 들어온 유리의 고고 · 역사학적 배경」, 『한국상고사학보』 85, 한국상고사학회.

권오영, 2017, 「韓半島에 輸入된 琉璃구슬의 變化過程과 經路—初期鐵器~原三國期를 중심으로」, 『호서고고학』 37, 호서고고학회.

박준영, 2016a, 「한국 고대 유리구슬의 특징과 전개과정」, 『중앙고고연구』 100, 중앙문화재연구원.

박준영, 2016b, 「한국 고대 유리구슬의 생산과 유통에 나타난 정치사회적 맥락」, 『한국고고학보』 100, 한국고고학회.

허진아, 2018, 「마한 원거리 위세품 교역과 사회정치적 의미-석제 카넬리안 구슬을 중심으로」, 『호서고고학』 41, 호서고고학회.

해상 실크로드와 푸난Funan의 불교

황순일
동국대학교 불교학부

베트남 남부 메콩강 하류 지역은 중국 역사서에서 푸난Funan으로 불렸다. 이 지역은 기원후 1세기부터 6세기까지 번창했으며 90㎞ 이상 되는 수로에 대규모 주거지가 오늘날 캄보디아의 수도 프놈펜Phnom Penh 근방의 위야다뿌라Vyadapura로부터 메콩강 하류의 옥에오Oc Eo까지 연결되어 있었다고 한다. 이곳에는 대규모의 시장이 형성되어 있었고 로마 및 중앙아시아에서 온 상품들과 중국에서 온 상품들이 거래되었으며 주변에 귀금속을 세공하고 도자기를 생산하는 시설들이 들어섰다고 한다. 240년경에 이곳을 방문한 중국 남부 오나라의 사신들은 '은으로 만든 그릇과 쟁반이 사용되고 있으며, 금·은·진주·향수로 세금을 걷고 있다'며 푸난을 부유한 상업국가로 묘사하고 있다.

이 지역은 일찍부터 인도문화의 영향을 받았는데 인도의 문자가 사용되었으며 수없이 많은 브라만 사제들이 부를 찾아서 이곳으로 모여들었다. 이곳의 지배자들은 점차적으로 인도식 칭호를 사용하며 인도의 언어와 문화를 받아들이고 힌두교를 국가적인 종교로 받아들였다. 브라만 사제들은 이곳에서 왕가의 조언자로서 역할 했으며 이들을 통해 힌두적 사회체제와 정치체제가 형성되었다. 푸난의 건국신화는 이러한 모습을 잘 보여주고 있다. 리우예Liu Ye란 여자 해적두목의 공격을 받은 인도의 무역선이 까운딘야Kaundinya라는 브라만을 중심으로 공격에 대항한다. 그러다가 까운딘야가 그 지역의 물을 마신 후 두 사람은 결혼하게 되고 인도의 혈통을 중심으로 국가를 건설하게 되는데 이 나라가 푸난 왕국의 시초라고 한다. 무역을 통한 인도문화의 동남아시아 전파와 모계 중심의 토착문화가 결합하는 모습을 잘 보여주고 있다고 할 수 있다. 기본적으로 푸난은 인도와 중국의 사이에서 중계무역을 하는 상업 국가였고 따라서 해상 실크로드의 변화와 함께 하고 흥망했다고 할 수 있다.

실크로드는 고대 최대의 무역루트였다. 중국의 비단 원사가 타클라마칸 사막을 넘어 북서인도로 전해졌고 인도에서 화려하게 염색되고 직조된 아름다운 실크 원단이 중앙아시아 사막을 넘어 육로를 통해 유럽으로 전해지는 모습들을 많은 사람들은 상상하고 있다. 하지만 이 시기에 많은 그리스와 로마의 상인들이 이집트로부터 홍해와 아라비아해를 거쳐서 중인도와 남인도로 넘어와서 향신료 무역을 중심으로 해상 실크로드를 개척했다. 당시 남인도에는 드라비다계 언어를 사용하는 왕국들이 융성했으며 해상으로 인도 남서부의 무지리스Muziris를 통해 아라비아해를 넘어 이집트·로마와 교역했고 인도 남동부의 아리까메두Arikamedu를 통해서 벵골만을 넘어 동남아시아와 교역했다.

초창기 지중해 지역의 상인들은 이집트의 나일강을 통해서 남하하여 오늘날의 에디오피아까지 내려간 후 육로로 홍해 입구까지 이동했다고 한다. 그리고 인도양을 통해 배로 인도를 향했던 것으로 알려져 있다. 이곳에서 고대 무역선들은 해안선을 따라서 이동했고 아라비아반도와 이란의 해안선을 통해 인도 구자라트까지 도달한 후 인도의 해안선을 따라서 중인도와 남인도로 내려올 수 있었다. 그리고 기원 전후부터 점차적으로 크고 튼튼한 무역선을 이용한 직항로가 개발되었고 홍해에서 인도까지 단기간에 이동할 수 있게 되었다. 이는 인도양의 몬순 계절풍을 이용한 것으로 4월에서 9월 사이에 바람이 아프리카와 홍해에서 인도 서해안을 향해 불고 11월에서 2월 사이에 바람이 인도 서해안에서 아프리카와 홍해로 부는 것을 이용하는 것이다. 몬순 계절풍을 이용한 항로가 알려지면서 지중해와 인도 사이에서 대량수송을 통한 대규모 교역이 가능해졌고, 그리스 · 로마의 금화 · 올리브오일 · 와인 등이 인도의 향신료 · 면직물 등과 거래되기 시작했다.

초기 해상 실크로드

이 해상무역루트는 인도대륙 남부를 가로질러서 계속해서 확장된다. 아라비아해의 무지리스와 벵골만의 아리까메두 사이에 육로가 형성되었고 인도 남동부 해안에서 벵골만을 통해 동남아시아 서부지역으로 해상 실크로드가 확장되는 것이다. 이 육로를 따라서 남인도 서부 케랄라 지역에 체라Chera 왕국이 성립되었고 남인도 동부 타밀나두 지역에 촐라Chola와 빤디야Pandya 왕국이 성립되었다. 향신료와 원단을 중심으로 하는 동서의 교역은 상당히 활발히 이루어졌는데 빤디야 왕국의 사신들이 로마의 수도를 방문한 기록이 남아있고, 예수의 12제자들 중의 한명인 사도 토마스Thomas가 인도 남부 케랄라 해변에 상륙한 후 인도대륙을 가로질러 아리까메두Arikamedu 지역에서 활발한 포교활동을 했고 폰디체리Pondicherry에서 죽었다는 이야기가 아직까지 전해지고 있다.

남인도 동부지역은 벵골만을 통해 동남아시아와 연결되었다. 초창기에는 동인도 해안선을 따라 서북쪽으로 올라가서 오늘날의 방글라데시와 미얀마의 해안선을 따라 남하하는 무역루트가 만들어졌을 것으로 보인다. 점차적으로 벵골만의 몬순 계절풍에 익숙해지고 항해하는 배의 규모가 커지면서 스리랑카와 남인도를 중심으로 장거리 직항로가 열리게 된다. 남인도와 스리랑카를 기점으로 보면 벵골만을 넘은 무역선은 안다만 제도 또는 니코바 제도를 통해 말라카 해협으로 진행할 수도 있었고, 남방 적도 해류를 통해 수마트라섬 남단을 돌아서 순다 해협으로 진행할 수도 있었고, 계속해서 북동쪽으로 진행하여 함사와띠Hamsavati로 불렸던 오늘날 미얀마 남부의 이라와디강 하구 및 남부 해안지역에 도달할 수도 있었다.

해안선 무역이 중심이 되었을 때 동서무역의 교차점이 말레이 반도 중부지역이 중심이 되었다. 말레이 반도의 폭이 가장 좁아지는 지역을 잇스무스 크라Isthmus Kra라고 하는데 길고 긴 말레이반도의 해안선(을 빙빙 돌아가기 보다는) 반도의 폭이 가장 좁은 곳을 육로로 연결하여 해상무역루트를 동남아시아 중앙부로 확장시키는 것이다. 최근 이 지역에 대한 집중적인 연구와 발굴이 진행되었고 태국 춤폰Chumphon 주에 위치한 카오삼깨오Khao Sam Kaeo에서 의미 있는 연구결과들이 나왔다. 카오삼깨오는 타이만으로 흐르는 타포오Thapao 강 주변의 5개 언덕 위에 위치한 고대 국제무역도시로서 기원전 4세기부터 기원후 1세기까지 번영했던 것으로 보인다. 인도와 아시아로부터 많은 상인들과 숙련공들이 이곳으로 모여 들었으며 각기 다양한 금 · 은 · 보석 · 유리 수공예품들을 생산했고, 중국의 도자기와 베트남의 청동기와 로마의 공예품들이 이곳에서 거래되었던 흔적들이 남아있다. 카오삼깨오의 사람들은 동아시아가 원산지인 쌀농사를 지었으며, 인도의 대두 · 면화 · 참깨 등을 함께 길렀다. 그리고 일종의 도시국가로서 왕을 중심으로 계층화된 사회가 법과 규칙에 따라 형성되었고 생산과 교역이 체계적으로 이루어졌던 것으로 보인다. 따라서 이곳에서 단순한 인도화만 진행된 것이 아니라 지중해로부터 동아시아에 이르는 다양한 문화와 상품과 상활방식이 융합되고 교류되었던 것으로 나타난다.

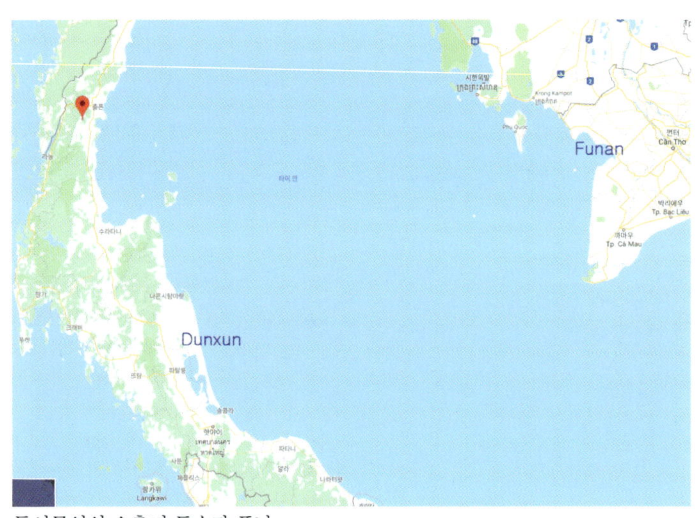

동서무역의 요충지 둔순과 푸난

중국의 양서 제이전에서는 말레이반도 중부의 잇스무스 크라에 푸난의 속국이었던 둔순Dunxun이 있었다고 하며 이곳을 동서무역의 요충지로 하여 푸난이 활발한 상업 활동을 벌였다는 것을 다음과 같이 설명하고 있다.

> [푸난의] 남쪽 경계 삼천여 리에 돈손국이 있는데, 바다로 뻗은 곳 위에 있으며, 땅은 사방 천 리이고, 바다와의 거리는 10리이다. 다섯 왕이 있는데, 모두 부남국에 기속되어 있다. 돈손의 동쪽 경계는 교주와 통하고, 그 서쪽 경계는 천축과 안식 요외의 여러 나라와 접하여, 가는 자들과 돌아오는 자들이 만나 서로 물건을 사고판다. 그러한 까닭은 돈손이 바다 쪽으로 돌출하여 나온 것이 천여 리나 되고, 큰 바다 쪽으로는 제방이 없는데다, 배들이 바로 질러

갈 수 없기 때문이다. 돈손국의 시장에는 동쪽과 서쪽에서 [상인들이] 교차하여 모이는데, 날마다 만여 인이나 된다. 진기한 물건과 보화가 없는 것이 없다.

동남아시아 반도에서 메콩강 하류지역을 중심으로 상업 활동을 하며 발전했던 푸난은 AD 200년경부터 거대한 해양제국으로 발전했다. 여기에는 AD 225~240년경에 푸난을 통치했던 퍄슌만Śri Māra · 潢師蔓왕의 역할이 있었다. 아마도 이때 푸난은 중국 남제서에서 언급한 길이 27~30m에 폭이 2.5m로 앞뒤가 물고기 모양을 한 배를 만들었던 것으로 보인다. 이러한 배들로 거대한 해상선단을 꾸리고 군사력을 키운 파슌만은 말레이 중부의 둔순Dunxun과 수마트라와 자바의 일부를 정복하고 메콩강 하류를 중심으로 하는 동남아시아 최초의 거대한 만달라Mandala 국가를 성립시켰던 것으로 보인다. 푸난은 말레이반도 중부와 메콩강 하구를 연결하여 말레이반도의 끝까지 해안선을 따라 돌아가지 않아도 되는 지리적 장점을 가지게 되었다. 이를 바탕으로 푸난은 동서무역의 발전에 큰 공헌을 하면서 활발한 해상활동을 통해 말레이반도, 수마트라, 자바를 연결하는 고대 동남아시아 무역의 중심국가가 되었다.

푸난의 역사를 연구했던 폴 펠리오Paul Pelliot는 판찬Fan Chan이 왕이 된 시기를 푸난의 역사에서 가장 중요한 시기로 언급하고 있다. 판찬왕 시기에 푸난은 인도와 중국의 중앙에서 해상무역을 장악했고 인도 및 중국과 활발하게 국가 대 국가로서 교류하게 된다. AD 245~250년경에 푸난은 동인도로 사절단을 파견했다고 하는데 실반 레비Sylvain Lévi에 의하면 갠지즈강 유역의 무룬다Murunda 왕조였던 것으로 보인다. 약 4년이 걸린 것으로 알려진 동인도 사신 파견을 통해서 푸난은 월지족 계열의 쿠샨Kushan의 무룬다 왕가와 교류할 수 있게 되었고 직접적으로 인도와 국가 대 국가로서 연결되었던 것으로 보인다. 또한 푸난은 중국 남부 오나라에서 사신을 받아들여 중국과의 교류에도 활발하게 나서게 된다. 한나라 이후 중국은 3국 시대의 혼란 속에 빠지게 된다. 이때 북쪽으로 란주와 돈황을 통해 육상 실크로드에 접근할 수 없었던 남쪽의 오나라가 중랑 강태와 선화종사 주응을 동남아시아의 푸난으로 파견하여 교역의 가능성을 타진했다. 이 두 사람은 푸난에서 환대를 받았으며 이들의 눈에 비친 푸난의 모습은 중국 역사서에서 동남아시아의 풍속을 설명하는 기본 자료가 되어 끊임없이 반복되어 나타나고 있다.

한편 푸난 · 둔순 왕국은 AD 357년경에 큰 변화를 맞이하게 된다. 당시 푸난의 왕은 중국 역사서에서 왕축전단王竺旃檀으로 나타나는데 인도 출신의 왕 찬다나Chandana로 보인다. 찬다나는 중국에 코끼리를 선물로 보낸 것으로 기록되고 있는데, 그의 뒤를 이은 사람은 중국 역사서에서 왕 꼰단야Kondanya · 憍陳如로 나타나고 있다. 꼰단야는 인도의 바라문으로 언급되며 푸난의 국가 제도를 크게 인도식으로 고쳤다고 한다.

이미 인도화된 푸난에서 AD 350년경에 무슨 일이 일어난 것일까? 400년대 초반 동인도 갠지즈강 하구에서 해상항로를 통해 중국으로 돌아온 법현스님의 항로는 동남아시아의 해상무역루트에 중요한 변화가 일어났다는 것을 보여주고 있다. 법현스님은 409년 동인도를 출발하여 2주만에 스리랑카에 도착한다. 그는 스리랑카에서 2년간 머문 후 411년 약 200명이 타는 무역선을 타고 3달 정도 걸려서 인도네시아의 자바섬으로 추정되는 예포티에 도착한 듯하다. 그는 힌두교 왕국이었던 예포티에서 5개월 정도 머문 후 약 200명이 타는 무역선을 타고 412년 4월에 중국 광저우로 향했는데 약 3달이 걸려서 중국 산동성에 도착하게 된다.

푸난을 중심으로 고대 동남아시아가 인도와 중국을 연결하는 무역루트는 말레이반도 중부의 잇스무스 크라를 육로로 관통하는 것이었다. 상인들은 말레이반도 중부의 둔순에서 배를 갈아타고 자신들의 화물과 함께 타이만을 건너 메콩강 하류의 푸난Funan으로 향했고 계속해서 베트남 중부의 참빠Champa를 통해 중국 광저우를 향했을 것이다. 하지만 법현스님의 귀국로가 보여주듯이 이러한 해상루트에 큰 변화가 일어났다. 점차적으로 인도와 동남아시아의 바다에서 활동하는 배들이 크고 단단해지면서 장거리 항해가 가능하게 되었다. 중국 측 사료들은 쿤룬보Kunlunbo란 이름으로 동남아시아의 무역선을 지칭하고 있다. 동남아시아의 배들은 티크와 같은 단단한 나무를 줄로 엮어서 바느질하듯 만든 손플렝크 보트sewn plank boat로서 그 흔적들이 말레이반도, 필리핀, 팔렘방, 수마트라 등에서도 발견된다. 배의 규모가 커지고 교역량이 늘어나면서 몬순 계절풍을 이용한 장거리 항로가 본격적으로 동남아시아에 도입된다.

법현스님의 항로

법현스님은 이렇게 새롭게 개척된 해상항로를 통해 중국으로 돌아왔던 것이다. 동인도 갠지스 강 하구에서 동남아시아로 향하는 길은 더 이상 방글라데시와 미얀마의 해안선을 이용하지 않게 되었고 오히려 정반대로 남서쪽으로 스리랑카까지 내려간 후 스리랑카에서 안다만 제도를 경유하여 말라카 해협을 통해 남중국해로 나가는 항로와 니코마 제도를 경유하여 수마트라 섬을 남쪽으로 횡단하여 순다 해협을 통해 남중국해로 나가는 항로가 개발되었다. 특히 수마트라 섬 남단을 횡단하는 항로는 서쪽에서 동쪽으로 흐르는 적도해류를 이용한 것으로 3달간의 먼 바다 항해를 통해 스리랑카에서 수마트라와 자바로 안정적으로 이동할 수 있게 되었다고 한다.

몬순 계절풍을 이용한 장거리 항로가 동남아시아에 도입되면서 말레이반도 중부와 메콩강 하류를 연결했던 푸난은 점차적으로 자신들이 가지고 있었던 지리적 이점을 상실하게 되었다. 말레이반도 중부에서 육로를 이용하지 않고 많은 배들이 몬순 계절풍을 이용하여 말라카 해협이나 순다 해협을 지나 수마트라섬이나 자바섬의 큰 항구로 향했다. 그리고 이들은 그곳에서 베트남 중부지역에 있는 참빠Champa를 통해서 중국 남부

광저우를 향했던 것이다. AD 350년경에 있었던 푸난의 변화는 해상무역 흐름의 변화와 함께 푸난이 본격적으로 남인도의 쉬와계 힌두교 영향권에 들어가게 되었다는 것을 보여준다고 할 수 있다. 이미 인도의 언어와 문화를 받아들이고 있었던 푸난은 찬다나 Chandana 왕과 꼰단야Kondanya 왕이 통치하던 300년대 후반에 자신들의 국가제도를 남인도 형식으로 변화시키고 해상무역루트의 변화에 적극적으로 대응하려 했던 것으로 보인다.

하지만 이들에게는 강력한 라이벌 항구도시가 인도네시아의 수마트라 섬에서 성장하고 있었다. 우리들에게 스리위자야Srivijaya 왕국으로 알려진 중세 동남아시아 무역의 중심지가 수마트라섬의 팔렘방Palembang이란 항구도시를 중심으로 생겨났기 때문이다. 팔렘방은 험한 날씨에도 배를 안전하게 보호할 수 있는 항구로서 선원들에게 충분한 식량을 제공할 수 있는 천연의 항구였다. 이곳은 1800년대까지 인도네시아 해상무역의 중심지였으며 복잡한 기후변화에도 불구하고 큰 무역선이 접근하는 데 전혀 문제가 없었다고 한다. 또한 주변에 농지가 풍부했으며 자바섬로부터 끊임없이 식량이 공급되어 상인들이 안심하고 쉬면서 다음 목적지를 향할 수 있었다. 수마트라의 거대한 항구인 팔렘방이 발전하면서 푸난은 점차적으로 몰락의 길을 걷게 된다. 팔렘방이 인도와 동남아시아 장거리 항로의 중심지가 되자 팔렘방의 말레이계 상인들은 자신들과 유사한 말레이계 언어를 사용하는 베트남 중부의 해상왕국 참빠Champa를 중간 기착지로 선호했다. 기본적으로 크메르계 언어를 사용하는 푸난의 상인들은 말레이계 언어를 사용하는 팔렘방과 동화되기가 쉽지 않았을 것이고, 말레이계 언어를 사용하는 팔렘방의 상인들은 푸난과 동화되기 어려웠을 것이다. 따라서 푸난은 점차적으로 해상무역루트에서 고립되었으며 인도와 중국을 연결하는 중계항구로서의 기능을 서서히 상실하면서 약화되었던 듯하다.

쉬와신

푸난의 마지막 모습은 AD 484년 푸난의 왕 자야바르만Jayavarman이 승려 나가세나 Nagasena를 통해서 중국과 교류했던 기록들을 통해서 나타나고 있다. 나가세나는 중국에 푸난을 남인도의 쉬와신인 마해스와라Mahesvara를 믿고 있는 힌두왕국으로 소개하고 있다. 힌두왕국인 푸난은 이 시기에 더 이상 동남아시아 해상무역의 강자가 아니었다. 원래 푸난에 조공을 바치던 메콩강 중부와 똘레삽Tonlesap 호수의 진랍Zenhla 왕국이 힌두신앙에 기초한 강력한 쉬와Śiva 왕국으로 거듭나면서 이 지역의 실력자로 등장하게 된다. 결국 푸난은 진랍에 조공을 바치는 처지가 되며 조용히 역사에서 사라지게 되고, 진랍은 점차적으로 앙코르제국으로 발전하게 된다.

그렇다면 푸난에 어떤 불교가 번성했을까? 고대 인도에서 불교는 기본적으로 상인들의 종교였으며 상업 활동이 번영했던 도시를 중심으로 발전했다. 동인도에서 발생한 불교는 갠지즈강 중하류의 인도문화와 함께 인도 서부의 해안선을 따라서 남서쪽과 남동쪽으로 퍼져 나갔다. 인도 동부 해안의 땀랄립띠Tamralipti, 깔링가빠뜨남Kalingapatnam, 아마라와띠Amaravati, 아리까메두Arikamedu, 나가빠뜨남Nagapatnam 등의 무역도시들이 성립되었고 이들 도시의 상인들을 따라 불교가 스리랑카에 자리 잡게 된다. 인도 서부 해안의 도시들과 상인들은 인도문화가 동남아시아로 건너가는 출발점이 된다. 푸난은 자신의 지리적 이점을 활용하여 인도와 동남아시아의 중계무역에 뛰어들었다. 인도의 상인들은 동남아시아의 현지인들과 접촉하면서 자신들의 종교와 문화를 전달하는 역할을 했을 것으로 보인다. 불교는 힌두교와 함께 상인들을 따라서 이동했으며 인도와 동남아시아를 이어주는 무역루트를 통해서 점차적으로 자리를 잡았고 푸난Funan에 비구 · 비구니 교단을 형성할 정도로 발전했다.

인도 상인들을 통한 불교의 전래

하지만 푸난 불교의 실체는 자료적인 한계로 아직까지 잘 알려져 있지 않다. 다만 오늘날 동남아시아와 스리랑카를 장악하고 있는 테라와다Theravāda로 알려진 남방불교와는 상당히 다른 모습을 하고 있었을 것으로 추정된다. 오늘날 남방불교는 동남아시아의 사회 전반에 깊이 뿌리를 내리고 있다. 하지만 스리랑카계 남방 테라와다 불교는 대승불교와 같이 한두 사람의 극적인 노력에 의해서 단기간에 전파될 수 있는 종교가 아니었다. 남방불교 테라와다Theravāda의 전문가인 리처드 곰브리치Richard Gombrich는 남방불교 교단이 특정지역에 확립되기 위해서는 수많은 선재적인 요건들이 필요하다고 하며 다음과 같이 이야기 한다.

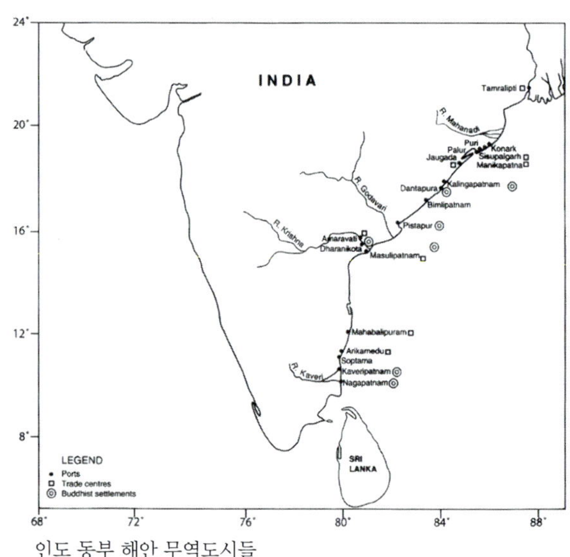

인도 동부 해안 무역도시들

> 불교인들의 견해에 의하면 붓다의 가르침이 확립되었다는 것은 그 지역에 승단sangha이 확립되었다는 것을 의미한다. 승단sangha이 확립되기 위해서는 시마sīmā가 정식으로 확립되어야만 한다. 시마sīmā 없이 계율항목paṭimokkha을 합송하거나 비구계를 수여하는 수계의식과 같은 승단의 공식적인 의식들이 행해질 수 없기 때문이다. 시마sīmā가 확립되기 위해서는 적절한 장소가 승단에 기증되어야 한다는 측면에서 재가신도들의 보시가 또한 필요하다. 다시 말해서 불교가 어떤 지역에 깊이 뿌리를 내리기 위해서는 해당 지역에서 출가를 희망하는 사람들이 나와서 해당 지역의 시마sīmā에서 재대로 수계를 받을 수 있어야 한다. 인도 내부에서 불교의 확산뿐만 아니라 인도 외부로 불교의 전파와 관련해서도 이러한 점들이 깊이 고려되어야만 한다.

스리랑카계 남방불교는 승려들의 청정성에 크게 의존하는 종교라고 할 수 있다. 승려들의 청정성이 담보되기 위해서는 승려들에게 구족계를 주어서 비구로 만들어 주는

시마의 예

공간이 또한 청정해야 한다고 생각했다. 남방불교는 구족계 수여를 통해서 새로운 비구들을 끊임없이 배출해야만 지속될 수 있는 종교였다. 만일 구족계를 수여할 수 없다면 기존의 비구들이 사라짐과 동시에 불교가 사라지게 된다는 것을 의미한다. 따라서 남방불교 교단을 형성하기 위해서는 구족계를 줄 수 있는 청정한 공간이 먼저 확보되어야 했는데, 시마Sīmā는 일종의 경계석으로서 구족계가 수여되는 청정한 공간과 세속적인 공간을 구분해주는 표식으로 사용되었다. 올바른 시마Sīmā의 확립은 승단의 청정성을 유지하고 다양한 의식을 진행하는 공간이 만들어졌다는 것을 의미한다. 기본적으로 동남아시아의 대부분의 땅이 왕가의 소유였다. 따라서 시마Sīmā를 통해 승려들만의 공간을 승단이 확보하기 위해서는 왕가로부터 일정한 땅을 기부 받아야 했다고 할 수 있다. 따라서 시마를 확립하기 위해서는 불교 교단이 먼저 왕가의 후원을 받을 수 있는 지위에 올라서야만 했다.

또한 노동을 전혀 하지 않는 남방불교의 교단을 유지하기 위해서는 지역 주민들의 보시를 통한 후원이 필요했다. 승려들은 탁발을 통해 마을을 한 바퀴 돌면서 하루를 지내기 위한 음식을 받았고 따라서 대부분의 동남아시아 사찰에는 음식을 만드는 공간인 부엌이 없었다. 또한 왕가의 후원과 지역주민의 후원에 더하여 지역 출신의 사람들 사이에서 출가 희망자들이 나와야 했다. 일종의 네트워크처럼 서로 연결된 개별적인 시마들은 오늘날 남방불교 승단sangha을 떠받치는 역할을 하고 동시에 붓다의 가르침dhamma을 유지하는 토대가 되고 있다.

푸난의 불교는 시마를 확립하고 왕가의 적극적인 후원 하에 승단을 유지해온 오늘날 동남아시아의 불교와 많은 차이를 보일 수밖에 없었다. 푸난의 인도화Indianization는 불교가 중심이 되었던 것이 아니라 힌두교 사제들이 중심이 되어 진행되었다. 힌두교 사제들은 주로 왕권과 밀접한 관계를 맺으면서 성장했고 동남아시아 현지의 지배자들을 크샤트리야로 받아들여 이들을 무사계급으로서 전쟁에 나가 싸우고 행정 관료로서 국가 경영에 집중할 수 있도록 했다. 동남아시아의 브라만 사제들은 바가바드기타*Bhagavadagita* 등의 서사시를 통해 자신들이 있는 도시의 지배자들에게 국가를 통치하는 권력의 원천과 폭력을 행사할 수 있는 수단을 제공했고 아르타샤스트라*Arthaśāstra*와 같은 정치 지침서를 바탕으로 왕가에 국정에 관해 조언하면서 자신들의 지위를 확립했다. 푸난의 왕들은 이러한 힌두교적인 요소들에 둘러싸여 있었던 것으로 보이며 힌두교가 사회 전반을 장악했던 것으로 보인다.

푸난의 뒤를 이은 앙코르 왕국에서 브라만 사제들은 크메르의 왕들을 신으로 만들어주는 의식을 행하고, 이들을 신과 같은 왕devaraja으로 받아들였으며, 이들이 신을 대신해서 인간세계를 지배한다는 이념을 만들어서 중앙집권적 통치의 도덕성과 정당성을 확립해 주었다. 아마도 푸난은 브라만 사제들이 왕가와 밀접한 관계를 맺으면서 발전했으며 이들을 중심으로 힌두교가 일종의 국가적 종교로서 사회 전반을 장악한 국가였을 것이다. 따라서 이러한 사회적 환경에서는 오늘날과 같은 형태의 남방 테라와다 불교가 푸난에서 자리 잡기 힘들었을 것으로 보인다.

캄보디아 불교의 연구에 평생을 바쳤던 이안 헤리스Ian Harris는 푸난의 왕들이 대승불교를 후원했을 가능성이 높다고 한다. 비록 시기적으로는 푸난 이후로 보이지만 남방불교 이전의 대승불교 흔적이 캄보디아와 태국의 국경지역에 있는 프라친부리Prachinburi에서 발견된 비문에서 확인된다. '부처님Buddha과 미륵불Maitreya과 관세음보살Avalokiteśvara에게 봉헌한다.'는 이 비문은 고대 동남아시아에서 현재의 남방 테라와다

Theravāda 불교가 성립되기 이전에 대승불교가 이미 존재하고 있었다는 것을 보여주는 확실한 증거로 받아들여지고 있다.

푸난의 왕들은 힌두교를 받아들였지만 불교에 있어서 관용적인 모습을 보여준 듯하다. 푸난의 이러한 역할은 이곳을 거쳐 동서 무역루트를 따라 중국으로 간 역경승들을 통해서 살펴볼 수 있다. 대표적으로 해탈도론Vimuttimagga의 역자인 승가팔라Saṅghapāla와 아비달마구사석론 등의 역자인 진제Paramārtha를 들 수 있다. 스리랑카 아누라다푸라Anurādhapura의 아와야기리Abhayagiri-vihāra 사원과 관련이 있는 해탈도론이 이곳을 거쳐 간 승가팔라에 의해 번역되었다는 것은 이 지역이 스리랑카와 중국의 무역루트 중앙에 위치하고 있었다는 것을 보여주고 있다. 또한 중인도 웃제인Ujjain 출신으로 알려진 진제가 이곳을 통해 중국으로 넘어갔다는 것은 이 지역이 인도 중부의 불교 중심지인 산치Sanchi와도 연결되고 있음을 보여주고 있다고 할 수 있다. 또한 남북조시대 중국 남부 송나라에서 활약했던 북인도와 중인도 출신의 승려 구나발마Gunavarman와 구나발타라Gunabhadra 또한 푸난을 거쳐서 중국에 도착했을 가능성이 높다. 이들은 공통적으로 스리랑카에서 배로 동남아시아를 거쳐서 중국에 도착했으며 스리랑카에서 온 비구니들을 통해 수계단을 설치하고 중국 비구니 전통의 청정성을 담보하기 위해 노력했었다.

푸난 불교의 또 다른 측면은 스리위자야Srivijaya 왕국을 거쳐 인도로 향했던 순례승 의정義淨을 통해서도 추정해볼 수 있다. 7세기 후반 중국의 순례승인 의정義淨은 여행기 『남해기귀내법전南海寄歸內法典』을 통해서 이곳의 사정을 자세하게 알렸다. 그는 인도로 순례 가는 중간에 이곳에 머무르면서 범어Sanskrit를 익혔고 이곳의 밀교Tantric Buddhism 전통을 중국 남부지역으로 전하는 데 중요한 역할을 했다. 의정에 의하면 스리위자야는 당시 중국 · 동남아시아 · 인도와 활발하게 교역활동을 하면서 경제적인 번영을 이루었던 것으로 보인다. 의정이 방문했던 시대에 이 지역은 밀교의 중심지로서 각광받았으며 주변의 국가들로부터 밀교를 익히기 위해 수많은 승려들이 찾아왔던 불교 중심지였다. 의정에 의하면 이곳에는 1,000명 이상의 스님들이 있었으며 대부분이 학승들이었고 불교의 거의 모든 분야를 공부하고 있었다고 한다.

따라서 스리위자야의 불교는 오늘날 동남아시아에서 볼 수 있는 스리랑카의 남방 테라와다Theravāda 불교가 아니었다. 이들의 불교는 대승불교 계열의 밀교였고 사실상 이곳을 중심으로 밀교가 인도와 중국 남부지역으로 퍼져나갔던 것으로 추정된다. 10세기경 동인도의 고승으로 티벳에 밀교를 전한 아티샤Atisa가 밀교 스승을 찾아 스리위자야Srivijaya의 팔렘방Palembang까지 왔다는 이야기는 스리위자야에서 밀교가 얼마나 융성했는지를 단편적으로 보여주는 사례라고 할 수 있다.

자료적인 한계로 명확하게 이야기하기는 어렵지만 푸난의 불교는 해상교역 루트의 변화에 따라 다양한 영향을 인도로부터 받았을 것이다. 먼저 푸난이 성립된 초창기에는 해안선 무역에 따라 주로 인도 북동부 갠지즈강 유역의 불교가 영향을 미쳤을 것이다. 상인들의 종교로서 불교는 상인들의 상업 활동을 따라 푸난에 전해졌을 것으로 보이지만 푸난의 왕가는 힌두교를 선호했던 것으로 보인다. 점차적으로 몬순 계절풍을 이용한 장거리 항로가 열리면서 푸난은 남인도와 스리랑카의 영향을 받게 된다. 오늘날 타밀나두를 출발점으로 남인도의 힌두교와 대승불교가 점차적으로 푸난에 전해졌으며, 스리랑카의 남방불교도 또한 간헐적으로 푸난에 전해졌을 것으로 보인다. 대승불교는 점차적으로 밀교화 되었으며 힌두교와 함께 푸난 불교의 주류가 되었던 것으로 보인다. 반면 스리랑카계 남방불교는 앞에서 언급한 다양한 전제조건을 필요로 했기 때문에 푸난 왕국에 제대로 자리 잡지 못했던 것으로 보인다. 하지만 푸난의 힌두 지배자들은 인도의 전통에 따라서 종교적인 관용을 보였고 불교가 점차적으로 푸난의 사회에 뿌리를 내릴 수 있게 되었을 것이다. 푸난 왕가의 입장에서 보면 불교를 선호했던 중국과의 교역에 있어서 불교가 자신들의 중계무역이 활성화되는 것에 도움이 된다고 판단했을 것이다. 이러한 흐름에서 많은 역경승들이 푸난을 거쳐서 중국을 향할 수 있었고 자신들의 흔적을 기록으로 남기게 되었던 것이다. 명확히 이야기하기는 어렵지만 고대 푸난의 사회에는 인도의 대승불교와 밀교가 어느 정도는 뿌리를 내리고 번성했을 것으로 보인다. 비록 이들이 오늘날 남방 테라와다 불교와 교리적으로 많은 차이를 보이지만, 승려들이 살아가는 모습에 있어서는 오늘날 동남아시아 불교의 모습과 크게 차이가 나지는 않았을 것이다.

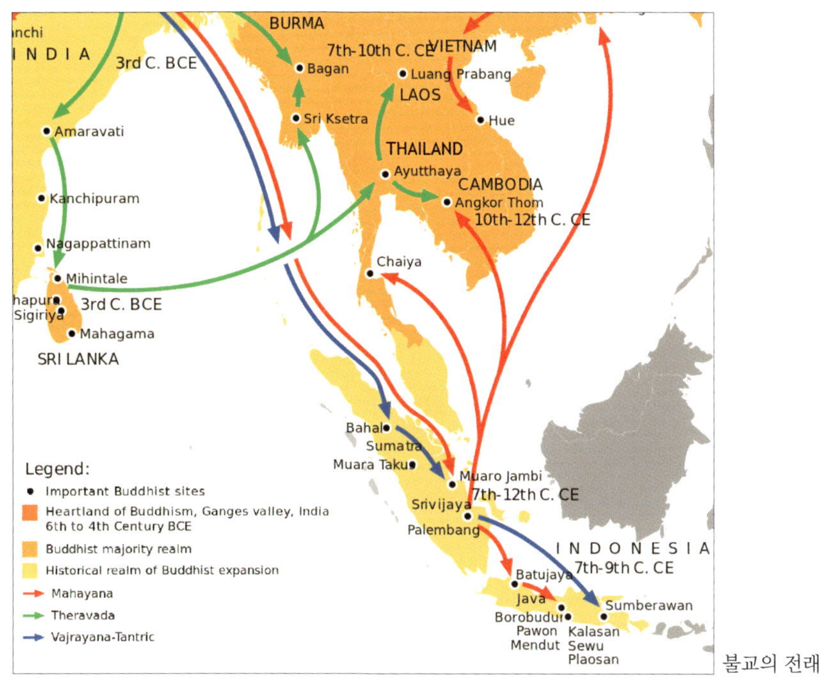

불교의 전래

옥 에오Óc Eo의 고대 종교와 미술

강희정
서강대학교 동아연구소

I. 옥 에오의 지리적 위치와 특징

베트남 남부 메콩 삼각주 안 장An Giang 성에 위치한 옥 에오는 그 지리적 위치로 인해 이미 기원전 2세기부터 중요한 항구로 발전했다. 메콩 삼각주의 저지대를 사방으로 연결하는 운하들 사이에 있어서 해운과 하운을 활용할 수 있는 좋은 위치에 있다. 바다로 들어온 배가 강과 운하를 통해 내륙으로 들어갈 수 있어 각지로 교역의 범위를 넓힐 수 있다는 것이 옥 에오의 지리적 이점이었다. 당시 이 지역은 동남아 최고最古의 고대국가 푸난扶南의 지배 아래 있었고, 푸난의 성격과 문화가 그대로 이어진 것은 아니지만 그 뒤에 들어선 첸라와 앙코르 제국은 모두 오늘날의 캄보디아에 속했다. 인도차이나 일대를 식민지배 했던 프랑스 학자들이 처음 옥 에오의 고대 문명에 주목하고 발굴을 시작했다. 최초의 발굴은 1942년 루이 말레헤Louis Malleret(1901-1970)가 했으며, 그는 이 지역이 카티가라Cattigara라고 주장했다. 그는 당시 구슬, 토기편, 장신구와 함께 2세기경의 로마 동전을 발견하고 이곳이 프톨레미Ptolemy가 말한 카티가라라고 확신했다. 클로디우스 프톨레미Claudius Ptolemy는 2세기경 인도를 다녀온 선원들에게 들은 이야기를 바탕으로 황금반도Golden Chersonese peninsula 동쪽에 카티가라라는 이름의 큰 항구가 있다고 썼다.[1] 옥 에오가 카티가라라는 추정은 널리 받아들여지기는 하지만 반론이 없는 것은 아니다. 미리암 스타크Miriam Stark는 수마트라나 보르네오에 있었을 것이라고 추정했다. 옥 에오가 카티가라인지는 확언하기 어렵지만 그만큼 이른 시기부터 옥 에오가 로마에 알려져 있었고, 중국으로 가는 항로에서 가장 중요한 항구이자 동과 서가 만나는 교역항이었음은 분명하다.

1 William Smith, LLD, Ed., *Dictionary of Greek and Roman Geography* (1854).

1920년대부터의 활발한 고고학적 발굴 및 조사 성과로 인해 옥 에오 문화의 독특한 성격이 많이 밝혀졌다. 옥 에오 유적은 안 장An Giang, 껀 장Kien Giang, 동 탑Dong Thap, 껀 터Can Tho, 롱 안Long An, 동 나이Dong Nai 등에 흩어져 있으며 이 지역에서 발굴된 수천 점의 다양한 유물들은 형태의 측면에서나 재료의 측면에서 외부로부터 전해진 영향을 잘 보여주었다. 옥 에오 문화의 특별한 성격은 인도, 로마, 페르시아, 중국에서 들어온 이문화異文化와 이질적 요소들의 융합과 조화에서 비롯되었다. 하지만 이 시기 옥 에오의 종교문화는 인도의 영향을 가장 많이 받았다. 이는 동남아 여러 지역의 문명이 인도인들의 대거 이주로 인한 인도화Indianization에서 급격한 변화를 이뤘다는 죠르쥬 세데스의 지적과 일치한다.[2] 바꿔 말해서 옥 에오의 종교가 인도의 강한 영향을 보여주는 것은 인도인들의 이주에 의해 종교가 이식되었기 때문이다. 처음 인도인들의 동남아 진출은 일시적 · 상업적인 것이었으며, 인도의 특정 지역에서 한꺼번에 동남아로 집단적인 이주를 했으므로 성격상 식민적 진출이었다고 본다. 아마도 당시의 진출에는 이주를 주도하고 지도하는 브라만, 종교지도자, 지식인과 기술자가 모두 포함되어 있었으리라고 추정된다.[3] 기원 전후, 그리고 약 300년경 두 차례에 걸친 인도인들의 이주는 인도 문화를 동남아 지역에 전파하는 역할을 했고, 그 첫 예를 옥 에오에서 찾을 수 있다. 동남아로 전해진 인도문화 가운데 문자, 종교, 사상, 법이 가장 영향력이 컸다고 할 수 있다. 특히 힌두교와 불교는 동남아에서 매우 중요한 역할을 했고, 그 시각자료를 옥 에오 출토품에서 찾을 수 있다. 동남아 최초의 외항外港으로 자리한 옥 에오에 가장 먼저 인도인들의 발길이 닿았으리라는 점은 짐작하기 어렵지 않다.

II. 옥 에오의 불교조각

20세기 초부터 발굴이 계속된 옥 에오 여러 유적에서 불상과 힌두신상들이 발견되었다. 발굴된 조각으로 미루어 이 지역에서는 힌두교가 불교보다 더 성행한 것으로 보인다. 비슈누상을 비롯한 힌두신상들이 불상보다 많이 발견되었기 때문이다. 흥미롭게도 불교조각들은 힌두교 조각과 달리 목조, 석재, 청동 등의 다양한 재료를 이용한 예들이 알려졌다.[4] 힌두신상들이 대부분 석조인 것과는 대조적이다. 아마도 이 가운데 목조불상이 가장 오래된 유형일 것으로 보인다. 옥 에오 일대에서 발견된 몇 구의 목조불상은 아시아 전역에서 가장 오래된 목불로 높은 가치를 지닌다. 다른 지역에서도 목불을 만들었으나 9세기 이전의 작례가 매우 드물고 그나마 제대로 남아있는 것은 일본의 불상이기 때문에 옥 에오의 목불은 이른 시기 목조 조각의 유형을 보여준다는 점에서 주목된다.

---

2 George Cœdès, *The Indianized States of Southeast Asia*, ed. Walter F. Vella, trans. Susan Brown Cowing (Honolulu: University of Hawai'i Press, 1968), pp. xv-xvii.

3 高田修, 「東南アジア」, 『佛敎美術における「インド風」について －彫刻中心に－』(京都: 佛敎美術硏究上野記念財團助成硏究會, 1986), p. 7.

4 옥 에오 지역에서 발굴된 종교조각은 다음 참조. Vo Si Khai, "The Kingdom of Funan and the Culture of Oc Eo", in Khoo, ed., *Art and Archeology of Fu Nan* (Bangkok: Orchid Press, 2003), p. 75.

동남아로 불교가 처음 전해졌을 때 제작된 동남아의 불상이 드문 이유는 처음에 쉽게 접할 수 있는 재료인 진흙이나 나무를 이용했기 때문일 것이다. 진흙으로 빚은 불교조각의 예는 미얀마와 태국에 일부 남아있지만 옥 에오와 캄보디아, 베트남 남부에서는 찾아보기 어렵다. 벽돌을 만들 듯이 빚어서 구웠을 가능성이 있지만 습한 기후로 인해 파괴되기 쉬웠으리라고 생각된다. 이 점은 메콩강 삼각주 일대에서 번창한 이른 시기의 문명에서 대형 사원유적이나 모뉴먼트들이 발견되지 않은 이유와 유사하다. 잦은 전쟁으로 인한 파괴와 큰 강 하구에 퇴적된 삼각주의 변형으로 인해 보전되기 어려웠던 탓으로 추정된다.[5] 불교미술 역시 인도에서 가져온 조각을 모델로 해서 진흙이나 나무로 모방하는 데서 시작하여 점차 제작비용도 훨씬 많이 들고, 만드는 시간도 더 오래 걸리는 청동제, 석제 불상을 만드는 방향으로 발전했을 것이다. 옥 에오 일대에서 발굴된 사원유구를 보면 벽돌보다 돌을 이용하여 건물의 토대를 구축한 경우가 많아서 이 일대에서 벽돌을 활용한 건축이 베트남 중부 참파 지방보다 발달하지 않았을 가능성을 시사한다.

옥 에오에서 발굴된 목조불상은 표면이 갈라지거나 마모가 되어 양식적 특징이 명확하게 드러나지 않는다. 다만 연꽃이 조각된 원형 대좌 위에 서있는 모습이며 인체비례가 약 7등신에 이를 정도로 상당히 크게 조각된 것이 일반적인 특징이다(삽도1). 목불의 세부는 분명하게 드러나지 않지만 남아있는 상태로 보아도 옷주름이 표현되지 않아 인도 사르나트 계열 불상양식의 영향을 받은 것으로 보인다. 또한 두 팔에서 흘러내린 옷 끝단의 흐름도 사르나트 양식을 보여주며, 한쪽 다리를 살짝 구부리고 허리를 비틀어 미세하게 삼곡三曲 자세를 취한 모습이 대부분이다. 이러한 불상의 양식은 옥 에오에서 발견된 석조불상에서도 보인다. 옥 에오에서 발견된 석조 불상 가운데 비교적 이른 시기에 속하는 예가 두 다리를 아래로 내려뜨리고 앉은 모습의 의좌상이다(삽도2).[6] 의좌상은 태국 드바라바티의 불상에서 종종 발견되는 유형이지만 옥 에오에서 발견된 의좌상은 이 상이 유일하다. 1916년에 짜 빈Tra Vinh 성 손 터Son Tho에서 발굴된 이 상은 6세기경 작품으로 추정된다. 밝은 갈색 사암제이며 표면을 마연하여 광택을 낸 것도 사르나트 지역 불상에서 흔히 보이는 제작수법이다.[7] 다만 사르나트의 불상들은 통견으로 법의를 입고 있는 것에 비해 오른쪽 어깨를 드러낸 편단우견으로 옷을 입고 있다는 점에서 차이를 보인다. 이 점은 인도 날란다의 불상양식과의 친연성을 보여주는 것으로 향후 면밀한 비교가 필요하다. 왼손은 옷자락을 잡고 무릎 위에 올려두었고, 오른손은 깨졌지만 원래 여원인을 했던 것으로 추정된다. 신체에 비해 머리가 커서 비례가 어색한 것은 목불과의 차이점이다.

도1
목조불입상
5세기, 옥 에오 발굴,
베트남 역사박물관

도2
석조의좌상
6세기, 손 터 발굴

5 Lawrence Palmer Briggs, "The Ancient Khmer Empire", *Transactions of the American Philosophical Society, new series*, vol. 41, no.1 (1951), p. 34.

6 다리를 아래로 내린 의좌상을 중국의 경우를 들어 미륵상일 가능성을 지적한 예도 있지만 태국과 인도네시아의 의좌상을 미륵이라고 볼 근거가 없기 때문에 의좌라는 형식만으로 미륵의 도상을 논의하는 것은 무리이다. Nancy Tingley, *Arts of Ancient Viet Nam: From River Plain to Open Sea* (New York: Asia Society, 2009), p. 148.

7 사르나트에서 쓰인 추나르 사암과 매우 유사한 석재로 보이지만 양식적인 차이가 있어 인도에서 조각된 불상을 수입했다고 보기는 어려우며, 돌을 수입해서 현지에서 가공한 것일 수는 있다.

도3
석조불좌상
7세기, 프놈 창걱 발굴,
베트남 역사박물관

양식적으로 손 터의 의좌상과 비슷한 상이 1920~1921년에 프놈 창걱Phnom Cangek에서 발견되어 짜 빈 성 왓 짜판 벤Wat Trapan Ven으로 이안되었다가 다시 1938년에 사이공(현재 호치민)으로 이전된 역사를 지니고 있다(삽도3).[8] 의좌상과 비슷한 사암으로 만들어졌고, 마연으로 인한 광택이 표면에 남아있다. 육계는 의좌상보다 낮아졌고, 신체 비례는 실제 인체에 가까워졌지만 옷주름이 표현되지 않은 얇은 법의와 길게 늘어진 귀, 쌍꺼풀이 있는 눈에서 앞에서 언급한 의좌상보다 양식적으로 발전된 모습을 볼 수 있다. 두 불상의 자세를 비롯한 형식상의 차이 외에 보다 사실적인 신체 세부 묘사와 타원형으로 길어진 얼굴, 낮아진 육계, 안정감 있는 자세 등에서 보이는 양식의 변화로 미루어 이 좌상이 의좌상보다 늦은 8세기경에 만들어졌음을 알려준다. 제작시기에 대해서는 이견이 있다.[9] 8세기 무렵에 유행한 스리랑카 불좌상의 영향이 보이지만 그보다 양감이 있고, 신체가 부드럽게 묘사되었다. 대좌의 연꽃잎 가운데 3개에 산스크리트 명문이 있는데, 기증자의 이름으로 추정되는 '수리야닷타Sūryadatta'와 의미를 알 수 없는 글자들이다.[10]

위의 두 불상과 양식적으로 매우 가까운 조각이 캄보디아에서 발견되었다. 1966년 깜퐁 스퓨Campong Speu 주 우동Udong 뚜얼 따 호이Tuol Ta Hoy에서 발견된 불상은 밝은색 사암이라는 재료도 같고, 크게 오른쪽으로 말린 나발과 긴 귀, 옷주름이 묘사되지 않은 편단우견의 복식에서 앞의 두 불상과 같은 특징을 보여준다. 이 불상은 톤레 삽 호수, 메콩 삼각주 및 앙코르 보레이Angkor Borei로 연결되는 지역에서 발견되었기 때문에 사실상 정확히 어디에서 만들어졌는지 알 수 없다. 남부 캄보디아와 베트남 옥 에오 인근의 불상 제작소에서 조각되어 이전되었을 것으로 보이며, 이 점은 옥 에오 지역에서 발견된 다른 불상들도 마찬가지이다. 옷주름이 없는 편단우견의 법의, 고졸한 미소를 띤 부드러운 얼굴, 크고 납작하게 표현된 나발, 통통한 팔다리를 포함한 양식적 친연성을 보이는 사암제 불상들은 모두 메콩 삼각주의 조불소造佛所에서 만들어 인근 지역으로 보내져 각지 사원에 봉안되었다고 볼 수 있다.

뻣뻣하고 어색한 신체 표현이 훨씬 부드럽고 유연하게 바뀐 불상도 끼엔 장Kien Giang 성 넨 쭈어Nen Chua에서 발견되었다. 이 끼엔장성박물관 소장 불입상은 허리를 굽히고 왼쪽 다리를 구부려 삼곡자세를 취함으로써 신체의 율동성과 굴곡을 잘 보여준다는 점에서 직립 자세로 만들어진 불입상에 비해 진일보한 감각을 보여준다. 굵고 납작한 나발과 미소 띤 얼굴, 넓은 어깨와 좁은 허리, 옷주름이 없는 편단우견의 법의는 사르나트와 스리랑카 불상 양식이 결합된 것으로 보인다. 하지만 스리랑카에서 이러한 유형의 삼곡자세를 한 불입상이 이보다 선행하는 예가 발견되지 않았기 때문에 스리랑카 불상의 영향을 받았다고 단언하기는 어렵다. 역동적이면서 생생한 자세와 편단우견의 법의는 날란다 조각에서 기원한 것일 수도 있다.

---

8 John Guy ed., *Lost Kingdoms: Hindu-Buddhist Sculpture of Early Southeast Asia* (New York: the Metropolitan Museum of Art, 2014) p. 99.

9 호치민역사박물관 측에서는 이보다 이른 6-7세기 불상으로 추정하고 있으며, 2010년에 이 조각을 전시한 바 있는 부산박물관에서는 9세기로 추정했다. 부산박물관, 『베트남, 홍강에서 메콩강까지』(부산박물관, 2010), p. 194.

10 세데스는 이를 태양Sūrya의 힘과 붓다를 연결시키는 혼성 이름으로 추정한 바 있다. Cœdès ed. and trans., *Inscriptions du Cambodge*, vol.6 (Paris: École française d'Extrême-Orient, 1965), p. 69. (John Guy ed., *Lost Kingdoms: Hindu-Buddhist Sculpture of Early Southeast Asia*, p.101 재인용)

옥 에오의 불상과 관련하여 주목을 끄는 금동상이 있다. 롱 슈엔Long Xuyen 성 봉 테 Vong The의 링 썬Linh Son 탑에서 발견된 이 금동불은 한눈에 중국 불상임을 알 수 있다(삽도4). 중국 사서에는 『한서漢書』부터 시작하여 동남아와 중국 간의 교역이 종종 언급된다. 조공의 형식이지만 그 내용은 실질적으로 교역이라고 판단되며 그 중에는 이와 같은 종교조각과 신성한 의례용품이 일부 포함되어 있다.[11] 느슨하게 입은 통견의 법의 위로 평행선을 이루며 반원형으로 옷주름이 흘러내렸고, 두 손은 각각 여원인與願印과 시무외인施無畏印을 했다. 이목구비는 뚜렷한 편이며 눈을 살짝 내려뜨고 미소를 지었다. 5세기로 편년을 하는 경우도 있으나 이 불상은 통견의 법의를 입고, 두 팔 아래로 좌우 옷자락이 자연스럽게 떨어진 점으로 보아 6세기 중엽 작품으로 생각된다. 이와 관련하여 『불조통기佛祖統紀』가 중요한 참고가 된다. 『불조통기』에는 양무제 재위기인 540년에 푸난의 국왕이 사절단을 보내 조공을 하자 무제가 석가상과 경론을 주었다는 기록이 있다.[12] 아쉽게도 이 금동불에는 명문이 없지만 양식적 특징으로 미루어 양무제 재위기인 6세기 중엽 남조 불상의 특징을 반영하고 있으므로 양무제가 보낸 석가상일 가능성이 높다고 볼 수 있다.[13]

도4
동조불입상
6세기 중엽, 중국 남조, 봉 테 발견, 호치민 역사박물관

이와 유사하게 중국에서 수입된 불상이 같은 봉 테에서 발견되어 현재 안장성박물관에 있다. 이 금동불은 앞의 불상보다 어깨가 좀 더 좁고 신체의 양감이 거의 없으며, 법의 끝단이 좌우로 넓게 펼쳐져 삼각형을 이루고 있어서 중국의 동위양식 불상으로 보인다. 옷을 입은 방식, 정면 위주의 조각, 양감이 없는 점에서 앞 시기 양식을 따른 것으로 보여 520~530년대 중국 불상으로 보이며, 역시 중국 남조에서 푸난에 보낸 조각이라고 생각된다. 이들은 옥 에오 다른 지역에서 발견된 불상들이 인도 사르나트 계열의 불상 양식을 그대로 따라 인체를 그대로 드러내는 얇은 옷을 편단우견 형식으로 입고, 옷주름을 나타내지 않은 점, 양감이 풍부한 인체 묘사를 적극적으로 하되 이목구비에서 현지인의 개성이 드러나는 표현을 하고 있는 점과는 매우 대조적이다. 인도인의 거주 공동체가 일찍이 형성되어 있었던 옥 에오에서 인도식 불상을 만드는 일은 자연스러운 것이었지만 중국 불상을 모델로 만드는 일은 매우 드물었고, 오히려 6세기 전후에 빈번했던 중국과의 교류를 통해 입수한 중국의 불상을 그대로 안치했다고 볼 수 있다.

11 동남아 전체 지역에서 발견되는 종교조각은 힌두교 신상이 압도적으로 많다. 이로 미루어 이 시기 동남아에서는 불교보다 힌두교가 우세했다고 판단할 수 있으나 중국에서 불교가 융성했기 때문에 동남아 상인과 사신이 중국에 갈 때는 불교용품과 상아 불상, 사리 등을 가져갔기 때문에 중국에서는 동남아를 불교문화권으로 파악하고 있었다. 이에 관해서는 Kang, Heejung, "Kunlun and Kunlun Slaves as Buddhists in the Eyes of the Tang Chinese", *KEMANUSIAAN* Vol. 22, No. 1 (2015), pp. 27-52.

12 T2035, 49: 351b. 아쉽게도 이 기사는 『양서梁書』에서 확인되지 않는다.

13 이 불상을 중국의 6세기 중엽 불상으로 비정하고 『불조통기』에서 양무제가 하사한 불상일 것으로 처음 추정한 것은 필자의 다음 글이다. 강희정, 「푸난 불교조각의 연원과 전개」, 『미술사와 시각문화』8(2009), pp. 54-55.

III. 다양한 힌두신상들

앞에서 언급했듯이 불교조각보다는 힌두교 조각들이 옥 에오에서는 훨씬 많이 발굴되었고 신들의 종류도 다양하다. 가장 흔하게 볼 수 있는 것은 비슈누이다. 인도에서 비슈누를 섬기는 무리들의 집단 이주가 옥 에오 일대 종교문화의 기본 방향을 정하는 데 크게 기여했기 때문일 것이다. 일반적으로 힌두교는 쉬바, 비슈누, 브라흐마의 3대 신을 모시는 종교라고 알려졌으나 역사상으로 보면 파괴의 신 쉬바를 숭상하는 쉬바파, 인간과 세계의 필요와 요구에 부응해 각종 화신이 되어 세계를 구원하는 유지의 신 비슈누를 믿는 비슈누파의 두 신앙이 핵심이다. 민간신앙 성격을 가지고 있었던 힌두교가 교리와 체제를 갖추어 종교적으로 급성장한 것은 굽타시대인 4세기 이후의 일이다.[14] 4~5세기는 인도에서도 힌두교가 세력을 얻기 시작한 때로서 중부 및 남인도의 여러 왕국에서 왕들의 후원으로 힌두교 사원과 석굴들이 조영되던 때이다. 그러므로 이 시기에 동남아로 이주한 사람들은 굽타시대 힌두교의 성격을 그대로 따라 비슈누를 신앙했고, 그 흔적을 동남아 각지에 남겼다. 이보다 후대에는 쉬바를 모시는 사람들이 대세를 이루지만 이른 시기의 동남아 힌두교도들은 먼저 비슈누 신앙을 가지고 있었다. 특히 키가 작고, 신체에 괴량감이 넘치는 비슈누 조각은 인도 마투라 조각의 전통을 충실히 반영한 이른 시기의 신상들이다. 반면 비교적 키가 크고, 군살이 전혀 없이 날씬한 비슈누상들은 포스트 굽타시대 중인도나 남인도 힌두상의 영향을 받았다.

인도에서 비슈누는 악이 선을 이기는 미래가 오면 나타나는 첫 번째 신으로 알려졌다. 남녀를 같이 표현하는 전통이 있는 인도에서 비슈누는 부인 락슈미, 승물乘物 가루다와 같이 조각되는 것이 일반적이지만 굽타시대에는 아직 그 전통이 만들어지지 않은 듯 단독으로 만들어졌다. 동남아에서도 현재 발견되는 비슈누상은 단독상이며 락슈미나 가루다는 보이지 않는다. 중국의 승려 법현法顯은 399년 인도로 불교경전을 구하기 위한 구법의 여행을 떠났다. 그는 귀국길에 페르시아의 상선을 타고 해로로 스리랑카에서 동남아를 거쳐 돌아왔으며 이때 자신의 경험담을 『불국기佛國記』로 남겼다. 『불국기』에 의하면 법현이 탄 배가 야파제耶婆提(현재의 인도네시아 자바)에 기항했을 때, 야파제에는 외도外道, 즉 힌두교를 비롯한 이종교가 번성했고 불법은 그다지 퍼지지 않았다. 이는 법현이 인도네시아에 갔을 당시 5세기 초의 동남아가 의정이 슈리비자야(인도네시아)에 갔던 7세기와는 매우 달랐음을 말해준다. 이 시기 동남아에서는 불교보다 힌두 신앙이 성행했으며, 이는 굽타시대 인도에서의 힌두교의 급성장과 연관이 있다. 따라서 6~7세기에 만들어진 다양한 힌두신상들이 동남아 대륙부 여러 곳에서 발견되는데 특히 베트남의 옥 에오에서 다수 발굴되었다.

비슈누를 비롯하여 동남아의 초기 힌두교 조각은 인도 굽타시대 비슈누상을 모델로 제작되기 시작했을 것이다. 동남아에서 발견된 비슈누상 가운데 가장 이른 상은 태국 차야Chaiya 지방과 베트남 옥 에오에서 발견되며, 양식적으로 인도 굽타의 힌두교 조각

---

14 지배층의 후원에 따른 것이다. George Michell, *Hindu Art and Architecture* (New York: Thames and Hudson, 2000), pp. 44. 미첼은 북인도의 굽타, 프라티하라Pratiharas, 남인도의 찰루키아Chalukyas, 팔라바Pallavas 왕조의 후원이 중요한 역할을 했을 것이라고 보았다.

중에서도 중부 마투라Mathura 조각의 영향을 먼저 받았다. 이는 불교조각이 사르나트 미술의 영향을 받은 것과 대조적이다. 동남아에서 발견된 이른 시기의 비슈누상은 크게 나누어볼 때, 키가 큰 장신의 조각과 키가 작은 단신의 두 종류로 나뉜다. 인도 마투라 조각의 영향을 받은 키가 작은 비슈누상은 인도와 지리적으로 가까운 말레이 반도 중부, 태국 남부에서 주로 발견된다. 반면 장신의 비슈누상은 주로 옥 에오를 비롯한 베트남 남부에서 발견되는데 이들이 실제로 키가 큰 것이 아니라 군살이 없고 팔다리가 날씬하여 인체가 장신인 것처럼 보인다는 의미이다. 특히 장신형 비슈누상들은 광배처럼 신체 전체를 둘러가며 조각을 지탱해주는 지지대가 있는데 이는 캄보디아의 힌두 조각에 그대로 이어지는 특징이다. 또한 단신의 비슈누상에 비하면 머리에 쓴 보관과 치마인 도티는 매우 단순하게 처리되었다. 흥미로운 점은 이러한 유형의 비슈누상들은 굽타시대 인도 조각 중에서 찾아보기 어렵다는 것이다. 아마도 굽타시대에 이어지는 포스트 굽타시대의 신상을 모델로 만들었거나 지금은 전해지지 않는 다른 비슈누상이 유입되어 있었던 것으로 보인다.

마투라 양식의 영향을 받은 단신의 비슈누상에 비하면 현저하게 몸통이 가늘고 다리가 긴 장신형의 비슈누 가운데 비교적 이른 시기의 조각이 베트남 떠이 닌Tay Ninh 성 호아 닌Hoa Ninh에서 발견됐다(삽도5). 호치민 미술관 소장의 이 비슈누상은 4개의 팔 중에 오른팔 하나가 파손된 것을 빼면 상당히 보존 상태가 좋다. 어깨가 넓고 가슴 아래가 좁은 역삼각형 신체와 달리 얕은 신으로 새기다 중단한 것 같은 하의는 원래 미완성 조각이었던 것 같은 느낌을 준다.[15] 일반적으로 이른 시기의 동남아 비슈누상은 4개의 팔로 각각 철퇴Gada(혹은 곤봉), 소라Shankha, 흙덩어리Bhu, 법륜Cakra을 들고 있는 도상을 보여주며 이들은 통상 비슈누의 속성을 상징하는 지물로 알려졌다.[16] 호아 닌의 비슈누 역시 오른손으로 법륜, 왼손으로 소라와 곤봉을 들고 있다. 이 4가지 지물 가운데 지혜의 힘을 상징하는 곤봉과 법륜, 소라는 인도의 비슈누와 도상이 일치하지만 대지와 창조를 뜻하는 진흙덩어리는 인도 비슈누에서 찾아보기 어렵기 때문에 특이한 지물이라 할 수 있다.[17]

도5
석조비슈누상
6세기, 호아 닌 발견,
호치민 역사박물관

1984년부터 여러 차례 발굴된 동 탑Dong Thap 린 미유 바Linh Mieu Ba의 비슈누상은 이 시기의 전형적인 모습을 보여준다.[18] 옥 에오에서 발굴된 비슈누상들이 소형이 많은 데 비해 이 상은 높이가 1.6m에 이르는 등신대의 조각이며 다른 비슈누처럼 팔이 네 개 있으나 오른팔 하나는 완전히 파괴됐다. 손이 잘려서 지물을 확인할 수 없으나 머리에 쓴 높은 보관과 장식이 없는 도티를 입은 모습에서 비슈누임을 알 수 있다. 허리띠 끈이 대좌까지 길게 늘어졌고, 두 팔 아래로도 지지대가 있으며, 발 아래 조각상을 세울 수 있게 긴 꼭지를 만든 것은 분명 동남아 조각의 특징이다. 조각상을 받치기 위한 지지

15 인도 힌두조각에 짧은 도티를 입은 예가 있지만 훨씬 후대 남인도의 예이다.

16 Nancy Tingley ed., *Arts of Ancient Vietnam: From River Plain to Open Sea* (New York: Asia Society and The Museum of Fine Arts, Houston, 2009), p. 146.

17 힌두 신의 도상을 규정하는 지물과 승물, 자세는 Jitendra Nath Banerjea, *The Development of Hindu Iconography* (Calcutta: University of Calcutta, 2nd ed., 1956), pp. 112-113, 385-444.

18 발굴 당시 정황에 대해서는 James C. M. Khoo, ed., 앞의 글(2003), pp. 54-55.

대는 인도의 비슈누상에서 보이지 않는 장치이다. 아마도 지금은 전하지 않는 인도의 청동제 조각을 본떠 만들었을 가능성이 있다.[19] 옥 에오에서 발굴된 소형의 비슈누상들은 같은 제작소에서 만든 것이 분명할 정도로 같은 유형으로 조각된 예들이 다수이다. 높은 보관에는 인도의 비슈누와 달리 아무런 장식이 없고, 신체와 네 팔의 표현은 정형화되었고 도티 사이로 흘러내린 띠와 아래로 내려뜨린 두 손 아래 지지대를 두어 좌우 대칭으로 만들었다. 6~7세기 사이에 조각된 비슈누상은 아치형의 지지대를 동반한 프놈 다Phnom Da 양식 조각과 양식적 특징을 공유한다. 이들은 어깨가 넓고 날렵한 장신의 신체에 4개의 팔이 있으며 각기 다른 지물을 들고 있다.[20] 프놈 다는 푸난 말기의 수도로 추정되는 앙코르 보레이Angkor Borei 인근이어서 이 일대에서 발견된 미술은 6세기말이 편년의 하한이다.[21] 따라서 프놈 다 양식과 유사한 특징을 보여주는 장신의 비슈누상들도 이와 유사한 때로 추정할 수 있다.

동 시 마하폿Dong Si Mahaphot에서도 둥근 공 같은 흙덩어리를 들고 있는 비슈누가 발견된 바 있다. 이 비슈누상 역시 베트남 남부와 캄보디아에서 발견되는 초기의 비슈누상처럼 신체 양 옆으로 지지대를 두었고, 치마를 묶은 허리띠 끈이 길게 아래로 늘어져 조각상을 받쳐주도록 만들었다. 앞의 비슈누와 달리 발목까지 늘어지는 긴 도티를 입은 것이 특징인데 이는 남인도 조각의 영향으로 보인다. 길게 내려오는 도티를 입은 장신의 비슈누상은 옥 에오 여러 곳에서 발굴되었다. 그 중에는 청동상도 있어 주목된다. 불과 23cm의 작은 상이지만 현지에서 만든 이른 시기 청동비슈누라는 점에서 중요한 조각이다(삽도6). 안 장An Giang 성 탄 호이Tan Hoi의 탄 푸Tan Phu 지구 꽌 암 탑Quan Am Pagoda에서 1944년 발견되었다.[22] 마모로 인하여 이목구비의 윤곽은 뚜렷하게 남아있지 않으나 얼굴이 작고 오밀조밀한 모습이며, 머리에 아무 장식이 없는 높은 보관을 쓰고 있는 것도 이 시기 동남아 비슈누상의 특징이다. 보존상태가 좋아서 4개의 팔과 각 손의 지물이 잘 남아있다. 두 개의 왼손은 각각 소라와 곤봉을 들었고, 아래로 내린 오른손으로 흙덩어리를 들었는데 위로 올린 손만 지물이 결실되었다. 원래 법륜을 들고 있었을 것이다. 오른손 아래에 있는 지지대는 왼손의 곤봉과 대칭을 이루며, 다리 사이로 흘러내린 허리띠와 함께 비슈누를 받쳐주는 역할을 한다. 신체 비례와 양감으로 미루어 7세기 조각으로 판단된다.[23]

도6
동제비슈누
7세기 전반, 탄 호이 발견,
호치민 역사박물관

---

19 肥塚隆, 앞의 논문, p. 12. 단정하기 쉽지 않은 문제이다.

20 프놈 다에서 발굴된 조각상의 양식적 공통점을 지적한 것은 Jean Boisselier, *Tendances de l'art khmèr: commentaires sur 24 chefs-d'œuvre du Musée de Phnom-Penh* (Paris: Presses universitaires de France, 1956)에서이다.

21 肥塚隆, 「プレ・アンコル期の彫刻」, 『世界美術大全集 東洋編』 第12巻 東南アジア(東京: 小學館, 2001), pp. 87-88.

22 Louis Malleret, L'Archéologique du Delta du Mekong, Vol.2 (Paris: École française d'Extrême-Orient, 1960), pp. 135-137 (Tingley ed., 위의 글, p. 156에서 재인용).

23 부산박물관에서의 2010년 전시도록에서는 아래로 내린 오른손에 들고 있는 것을 창으로, 제작시기는 3-5세기로 보았다. 부산박물관, 위의 글(2010), p. 179. 또 은색이 도는 동의 재질로 미루어 전형적인 동남아 청동상과 마찬가지로 주석 함량이 높은 것으로 파악되었으며 발견 당시 막자가 공반되었다고 하는데 이것은 원래 법륜이었을 가능성이 있다. 이에 대해서는 Nancy Tingley ed., 위의 글(2009), p. 156.

옥 에오에서 발견된 힌두신상은 비슈누가 압도적으로 많지만 쉬바를 상징하는 쉬바링가 역시 없는 것은 아니다. 힌두교가 발달하기 시작하던 단계에 쉬바는 비슈누처럼 사람의 형상으로 만들어지는 경우가 매우 드물고 대부분 남근형상의 링가로 만든다. 인도와 동남아가 모두 같다. 동남아에서는 7세기 이후 쉬바링가가 많이 제작되며 중요한 유적에서 대부분 쉽게 찾아볼 수 있다. 안 장 성에서 발견된 옥 에오의 링가에는 작게 사람 얼굴이 묘사되었는데 이 역시 인도의 선례를 따른 것이다.[24] 비슈누만큼은 아니지만 링가 외에 비교적 많이 조성된 것이 여신 두르가Durga이다. 인도에서 두르가는 황소로 변신한 악마 마히샤Mahisha를 무찌르는 강력한 여전사 이미지이지만 동남아에서의 두르가는 온화하고 평온한 모습이다. 짜 빈 성 루 응엡 안Luu Nghiep An에서 발굴된 두르가가 좋은 예이다(삽도7). 두 팔 아래 조각을 받치는 지지대를 두었고 이것이 광배처럼 머리 위까지 이어지는 것은 이 시기 프놈 다 양식 조각과 같다. 머리에 쓴 높은 보관과 위로 올린 두 손으로 들고 있는 소라와 법륜은 이 두르가상이 같은 시기 비슈누와 일부 도상을 공유하고 있음을 말해준다. 약간 딱딱하고 어색한 얼굴 묘사, 신체에 비해 큰 손에서도 이른 시기 힌두신상양식을 그대로 보여준다. 두르가의 신화를 서사 그대로 묘사하는 인도의 예와 달리 여기서 두르가는 그저 여신일 뿐이고, 이를 두르가라고 알려주는 표지는 발아래 황소머리밖에 없다. 어느 신도 이길 수 없었다는 막강한 힘의 소유자인 악마 마히샤를 이렇게 순한 물소처럼 표현한 것은 분명 동남아적인 특수성이나. 가슴 아래 배를 나타낸 두 줄의 가로선과 치마 위의 파도무늬는 입체적인 조각과 달리 정성을 들였음에도 치졸해 보인다. 비교적 균형 잡힌 인체 표현과 어울리지 않는 선각이 이 시기 옥 에오 종교조각의 특징이다. 이외에도 태양신 수리야Sūrya, 여신 데비Devi가 발견되었다.

도7
석조두르가
7세기, 짜 빈 발견,
베트남 역사박물관

IV. 동남아 종교조각의 출발지, 옥 에오

동남아에는 이른 시기 사원이나 힌두 신전이 보존된 경우가 적고, 거대 신전을 건립했다는 근거도 별로 없다. 불교든 힌두교든 대형사원은 정치권력의 강력한 후원에 의해서 건설이 가능하지만 절대 권력이 아직 약했을 때는 사원 건립 역시 어렵다. 사원이 잘 남아있지 않은 것은 종교 의식에 적합한 공간이 충분하지 않았고, 종교와 권력의 결탁이 약했음을 의미한다. 목조불상 일부를 빼면 옥 에오에서 발굴된 불상이나 힌두신상의 규모가 그리 크지 않다는 점도 이로써 설명이 될 것이다. 옥 에오 지역이 상업적으로 발달한 항구 중심지였고, 크고 작은 배들로 인해 교역이 번창했지만 지역의 특성상 막강한 권력에 의한 통제와 후원은 아직 부족했던 것으로 보인다. 일부 인도인에 의해 이루어진 동남아 '식민'은 현지인과의 타협을 통해 가능했을 것이다. 짧은 시간에 현지인 전체를 종교적으로 교화하기 어려웠을 것이고, 종교적으로도 타협이 불가피했기 때문에 대대적인 정치적 후원을 받기 어려운 상황에서 만든 종교 조각들은 인도의 예를 따랐어도 똑같을 수는 없다.

---

24 인도에서도 이른 시기의 링가에는 사람 얼굴이 있는 경우가 많아서 따로 이를 에카무카 링가Ekamukha Linga라고 부른다.

종교미술은 개인의 신앙과 집단의 의례를 위한 것이고, 인도에서 시작된 종교는 인도의 사회 체제의 구성과 미술의 발달에 중요한 역할을 했다. 엄격한 신분 질서를 유지했던 인도보다 계급에 기반을 둔 사회구성이 느슨했던 고대 동남아에서는 초기의 종교미술이 철저한 종교의 수행을 위한 것보다 훨씬 단순한 우상으로 조성되었을 것이다. 특히 상업적 교역망을 중심으로 발달한 지역인 옥 에오에서는 운하나 강으로 연결된 지역의 공동체는 규모가 더 작을 수밖에 없고, 종교조각 역시 마찬가지다. 옥 에오에서 다수의 불상과 힌두신상들이 발굴되거나 발견되었지만 대부분 높이가 1m 미만인 것을 보면 항구로 옥 에오가 번창했던 시기와 불교 및 힌두교의 발전시기가 일치했다고 보기는 어렵다. 종교시설과 신상이 만들어지기 위해서는 일정한 조건이 필요하다. 지역의 규모, 계급의 분화와 권력의 집중, 종교에 대한 이해가 일정한 수준에 이르러야 가능하다. 옥 에오에서는 먼저 힌두교가 널리 퍼지고 불교는 그 다음이었다. 어느 쪽이든지 도상은 인도의 경우를 모델로 했으나 현지에 맞게 변형시키기도 했다. 불상은 스리랑카를 거쳐 전해진 사르나트 양식을 기반으로 조각했으며 힌두교 신상은 비슈누를 신앙의 중심에 두었지만 쉬바나 두르가 신앙도 보여준다. 옥 에오의 종교조각은 늦어도 5세기에는 시작되었을 것으로 추정되지만 발굴된 예들은 대체로 6~7세기 조각이 대부분이다. 도상만이 아니라 재료나 조각수법도 인도에서 유입된 방식을 따랐다. 사르나트의 조각처럼 표면을 다듬고 마연하여 광택을 준 것에서도 알 수 있다. 이들 신상은 굽타시대 인도미술의 영향으로 제작되기 시작하여 포스트 굽타 미술의 영향을 강하게 보여준다. 인도 힌두신의 판테온 가운데 자신들에게 적합하다고 생각한 쉬바, 비슈누, 스칸다, 두르가 등을 조각했는데 인도에는 같은 시기의 힌두조각이 적다는 점에서 역으로 옥 에오의 종교조각을 통해 인도 조각을 추론하는 것이 가능하다. 옥 에오는 동남아에서 가장 이른 시기 종교조각의 생산지이자 신앙의 발상지라 할 수 있다.

도판목록

프롤로그

Prologue

Ⅰ
베트남 남부의 옥에오 문화

Óc Eo Culture in Southern Vietnam

Ⅱ
해상교역의 중심, 옥에오

Óc Eo, The Heart of Maritime Trade

001

통나무배
Thuyền độc mộc
Dugout Canoe

2~6세기
나무, 길이 215.0
옥에오문화유적관리위원회

002

부남 동전
Tiền Phù nam
Funan Coins

다노이
5~6세기
금속, 지름 3.0
옥에오문화유적관리위원회

003

부남 동전 조각
Mảnh tiền Phù nam
Piece of Funan Coin

금속, 길이 1.5
옥에오문화유적관리위원회

004

로마 동전 (복제)
Tiền La Mã
Roman Coin Ⓡ

금, 지름 2.0
옥에오문화유적관리위원회

005

옥에오 동전
Đồng tiền Óc Eo
Oc Eo Coins

12~13세기
금속, 지름 1.3~1.6
옥에오문화유적관리위원회

006

음각세공품
Mặt nhẫn
Intaglios

유리, 원석, 지름 1.8~2.5
옥에오문화유적관리위원회

007

구슬
Hạt chuỗi
Beads

2~5세기
원석, 길이 1.2~1.8
옥에오문화유적관리위원회

008

구슬
Hạt chuỗi
Beads

2~5세기
유리, 원석, 길이 1.5~2.0
옥에오문화유적관리위원회

009

구슬
Hạt chuỗi
Beads

2~5세기
유리, 원석, 길이 0.2~1.0
옥에오문화유적관리위원회

010

구슬
Hạt chuỗi
Beads

2~5세기
원석, 길이 1.0~1.8
옥에오문화유적관리위원회

011

구슬
Hạt chuỗi
Beads

2~6세기
유리, 마노, 길이 0.2~1.4
옥에오문화유적관리위원회

012

마노구슬
Hạt chuỗi đá Agate
Agate Beads

2~5세기
마노, 길이 1.5
옥에오문화유적관리위원회

013

유리구슬
Hạt chuỗi thủy tinh
Glass Beads

2~6세기
유리, 지름 0.3~0.5
옥에오문화유적관리위원회

014

유리구슬
Hạt chuỗi thủy tinh
Glass Beads

2~5세기
유리, 지름 0.7
옥에오문화유적관리위원회

015

유리구슬
Hạt chuỗi thủy tinh
Glass Beads

2~5세기
유리, 지름 0.2~0.4
옥에오문화유적관리위원회

016

유리구슬
Hạt chuỗi thủy tinh
Glass Beads

2~5세기
유리, 지름 0.2~0.4
옥에오문화유적관리위원회

017

유리구슬
Hạt chuỗi thủy tinh
Glass Beads

2~5세기
유리, 지름 0.3~0.5
옥에오문화유적관리위원회

018

유리구슬
Hạt chuỗi thủy tinh
Glass Beads

2~6세기
유리, 지름 0.2~0.5
옥에오문화유적관리위원회

019

유리구슬
Hạt chuỗi thủy tinh
Glass Beads

2~6세기
유리, 지름 0.2~0.6
옥에오문화유적관리위원회

020

유리구슬
Hạt chuỗi thủy tinh
Glass Beads

2~5세기
유리, 지름 0.2~0.5
옥에오문화유적관리위원회

021

유리구슬
Hạt chuỗi thủy tinh
Glass Beads

2~5세기
유리, 지름 0.2
옥에오문화유적관리위원회

022

유리구슬
Hạt chuỗi thủy tinh
Glass Beads

2~5세기
유리, 지름 0.7
옥에오문화유적관리위원회

023

유리구슬
Hạt chuỗi thủy tinh
Glass Beads

2~6세기
유리, 지름 0.2~0.6
옥에오문화유적관리위원회

024

구슬
Hạt chuỗi
Beads

마한 | 서산 예천동
유리, 지름 0.3~0.8
국립공주박물관

025

구슬
Hạt chuỗi
Beads

백제 | 안성 도기동
유리, 지름 0.3~1.5
국립중앙박물관

026

구슬
Hạt chuỗi
Beads

백제 | 연천 삼곶리
유리, 지름 0.4~1.4
국립중앙박물관

027

구슬
Hạt chuỗi
Beads

백제 | 연천 삼곶리
유리, 지름 0.4~1.5
국립중앙박물관

028

구슬
Hạt chuỗi
Beads

백제 | 공주 무령왕릉
유리, 지름 0.6
국립공주박물관

029

금박 구슬
Hạt chuỗi
Beads

백제 | 공주 무령왕릉
유리, 지름 0.2~0.6
국립공주박물관

030

금박 구슬
Hạt chuỗi
Beads

마한 | 아산 명암리
유리, 지름 0.3~0.8
국립공주박물관

031

금박 구슬
Hạt chuỗi
Beads

백제 | 함평 신덕 1호분
유리, 지름 0.2
국립광주박물관

032

금박 구슬
Hạt chuỗi
Beads

백제 | 공주 무령왕릉
유리, 지름 0.3
국립공주박물관

033

연리문 구슬
Hạt chuỗi
Beads

백제 | 함평 신덕 1호분
유리, 지름 0.45~0.8
국립광주박물관

Ⅲ 옥에오 사람들의 삶

The Life of the Óc Eo People

034

가랑편
Mảnh cà ràng
Stove Fragment

6세기
토도, 길이 20.0
옥에오문화유적관리위원회

035

사발
Thố
Bowl

5세기
토도, 높이 15.3
옥에오문화유적관리위원회

036

뚜껑
Nắp đậy
Lid

1~3세기
토도, 지름 15.5
옥에오문화유적관리위원회

037

뚜껑
Nắp đậy
Lid

4~5세기
토도, 지름 16.3
옥에오문화유적관리위원회

038

뚜껑
Nắp đậy
Lid

터안
4~5세기
토도, 지름 17.5
옥에오문화유적관리위원회

039

뚜껑
Nắp đậy
Lid

5~6세기
토도, 높이 9.5
안장성박물관

040

그릇받침
Bát bồng
Pottery Stand

2~7세기
토도, 높이 9.5
옥에오문화유적관리위원회

041

작은항아리
Hũ nhỏ
Small Jar

3~5세기
토도, 높이 4.3
옥에오문화유적관리위원회

042

항아리
Hũ
Jars

3~5세기
토도, 높이 4.7~6.3
옥에오문화유적관리위원회

043

항아리
Hũ
Jar

3~5세기
토도, 높이 23.7
옥에오문화유적관리위원회

044

항아리
Hũ
Jar

3~5세기
토도, 높이 16.0
옥에오문화유적관리위원회

045

항아리
Hũ
Jar

1~3세기
토도, 높이 15.5
옥에오문화유적관리위원회

046

항아리
Hũ
Jar

3~4세기
토도, 높이 13.2
옥에오문화유적관리위원회

047

작은냄비
Nồi nhỏ
Small Pots

3~5세기
토도, 높이 5.5~7.5
옥에오문화유적관리위원회

048

작은냄비
Nồi nhỏ
Small Pots

3~5세기
토도, 높이 4.7~8.2
옥에오문화유적관리위원회

049

냄비
Nồi
Pot

1~3세기
토도, 높이 11.3
옥에오문화유적관리위원회

050

냄비
Nồi
Pots

2~3세기
토도, 높이 4.5~5.5
옥에오문화유적관리위원회

051

냄비
Nồi
Pot

4~5세기
토도, 높이 8.0
옥에오문화유적관리위원회

052

냄비
Nồi
Pot

5세기
토도, 높이 7.7
옥에오문화유적관리위원회

053

냄비
Nồi
Pot

4~6세기
토도, 높이 12.0
안장성박물관

054

병목
Cổ bình
Vase Neck

터안
1~2세기
토도, 높이 16.3
옥에오문화유적관리위원회

055

토기편
Mảnh gốm
Potsherds

꺼캐이둥
2~6세기
토도, 지름 3.2~7.1
옥에오문화유적관리위원회

056

돌도끼
Rìu đá
Stone Axes

1~2세기
돌, 길이 4.8~6.5
옥에오문화유적관리위원회

057

갈판
Bàn nghiền
Quern

5세기
돌, 길이 41.0
옥에오문화유적관리위원회

058

갈판
Bàn nghiền
Quern

5세기
돌, 길이 29.5
옥에오문화유적관리위원회

059

갈판
Bàn nghiền
Quern

5세기
돌, 길이 35.5
옥에오문화유적관리위원회

060

갈돌
Chày nghiền(Pesani)
Muller

3~5세기
돌, 길이 22.0
옥에오문화유적관리위원회

061

갈돌
Chày nghiền(Pesani)
Muller

4~5세기
돌, 길이 19.2
옥에오문화유적관리위원회

062

갈돌
Chày nghiền(Pesani)
Muller

4~5세기
돌, 길이 18.0
옥에오문화유적관리위원회

063

갈판과 갈돌
Bàn nghiền và Chày nghiền
Quern · Muller

3~5세기
돌, 갈판 길이 47.0 갈돌 길이 22.5
옥에오문화유적관리위원회

064

악기
Đạo cụ múa
Musical Instruments

2~5세기
토도, 높이 2.5~8.2
옥에오문화유적관리위원회

065

놀이용 구슬
Bi gốm
Marbles

2~4세기
토도, 지름 1.8~2.6
옥에오문화유적관리위원회

066

통발
Đó
Fish Trap

2~3세기
토도, 높이 28.0
옥에오문화유적관리위원회

067

그물추
Chì lưới
Fishing Net Sinkers

2~4세기
토도, 길이 4.2~5.0
옥에오문화유적관리위원회

068

가락바퀴
Dọi xe chỉ
Spindle Whorls

3~5세기
토도, 지름 2.4~3.5
옥에오문화유적관리위원회

069

동물 모양 벽걸이
Giá treo đầu thú
Animal-shaped Hanging

3~4세기
금속, 길이 5.5
옥에오문화유석관리위원회

070

나무 기둥(편)
Cọc gỗ nhà sàn
Wooden Column

2~6세기
나무, 길이 182.5
옥에오문화유적관리위원회

071

석제공구
Công cụ đá
Stone Tool

꺼캐이짬
2~4세기
돌, 길이 6.5
옥에오문화유적관리위원회

072

석제공구
Dụng cụ nghề kim hoàn
Stone Tool

꺼캐이짬
2~4세기
돌, 길이 6.0
옥에오문화유적관리위원회

073

문지르개
Bàn xoa
Rubbing Tool

1~3세기
토도, 높이 16.0
옥에오문화유적관리위원회

074

문지르개
Bàn xoa
Rubbing Tool

4~5세기
토도, 지름 11.2
옥에오문화유적관리위원회

075

문지르개
Bàn xoa
Rubbing Tool

4~5세기
돌, 높이 11.5
옥에오문화유적관리위원회

076

누르개
Bàn dập
Pressing Tools

2~5세기
토도, 지름 6.8~7.8
옥에오문화유적관리위원회

077

도가니
Nồi nấu kim loại
Crucible

3~5세기
토도, 높이 4.0
옥에오문화유적관리위원회

078

도가니
Nồi nấu kim loại
Crucibles

4~5세기
토도, 높이 1.8~2.0
옥에오문화유적관리위원회

079

금편
Mảnh vàng
Gold Fragments

2~7세기
금, 길이 0.4~10.1
옥에오문화유적관리위원회

080

납덩이
Chì lưới
Leads

2~5세기
금속, 너비 2.5, 2.7
옥에오문화유적관리위원회

081

원석이 있는 금속 조각
Mảnh kim loại có đính đá
Piece of Metal with Gemstone

꺼캐이짬
2~4세기
금속, 너비 0.6
옥에오문화유적관리위원회

082

거푸집
Dụng cụ nghề kim hoàn
Mould

2~5세기
돌, 길이 9.5
옥에오문화유적관리위원회

083

거푸집
Khuôn đúc trang sức
Mould

돌, 길이 5.0
옥에오문화유적관리위원회

084

귀걸이
Bông tai
Earrings

2~5세기
금속, 너비 2.5~3.6
옥에오문화유적관리위원회

085

귀걸이
Bông tai
Earring

3~5세기
금속, 너비 2.5
옥에오문화유적관리위원회

086

금속장신구
Bông tai · Vòng tay
Metal Accessories

2~6세기
금속, 길이 2.0~4.8
옥에오문화유적관리위원회

087

금속구슬
Hạt chuỗi
Metal Beads

2~6세기
금속, 길이 1.1~2.2
옥에오문화유적관리위원회

088

토제구슬
Hạt chuỗi
Earthen Bead

2~6세기
토도, 지름 1.2
옥에오문화유적관리위원회

089

유리구슬
Hạt chuỗi thủy tinh
Glass Beads

2~6세기
유리, 길이 0.9~1.8
옥에오문화유적관리위원회

090

유리구슬
Hạt chuỗi thủy tinh
Glass Beads

2~6세기
유리, 지름 0.5~1.8
옥에오문화유적관리위원회

091

유리 · 돌
Thủy tinh · Đá quý
Glass · Stones

2~6세기
유리 · 원석, 길이 0.4~1.7
옥에오문화유적관리위원회

092

유리구슬
Hạt chuỗi thủy tinh
Glass Beads

2~5세기
유리, 지름 1.6~2.0
옥에오문화유적관리위원회

093

구슬
Hạt chuỗi
Beads

2~6세기
원석, 길이 2.2~2.5
옥에오문화유적관리위원회

094

구슬
Hạt chuỗi
Beads

2~6세기
원석, 길이 0.9~5.7
옥에오문화유적관리위원회

095

구슬
Hạt chuỗi
Beads

2~6세기
원석, 길이 0.6~2.4
옥에오문화유적관리위원회

096

수정
Nguyên liệu đá quý
Crystals

2~6세기
수정, 지름 1.0~1.3
옥에오문화유적관리위원회

097

수정구슬
Hạt chuỗi đá Crystal
Crystal Bead

2~6세기
수정, 길이 4.7
옥에오문화유적관리위원회

098

자수정구슬
Hạt chuỗi đá thạch anh tím Amethyst
Amethyst Bead

2~6세기
자수정, 길이 2.4
옥에오문화유적관리위원회

099

연옥구슬
Hạt chuỗi đá ngọc Nephrite
Nephrite Bead

2~6세기
연옥, 지름 1.8
옥에오문화유적관리위원회

100

홍옥구슬
Hạt chuỗi đá Cornaline
Carnelian Beads

2~6세기
홍옥, 지름 0.8~1.5
옥에오문화유적관리위원회

101

마노구슬
Hạt chuỗi đá Agate
Agate Beads

2~6세기
마노, 길이 1.0~5.0
옥에오문화유적관리위원회

102

수정구슬
Hạt chuỗi đá Crystal
Crystal Beads

2~5세기
수정, 길이 1.2~2.3
옥에오문화유적관리위원회

103

구슬
Hạt chuỗi
Beads

2~5세기
원석, 길이 0.8~0.9
옥에오문화유적관리위원회

104

구슬
Hạt chuỗi
Beads

2~5세기
유리 · 원석, 지름 0.2~1.0
옥에오문화유적관리위원회

105

구슬
Hạt chuỗi
Beads

2~5세기
유리 · 원석, 지름 0.4~1.5
옥에오문화유적관리위원회

106

남신상
Tượng Nam thần
Statue of God Statue

6세기
돌, 높이 130.0
안장성박물관

107

하리하라 신상
Tượng Hari Hara
Hari Hara Statue

돌, 높이 53.0
옥에오문화유적관리위원회

108

무카링가
Mukhalinga
Linga with Face

돌, 길이 26.0
옥에오문화유적관리위원회

109

링가
Đầu linga
Linga

4~5세기
돌, 높이 14.5
옥에오문화유적관리위원회

110

남신상 머리
Đầu tượng nam thần
God Head Statue

6~7세기
토도, 높이 9.5
안장성박물관

111

여신상 머리
Đầu tượng nữ nam thần
Goddess Head Statue

4~5세기
토도, 높이 12.8
옥에오문화유적관리위원회

112

하누만 신상 머리
Đầu tượng thần Hanuman
Head Statue of Hanuman

4~5세기
토도, 높이 16.0
옥에오문화유적관리위원회

113

신상 머리
Đầu tượng
God Head Statues

12세기(우)
토도(좌) 돌(우), 높이 10.8~12.0
옥에오문화유적관리위원회

114

불상머리
Tượng phật
Buddha Head

5~6세기
돌, 높이 24.8
안장성박물관

115

불상편
Tượng phật
Buddha Fragment

다노이
5~6세기
돌, 높이 12.5
옥에오문화유적관리위원회

116

향로 뚜껑
Nắp bình hương
Lids of incense

4~5세기
토도, 높이 9.0~14.0
안장성박물관 · 옥에오문화유적관리위원회

117

그릇받침편
Bát bồng
Pottery Stand Fragment

1~3세기
토도, 입지름 20.5
옥에오문화유적관리위원회

118

그릇받침편
Bát bồng
Pottery Stand Fragment

1~3세기
토도, 입지름 13.4
옥에오문화유적관리위원회

119

잔
Ly
Cup

1~3세기
토도, 높이 7.0
옥에오문화유적관리위원회

120

잔
Ly
Cup

2~4세기
토도, 높이 8.5
옥에오문화유적관리위원회

121

잔받침편
Đế ly cốc
Stem Cup Fragment

3~4세기
토도 , 지름 6.3
안장성박물관

122

잔
Ly
Cup

4~6세기
토도, 높이 5.5
옥에오문화유적관리위원회

123

부적
Bùa đeo
Amulet

2~7세기
금속, 길이 4.0
옥에오문화유적관리위원회

124

정병
Kundika
Ritual Ewer(Kundika)

3~5세기
토도, 높이 11.5
옥에오문화유적관리위원회

125

정병
Kundika
Ritual Ewer(Kundika)

3~5세기
토도 , 높이 13.3
옥에오문화유적관리위원회

126

정병
Kendi
Ritual Ewer(Kendi)

7~12세기
토도, 높이 16.0
옥에오문화유적관리위원회

127

정병
Kendi
Ritual Ewer(Kendi)

4~7세기
토도, 높이 27.0
옥에오문화유적관리위원회

128

난간 기둥
Cột lan can
Railing Column

4~6세기
토도, 높이 11.5
옥에오문화유적관리위원회

129

장식용 벽돌
Bệ hoa sen
Decorative Brick

토도, 길이 22.0
옥에오문화유적관리위원회

130

기와편
Mảnh ngói
Tile Fragment

2~7세기
토도, 길이 15.3
옥에오문화유적관리위원회

131

기와편
Mảnh ngói
Tile Fragment

꺼탕
4~7세기
토도, 길이 13.0
옥에오문화유적관리위원회

132

기와편
Mảnh ngói
Tile Fragment

3~6세기
토도, 길이 15.0
옥에오문화유적관리위원회

133

처마기와
Mảnh diềm ngói
Eave Tile

7세기
토도, 길이 10.0
옥에오문화유적관리위원회

134

처마기와
Mảnh diềm ngói
Eave Tile

3~5세기
토도, 높이 14.5
옥에오문화유적관리위원회

135

용마루기와
Chóp ngói
Ridge Tiles

3~5세기
토도, 높이 16.5(좌) 16.5(우)
옥에오문화유적관리위원회

136

쉐마 기둥
Trụ giới Sheima đền thờ Hindu
Sheima Column of Hindu Temple

토도, 높이 21.2~29.1
옥에오문화유적관리위원회

137

금판
Mảnh vàng
Gold Leaf

다노이
4~5세기
금, 길이 6.5
안장성박물관

138

금판
Mảnh vàng
Gold Leaf

다노이
금, 길이 6.5
안장성박물관

139

금판
Mảnh vàng
Gold Leaf

다노이
4~5세기
금, 길이 6.6
안장성박물관

140

금판
Mảnh vàng
Gold Leaf

다노이
4~5세기
금, 길이 4.0
안장성박물관

141

금판
Mảnh vàng
Gold Leaf

다노이
4~5세기
금, 길이 3.8
안장성박물관

142

금판
Mảnh vàng
Gold Leaf

다노이
4~5세기
금, 길이 3.3
안장성박물관

143

금판
Mảnh vàng
Gold Leaf

다노이
4~5세기
금, 지름 2.7
안장성박물관

144

금판
Mảnh vàng
Gold Leaf

다노이
4~5세기
금, 지름 4.2
안장성박물관

145

금판
Mảnh vàng
Gold Leaf

다노이
4~5세기
금, 길이 4.9
안장성박물관

146

금판
Mảnh vàng
Gold Leaf

다노이
4~5세기
금, 지름 2.9
안장성박물관

147

매장용 항아리
Hũ
Burial Jar

꺼캐이짬
토도, 항아리 높이 20.0 뚜껑 너비 16.2
옥에오문화유적관리위원회

148

유리구슬 · 금편
Hạt chuỗi thủy tinh, Mảnh vàng
Glass Beads, Gold Fragment

꺼캐이짬
유리, 금, 구슬 지름 0.6 금편 너비 0.9
옥에오문화유적관리위원회

에 필 로 그

Epilogue

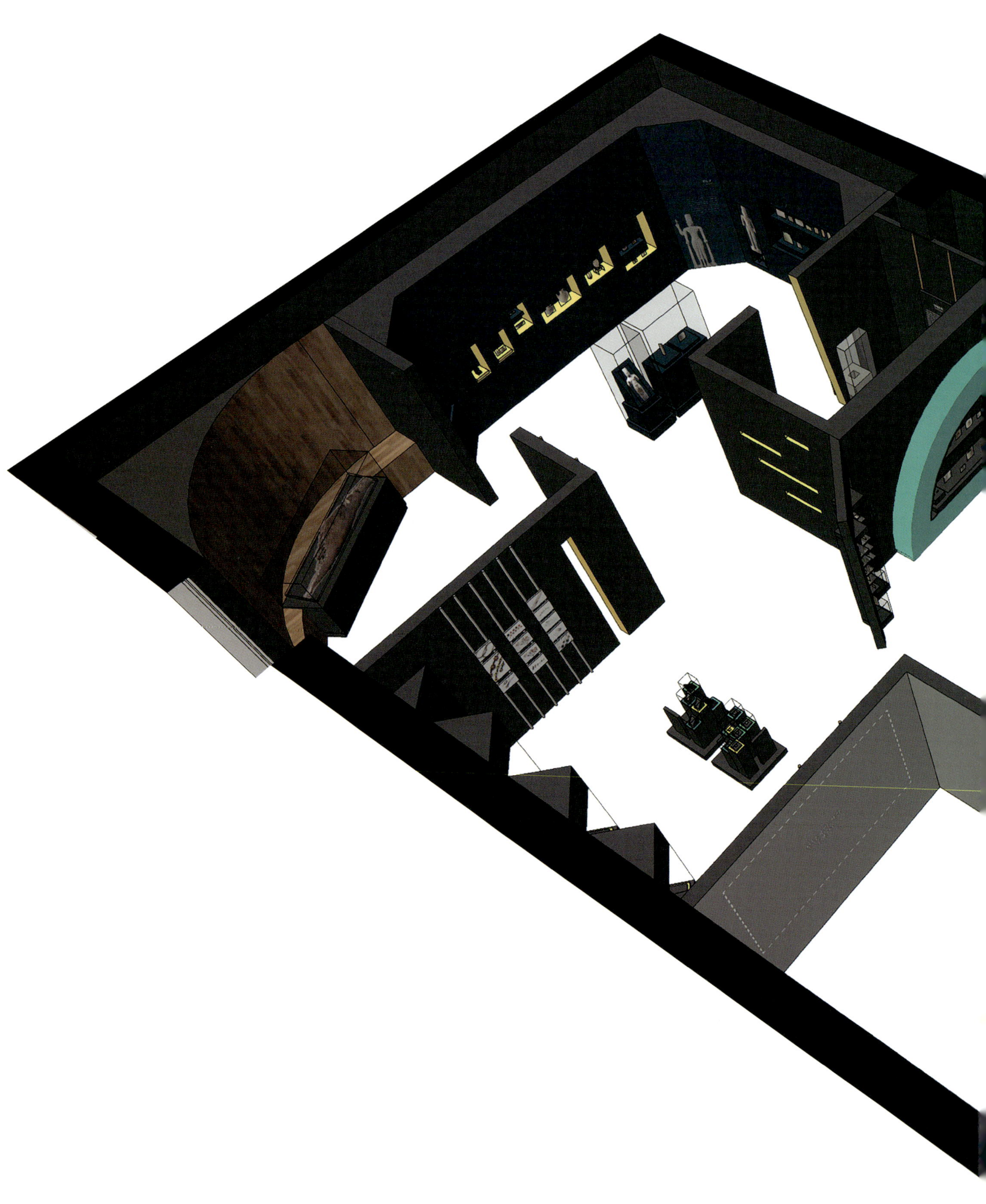

〈베트남 옥에오 문화〉
전시장 구상 스케치
Exhibition Space Concept Sketch

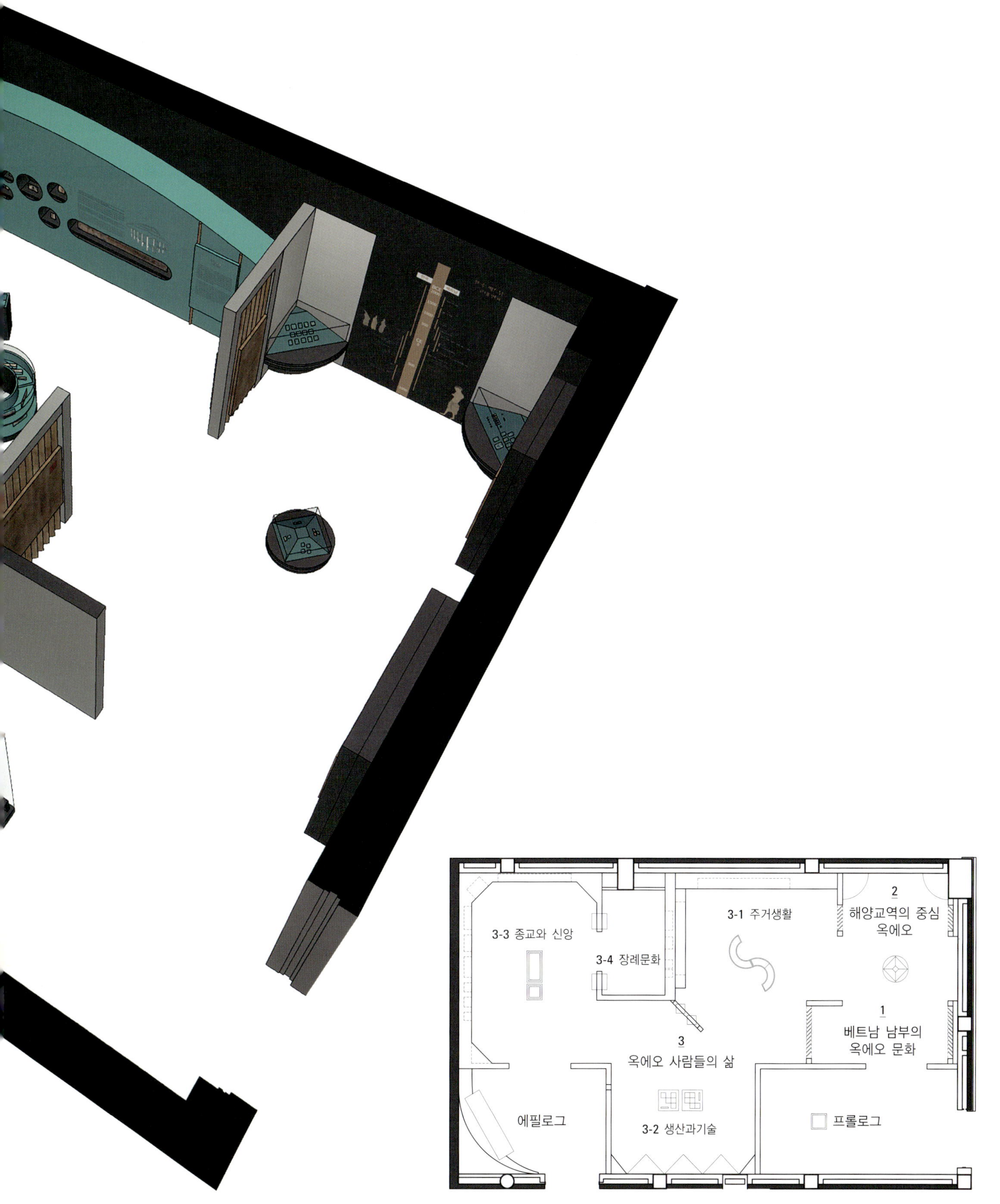

발행인
이귀영

발행일
2020년 04월 06일

발행처
국립해양문화재연구소
58699 전라남도 목포시 남농로 136
tel. 061-270-2040
www.seamuse.go.kr

출판 · 보급
그라픽네트
04071 서울시 마포구 성지3길 7
tel. 02-338-0801

ISBN 978-89-92788-00-7 93910
정가 25,000원

2020 국제교류전
Special Exhibition

베트남 옥에오문화

고대 해상 교역의 중심 옥에오

Óc Eo

CULTURE OF VIETNAM

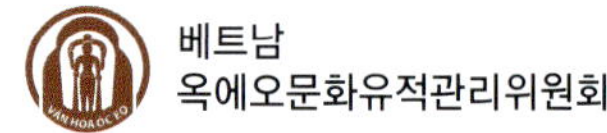